朝鮮漢字音

入門と発展

菅野裕臣 著

三修社

佐野学園（神田外語大学）故佐野隆治会長に捧ぐ

まえがき

　朝鮮語は日本語と同じく漢字で作られた単語（漢字語と呼ばれる）を多く持っていることはそれぞれの辞書を見れば明らかである．朝鮮語は公式には漢字を廃止したとはいえ，周知のごとくなおも漢字語を多数保持している．

　朝鮮語は初歩の文法と語彙を学習した後は語彙のかなりの部分をなす漢字語の習得に努めると格別学習の質が高くなることは経験が教えている．幸いに朝鮮と日本の漢字の音は互いによく似ていて相互に一定の対応関係があることから，日本語話者と朝鮮語話者が相手の漢字音を学習することはそう難しいことではない．むしろこのことによって膨大な量の漢字語は一々辞書を引くまでもなく理解することさえ可能になることに学習者は喜びを見出すだろう．

　筆者はこのことに着目して日本漢字音と朝鮮漢字音の対照表を作り，それを教育の場に生かそうと早くから努力してきた．最初は1970-72年に韓国の国際大学（現西京大学）日本語科で韓国人の学生に対する日本語教育に応用して謄写印刷の教材を作り，次に1979年頃から東京外国語大学朝鮮語学科で朝鮮漢字音を手書きの教材のコピーで教え，1982年には朝鮮語学科研究室編『朝鮮漢字音便覧』（東京外国語大学語学教育研究協議会発行）を学生諸君の手書きをもとに印刷して教材とした．

　これらの基礎の上に筆者はさらに原稿を整備して説明の文章を加え，朝鮮漢字音の特質や漢字音一般にも触れつつ，ワープロで教材を作成し，神田外語大学韓国語学科で1993年頃以降約10年間使用していたが，2004年に既成のワープロ原稿を神田外語大学韓国語専攻の浜之上幸教授，教務補佐員の金年恵氏，学生諸君が大変な苦労をしてコンピューターに転換したものを平成16年度学校法人佐野学園特別補助金の援助を受けて『朝鮮の漢字音の話』として印刷し，教材とした．その方々に心から謝意を表したい．この教材は韓国留学した神田外語大学の学生諸君に韓国で大いに役立ったと喜ばれたことを特記したい．

　今回三修社のおはからいで実現した本書の刊行に際し若干の修正と変更を加えたほかは，これは基本的に神田外語大学の教材と内容は大きく変わるところはない．出版に際しいろいろ配慮された三修社編集部の斎藤俊樹氏及びすでに作成されたコンピューターの原稿を快く提供され，この本の校正もお手伝い下さった神田外語大学の浜之上幸教授に心からの謝意を表するものである．

　本書は日本語を学習する韓国人のためにも役立つであろう．

　最後に読者の皆さんに本書について忌憚のない御意見をお寄せくださることをお願いする．

2017年9月

菅野裕臣

目次

まえがき		3
はじめに		6
日本漢字音と朝鮮漢字音の変種		18

第 1 課	朝鮮の 아[a] アは日本の「あ」に対応するものが多い. 朝鮮の終声は日本のものとの対応が割合はっきりしている.	40
第 2 課	朝鮮の初声の ㄹ[r] はほとんど日本のラ行に対応する.	43
第 3 課	朝鮮漢字音の平音と激音との違いは日本漢字音にはない.	45
第 4 課	朝鮮漢字音の母音は ㅏ[a] ア, ㅑ[ja] ヤ, ㅘ[wa] ワの3種類がある.	51
第 5 課	日本漢字音の「しゃ」は朝鮮漢字音の 사[sa] サに対応する.	56
第 6 課	日本漢字音の「が」には朝鮮漢字音の 아[a] アに対応するものがある.	59
第 7 課	朝鮮の ㅓ[ɔ] オは日本の「お」,「よ」,「え」等に対応する.	61
第 8 課	日本漢字音の濁音に当たるものは朝鮮漢字音にはない.	69
第 9 課	朝鮮漢字音の頭の鼻音に対応する日本漢字音は鼻音か濁音で始まる.	76
第10課	朝鮮の 자[ʧa] チャ〈쟈〉は日本の「ちゃ」に対応するものがある.	82
第11課	朝鮮の〈뎌〉[tjɔ] テョにさかのぼる 저[ʧɔ] チョは日本の「て」に対応する.	83
第12課	朝鮮の ㅗ[o] オと ㅜ[u] ウは日本のやはり「お」と「う」に対応するものが多い.	85
第13課	朝鮮の ㅗ[o] オと ㅜ[u] ウの一部は日本の長母音に対応する.	114
第14課	朝鮮の ㅣ[i] イはほぼ日本の「い」に対応する.	127
第15課	朝鮮の ㅡ [ɯ] ウは日本の「い」か「お」に対応する.	140
第16課	日本の「い」の一部は朝鮮の ㅏ[a] アに対応する.	146
第17課	朝鮮の合成母音字は本来二重母音であり,それは日本の二重母音に対応する.	163
第18課	朝鮮漢字音のさらなる「中声＋終声」の場合	184
第19課	朝鮮漢字音の「中声」と「中声＋終声」のいろいろの場合	208
第20課	朝鮮漢字音の「初声」その他の特殊な場合	222

練習解答	249
事項索引	255
付録：朝鮮漢字音と日本漢字音の対応	267
朝鮮，日本，北京漢字音の対応	272

コラム

ヴェトナムにも漢字がある	10
日本で漢字を変えてしまった	13
朝鮮語は同化の甚だしい言語である	26
日本製，朝鮮製の漢字	27
朝鮮の地名，人名の日本での読み方について	28
第2字以降の注意すべき漢字	32
南北朝鮮の漢字音の違い	36
早口の会話での発音	36
擬似漢字語	38
朝鮮語の時代区分と方言	58
漢字語＋하다[hada] ハダ	101
朝鮮語と日本語の漢字語	103
漢字語と固有語の境	109
朝鮮の訓と朝鮮地名	111
大韓民国は 대한민국 か 대한 민국 か（漢字語と分かち書き）	124
平安道では "양반" [jaŋban] ヤンバン（兩班）は [naŋban] ナンバン （朝鮮語の口蓋化と非口蓋化）	136
朝鮮の人名	155
朝鮮の固有名詞とローマ字表記	158
朝鮮の固有名詞のカタカナ表記	181
平安中期以前の日本漢字音	183
漢字語用言の文法	196
漢字語としての日本その他の固有名詞	205
「換錢」は日本語か？	218
朝鮮の韻書と字書	219
漢字音のさらなる勉強を!!	227

はじめに

(1) 言葉 (言語) は語彙 (単語の総体) と文法 (単語内部の形, 単語の間の関係, 文などについてのきまり) からなっており, 語彙は辞典に登録され, 文法は文法書に登録される. 語彙も文法についての多くの部分も音 (おん) によって表され, 音を持たない言語はない. そして音は文字という目に見える形で表されるのだが, すべての言語が文字を持っているわけではない. 例えば日本にあるアイヌ語も琉球語 (沖縄語) もそれを表す文字として公認されたものはない. 世界には文字のない言語が多い. 朝鮮も日本も本来独自の文字があったわけではなく, 始め漢字が用いられていたが, 朝鮮でも日本でもやがて片仮名のように漢字の一部から作った文字ができ, さらに日本では漢字の草書体から作った平仮名ができた. 朝鮮には15世紀に独自の文字 (ハングル) が成立した. このようにして日本語では漢字と仮名 (片仮名と平仮名) が用いられ, 朝鮮語では漢字とハングルが用いられてきた. そして第二次世界大戦後は朝鮮では南北ともに公式には漢字が廃止されたことになっているが, 漢字から作られた漢字語は朝鮮語にも依然として多く, 完全に漢字がなくなったとは言い難い.

(2) 言語を記録する手段としての文字は普通次のように分類される (*は現在用いられないもの).

> 表語文字‥‥‥‥‥‥‥‥‥漢字, *エジプト文字, *楔形文字, *契丹文字, *西夏文字, *女真文字,
> *字喃 (チューノム. ヴェトナム文字) 等
>
> 表音文字 音節文字‥‥‥‥仮名, *線文字 (クレタ島の文字), *楔形文字, *契丹文字, 女真文字
> 単音文字‥‥‥‥ローマ字 (ラテン文字), ギリシャ文字, キリル文字 (ロシア文字), アラビア文字, インド, ビルマ, タイ, カンボジア, ジャワ, チベット等のインド系文字, モンゴル文字, ハングル

　　表語文字は表意文字とも呼ばれる (ただし厳密に言えば「表語」とは「単語を表すという」よりは「形態素を表す」という意味である).
　　現在世界で用いられている文字のうち漢字は表語文字の代表的なものであり, 日本の仮名は音節文字の代表的なものであり, ローマ字は単音文字の代表的なものである. ハングルは単音文字であるが (子音ㄱㄴㄷㄹ等；母音ㅏㅑㅗㅛㅔㅐ 等), 音節文字としての性格も併せ持つという点で (가냐도룐等)

非常に特殊である．仮名は漢字から派生したものであり，単音文字の大部分はエジプト文字から派生したものである．メソポタミアでできた楔形文字の系統の文字は現在用いられない．ハングルの起源は漢字でもエジプト文字でもなく，世界のどの文字とも関係のない孤立した文字としてハングルは特殊な位置を占めている．

⑶　漢字は中国で作られた文字である．
　漢字は漢語（中国の主要な言語）以外に朝鮮語，日本語，ヴェトナム語でも用いられたが，ヴェトナムではフランスにより漢字の使用は禁じられ，南北朝鮮では自主的に漢字は廃止されたが，非公式には韓国ではまだ漢字は用いられる．従って漢字は中国，日本，韓国で用いられるが，コンピューターの普及した現在でも依然として用いられ，漢字は将来にわたって存続するものと思われる．
　漢字はその形と意味だけでなくその音（おん）も朝鮮，日本，ヴェトナムに伝わり，中国の主要な言語（漢語）としての漢文がそれらの国で用いられただけでなく，漢字からなる多くの単語（漢字語）がそれらの国に流入し，さらには漢字を組み合わせて新しい単語が作られたりして，それらの国の言語に対する漢字の影響は計り知れないものがある．
　従って朝鮮語を学ぶ際に漢字とその音（おん）を知ることは非常に意義あることである．

⑷　漢字は次のように形（けい），音（おん），義（ぎ）の三つの構成要素からなる．すなわち

　　⎧　形：漢字の字形そのもの
　　⎨　音：漢字の持つ音
　　⎩　義：漢字の持つ意味

　普通「漢字」というと，上記のうち「形」だけを指すことが多いが，実はその後ろには「音」と「義」とが隠されている．
　日本では普通漢字には次の要素がある．

　「訓」は「義」と似ており，関係があるが，日本では漢字の一種の「読み方」となったという点で「義」とは異なり，「訓」と「義」とは必ずしも同じではない．例えば「魚」という漢字は「さかな」という意味（「義」）を持つが，その「訓」は「うお」である．また「字」という漢字は「文字」という意味（「義」）を持つが，それはその意味での「訓」は持たない．「訓」は朝鮮にも古代にあったが，現在は残っていない．「訓」は中国にはない．

　また「音」は中国の「音」から来たものだが，日本語の一部になってしまったという点で中国のものとは異なる．

　日本の「音」と「訓」はともに日本における漢字の「読み方」であるが，日本人は普通「訓」を通じて漢字の「義」を理解している．

　アラビア数字も一種の表語文字と言えるが，例えば "1" は日本語では「イチ」，朝鮮語では "일" [il]（イル），漢語では "yī" [i]（イ），英語では "one" [wʌn]（ワン），ドイツ語では "eins" [ains]（アインス），フランス語では "un" [œ̃]（アン），ロシア語では "один" [ʌdʲín]（アジーン）等々のように読まれる．これらはみないわば「訓」であると言えるが，アラビア数字には漢字とは違って「音」がないと言える．

(5)　漢字の「音」は中国，朝鮮，ヴェトナム，日本で非常に似ているが互いに異なり，中国はさらに方言の差によって多くの「音」を持つ．「音」は学問的には「漢字音」あるいは「字音」と呼ばれ，地域の特殊性により北京（ペキン）漢字音，上海（シャンハイ）漢字音，広東（カントン）漢字音，福建漢字音等々，朝鮮漢字音，ヴェトナム漢字音，日本漢字音のように呼ばれる．

　例えば「山」という漢字のいろいろな漢字音は次の通りである．北京 shan（シャン），上海 sae（セー），広東 ʃaːn（シャーン），福建 san（サン），朝鮮 산 [san]（サン），日本 サン，ヴェトナム sơn（サン）等々．漢字音は当然のことながらこのように互いによく似ている．

朝鮮語，ヴェトナム語，日本語にはそれぞれ漢字音がしっかり根を下ろしており，それぞれの漢字音の連続からなる漢字語が外来語とは区別される語層としてそれぞれの言語の語彙の中に重要な位置を占めている．例えば「国家」という漢字語は日本では「コッカ」と読まれ，「くに」とか「いえ」のような和語（あるいは大和言葉．本来の日本語の語彙）とも「カントリー」とか「ハウス」のような外来語とも異なる．「国家」は中国から来た単語という意味では外来のものだが，外来語とは違ってほとんど日本語の一部となっており，「コク」とか「カ」という日本漢字音も外来語ほどの違和感もなく受け入れられている．同じようなことは朝鮮にもあり，「国家」は「국가」[kukˀka]（クッカ）と読まれ，漢字語として本来の朝鮮語の語彙，すなわち固有語（日本の和語に当たる）とは異なる層をなすが，朝鮮漢字音の「국」[kukˀ]（クク）も「가」[ka]（カ）も外来語の音ほどの違和感はない．また朝鮮でも日本でもそれぞれ独自に漢字を組み合わせて中国にはない単語を作っており（例えば日本の「大根」（ダイコン），朝鮮の「両班」양반 [jaŋban]（ヤンバン），北朝鮮では 량반 [rjaŋban]（リャンバン）等），これらも漢字語と呼ばれる．日本製の漢字語のうちあるものは中国や朝鮮に逆輸入されている（例えば「原子」．日本ゲンシ，中国（北京）yuánzǐ [ユアンズ]，朝鮮원자 [wɔnʤa]（ウォンジャ），ヴェトナム語 nguyên tử [グエン・トゥー].

　漢字が形式的に廃止された朝鮮とヴェトナムでも漢字語がなおも多く残っており，それぞれの国で漢字語の特殊性がよく認識されている以上，それぞれの漢字音とそれに対応する意味（＝義）が残っていることになり，結局漢字の持つ形，音，義のうち「形」だけが用いられないということになり，漢字は完全にはなくなっていないということになる．

　漢字語は普通日本では漢語と呼ばれるが，漢語という言葉は中国では漢民族の言語あるいはいわゆる中国語という意味で用いられるので（Hànyǔ ハンユイ），朝鮮で一般に用いられる「漢字語」（朝鮮語では한자어 [hanˀʧɔ]ハンチャオ）という言葉を今後わたくしは使おうと思う．

⑹　漢字音はそれぞれの地域で変種がありうる．

　日本では<u>ガッ</u>コウ（<u>学</u>校），<u>ニッ</u>ポン（<u>日</u>本），<u>ハッ</u>タツ（<u>発</u>達），ニッ<u>ポン</u>（日<u>本</u>），サン<u>ボン</u>（三<u>本</u>）等での下線部の基本的な字音はガク（学），ニチ（日），ハ

ツ（発），ホン（本），ホン（本）である．今後日本漢字音は基本的な字音だけを
扱うこととする．また例えば「キュウジツ」（休日），「ニチヨウ」（日曜）のように
漢字「日」には「ジツ」と「ニチ」という二つの漢字音があるが，前者を「漢音」，
後者を「呉音」と呼ぶ．日常的な漢字語には呉音が現れるものが多い．仏教用
語には多く呉音が現れ，漢文の読み方には多く漢音が現れる．現在は漢音と呉
音の入り混じったものが多い．漢音も呉音も基本的な字音である．

　朝鮮では「独立」は韓国で［동닙］[toŋniᵖ]（トンニプ），北朝鮮で［동립］[toŋriᵖ]
（トンリプ）と発音されるが，ともに독립と表記され，「発達」は［발딸］[palʔtal]
（パルタル）と発音されるが，발달と表記される．下線部の基本的な字音は
「独」독 [toᵏ]（トク），「達」달 [tal]（タル）および韓国では「立」립 [riᵖ]（リプ）で
ある．このように朝鮮では基本的な字音が正書法に反映されるが，韓国では例
えば이론 [iron]（イロン）「理論」，논리 [nolli]（ノルリ）「論理」という漢字語で
語頭の이 [i]（イ）と語中の리 [ri]（リ）「理」，語頭の논 [non]（ノン）と語中の론
[ron]（ロン）「論」では語中のものが基本的な字音である（리 [ri] が [li] となった
り，논 [non] が [nol] となったりすることについては20ページⅠ(1)，22ページ
Ⅲ(3) を参照せよ）．今後朝鮮漢字音は基本的な字音だけを扱うこととする．

コラム　ヴェトナムにも漢字がある

　あるパーティーでの韓国人とヴェトナム人の対話（韓国人は漢字を知っているが，
ヴェトナム人は漢字を知らない．二人はヴェトナム語の通訳を介して話す）：

★

韓国人：わたくしの名前は「泰俊」[tʰɛʤun]（テジュン）と言います．

ヴェトナム人：どういう漢字なのですか．

韓国人：「泰斗」（ヴェトナム語 thái đẩu タイ・ダウ）の「泰」（ヴェトナム語 thái タイ）」と「俊
　　　　雅」（ヴェトナム語 tuấn nhã トゥアン・ニャー）」の「俊」（ヴェトナム語 tuấn トゥア
　　　　ン）です．

ヴェトナム人：それはとても美しいよい字ですね．

★

　ヴェトナム人は漢字の字形を知らなくてもその漢字を含む漢字語を知っているので，
その漢字の「美しさ」を想像することができたのである．つまり各々の漢字の音と義の関
係を，形がわからなくても，漢字語を通じて理解することができたのである．

(7) 漢字音にはそれぞれの地域で時代による変遷がある.

　日本漢字音のうち例えば「ロウ」(牢, 郎, 蠟) は歴史的かな遣いでは「ロウ」(牢),「ラウ」(郎),「ラフ」(蠟) のように書き分けられるが, これはロウ rou > rô, ラウ > ロウ rau > rô, ラフ > ラウ > ロウ rafu > rahu > rau > rô のように音が変化したことを意味し, 現在 rô と発音され,「ロウ」と表記される漢字音が古くは漢字により「ロウ」rou (牢),「ラウ」rau (郎),「ラフ」rafu > rahu (蠟) のように異なった音であったことを知ることができる. 歴史的かな遣いは多くの場合日本の古い漢字音を表している.

　朝鮮漢字音では例えば 전차 [ʧɔnʧʰa] チョンチャ (電車), 상세 [saŋse] サンセ (詳細), 사자 [sadʑa] サジャ (獅子. ライオン) は古い正書法ではそれぞれ 뎐챠, 샹셰, ᄉᆞ즈 と書かれたが, これは뎐 > 전 (電), 챠 > 차 (車), 샹 > 상 (詳), 셰 > 세 (細), ᄉᆞ > 사 (獅), 즈 > 자 (子) という漢字音の変化があったことを意味し, いわば 뎐, 챠, 샹, 셰, ᄉᆞ, 즈 という表記は朝鮮の歴史的かな遣いとでも言うべきものである.

　中国には音を表すハングルや仮名のような文字はないが, いろいろな資料から例えば次のような漢字音は次のような時代的な変遷があったことが知られる.

漢字	中国漢字音				参考	
					日本	朝鮮
	上古音 (周, 秦)	中古音 (隋, 唐)	元代音	現代 北京音	漢字音	漢字音
"気"	kʻiəd	kʻiəi	kʻiəi	qi	キ	기 [ki] (キ)
"民"	miǎn	miěn	miən	min	ミン	민 [min] (ミン)
"金"	kiəm	kiəm	kiən	jin	キン (漢音)	금 [kum] (クム)
					コン (呉音)	/ 김 [kim] (キム) /
"正"	tieŋ	ʧieŋ	ʧiəŋ	zheng	セイ (漢音)	정 [ʧɔŋ] (チョン)
					シャウ > ショウ (呉音)	/ 졍 (古音)
"光"	kuaŋ	kuaŋ	kuaŋ	guang	クワウ > コウ	광 [kwaŋ] (クァン)
"日"	niet	niět	riəi	ri	ジツ (漢音)	일 [il] (イル)
					ニチ (呉音)	/ 싫 [ʒilˀ] (古音)
"答"	təp	təp	ta	ta	タフ > トウ	답 [taᵖ] (タプ)

11

(8) 中国，朝鮮，日本の漢字音の関係を図示すると，次のようになる．

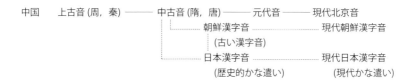

　朝鮮も日本もその漢字音は中国の特に中古音と関係が深い．従って朝鮮と日本の漢字音は古くさかのぼるほど互いに似ている点が多いので（上の表の特に点線に注意），本書でも必要に応じてこれらの関係について言及せざるを得ない．例えば現代かな遣いしか知らない日本語話者は現代朝鮮漢字音を知るだけでも日本の歴史的かな遣いがわかるようになることが多い．また日本と朝鮮の漢字音を知っていると，中国の特に広東（カントン）や福建の漢字音の習得が容易であるし，また北京漢字音を学ぶのにも便利である．

　漢字音に関する学問を音韻学，あるいは中国音韻学と呼ぶ．音韻学は中国での漢字音の変遷，漢語諸方言の漢字音の相互関係，中国の漢字音と朝鮮，日本，ヴェトナムの漢字音の関係，朝鮮，日本，ヴェトナムのそれぞれの漢字音の諸様相を扱う．本書の目的はあくまでも日本語話者に日本漢字音との関係において朝鮮漢字音をできるだけ易しく習得させることにあるが，ついでに音韻学に関することがらを少し覗くことになるだろう．

(9) 日本では例えば「センタク」(洗濯)の「洗」は本来のおんは「セイ」であるが(朝鮮漢字音 [se] 세．従って「洗濯」は朝鮮세탁 [setʰak] セタク)，普通は間違った音(この場合「先」に引かれて「セン」)が通用している．これを慣用音という．ほかに「キンジ」(矜持) — 正しくは「キョウジ」— 等．このような慣用音を「百姓読み」とも言う．朝鮮では例えば「嘔吐」(구토 [kutʰo] クト．日本「オウト」)の「嘔」(구 [ku] ク．日本「オウ」)は「区」(구 [ku] ク)という字に引かれた間違いの音である(正しくは [u] ウだが，だれもそうは読まない)．以後朝鮮と日本のこのような慣用音は原則として扱わないものとする．

　朝鮮では 가동 (稼動，可動) のうち「稼動」(日本の「稼働」に当たる) は 가동 [kadoŋ] カドン，「可動」は 가동 [kaːdoŋ] カードンのように発音し，「稼」は [ka]

カのように，「可」は [kaː] カーのように母音が短いか長いかで区別するかのように記す辞典があり，その際後者（「可動」）は ：가동，가ː동 あるいは 가동 のように表す．原則として長い母音が現れるのは第一音節すなわち漢字語の頭の音節であるが，中には第二音節以降も長い母音が現れるかのように記した辞典もある．辞典によって母音の長短に関する表記が異なるものもある．漢字によって母音が短いか長いかが大体決まっているが，例外もある．例えば「大」という漢字は普通 [tɛː] テーと読まれるが，[tɛ] テのように短くなる場合が第一音節の場合にもたまにある．例：「大学」대학 [tɛːhak̚] テーハク，ただし「大邱」대구 [tɛgu] テグ（慶尚北道道庁所在地），「大田」대전 [tɛʨʌn] テジョン（忠清南道道庁所在地）．年とった世代はそれを区別する人がおり（特に慶尚北道の老人は厳密にそれを区別する人が多い），またテレビのアナウンサーも一応区別する努力をしている（しかし若いアナウンサーの場合間違いも多い）．しかし現在中堅の世代でももはや母音の長短を区別する人はまれだから，本書では一切母音の長短の別は問題にしないことにする．

コラム　日本で漢字を変えてしまった

　朝鮮語の辞典を利用する日本語話者の中には，朝鮮と日本とで意味が同じ漢字語で異なる漢字が用いられているのを見て，朝鮮語の辞典が間違っていると思う人がいる．例えば日本：へんしゅう【編集】─ 朝鮮：편집【編輯】（発音：[pʰjʌnʥip̚] ピョンジプ）；日本：ぼうちょう【膨張】─ 朝鮮：팽창【膨脹】（発音：[pʰɛŋʨʰaŋ] ペンチャン），日本：はったつ【発達】─ 朝鮮：발달【發達】（発音：[palʔtal] パルタル）．

　日本は敗戦後当用漢字というものを制定して漢字の使用を制限し，また当用漢字新字体表を発表して従来の画数の多い旧字体（正字．本字という人もいる）よりも画数の少ない略字を正式に採用した．その結果ある種の漢字は意味の似ている他の漢字に故意に変更した（上記の例では「輯」を「集」に，「脹」を「張」に）．また旧字体「發」，「達」に対し新字体「発」，「達」を決めた．「達」─「達」の場合は字形がよく似ているが，「發」─「発」はかなり違う．朝鮮は南北ともに漢字を廃止したから，略字を敢えて制定する必要はなかった．従って意味の同じ漢字語で一部の漢字が日本と朝鮮とで違う場合は多くの場合朝鮮のものが正しく日本のものが後で変えたものだと言ってよい（つまり日本では本来正しくない漢字やその形が"正しく"なったのである）．日本で故意に変更したものの中には「輯」─「集」のように日本漢字音も全く同じ音のものもあれば（シュウ＜シフ；집 [ʨip̚]

13

チプ),「脹」―「張」のように日本漢字音は同じでも (チョウ＜チャウ) 朝鮮漢字音の異なるものもあるから (「脹」창 [tʃʰaŋ] チャン ―「張」장 [tʃaŋ] チャン) 注意を要する. 本書では朝鮮と日本のこのような違いにも注意を払うだろう.

　韓国のある種の新聞は一時期日本の新字体を採用したことがある. このため日本の新字体を混ぜて書く韓国人がたまにいるが，これが公に許容されたものではないことを知るべきである. ただし朝鮮でも日本と同じく民間では略字がかなり用いられたが，日本と同じ略字もあればそうでないものもある. 例えば「變」(しょう＜せふ；섭 [sɔᵖ] ソプ)という漢字の朝鮮の略字は「変」という字形だが，これは日本では「變」の略字であり，別の漢字である (へん；[pjɔn] ピョン) から注意を要する.

　中華人民共和国は日本の旧字体にあたる繁体字に対して略字にあたる簡体字を制定した. 中国の簡体字と日本の新字体，朝鮮の略字は互いにほとんど同じもの，よく似ているもの，かなり違うもの等いろいろある. 本書では中国のものは扱わない.

⑽　朝鮮の漢字語のハングル表記は南北で基本的には同じだが，たまに少し異なり，また発音が一部異なるものもある. これらはすべて本書で扱う.

　　漢字語の朝鮮語の発音は正書法上注意すべきものは [　] の中にハングルで記し，全体の発音を [　] の中に音声記号で記し，かつカタカナでも近似音を示す. 本書で用いるハングルと音声記号とカタカナ表記との関係は次の通りである. 漢字音に現れることのない音声には例を付けないことにする.

■ 子　音

音節頭音

● **平音** (無気音)

語頭 (無声音)

[p]	パ行	ㅂ	반영 [panjɔŋ]	パニョン (反映)(はんえい)
[t]	タ行	ㄷ	다량 [tarjaŋ]	タリャン (多量)(たりょう＜たりゃう)
[tʃ]	チャ行	ㅈ	장단 [tʃaŋdan]	チャンダン (長短)(ちょうたん＜ちゃうたん)
[s]	サ行	ㅅ	삼각 [samgaᵏ]	サムガク (三角)(さんかく)
[ʃ]	シ	ㅅ	시력 [ʃirjɔᵏ]	シリョク (視力)(しりょく)
[k]	カ行	ㄱ	가능 [kanuŋ]	カヌン (可能)(かのう)
[h]	ハ行	ㅎ	항공 [haŋgoŋ]	ハンゴン (航空)(こうくう＜かうくう)

14

語中 (有声音)

[b] バ行　ㅂ　단발 [tanbal]　タンバル (斷髮) (だんぱつ)

[d] ダ行　ㄷ　부담 [pudam]　プダム (負担) (ふたん)

[ʥ] ジャ行　ㅈ　원조 [wonʥo]　ウォンジョ (媛助) (えんじょ ＜ ゑんじょ)

[g] ガ行　ㄱ　고갈 [kogal]　コガル (枯渇) (こかつ)

● **激音** (有気音) (息をもらす発音. 漢語の有気音にあたる)

[pʰ] パ行　ㅍ　파손 [pʰason]　パソン (破損) (はそん)

[tʰ] タ行　ㅌ　위탁 [witʰakᵏ]　ウィタク (委託) (いたく ＜ ゐたく)

[ʧʰ] チャ行　ㅊ　교차 [kjoʧʰa]　キョチャ (交叉) (こうさ ＜ かうさ)

[kʰ] カ行　ㅋ　쾌락 [kʰweraᵏ]　クウェラク (快樂) (かいらく ＜ くわいらく)

● **濃音** (喉頭化音) (喉を緊張させながらする発音. 朝鮮人は漢語の無気音を濃音に近いものとして聞く)

[ˀp] パ行　ㅂ　숙박 [suᵏˀpaᵏ]　スクパク (宿泊) (しゅくはく)
　　　　　ㅃ　--

[ˀt] タ行　ㄷ　각도 [kaᵏˀto]　カクト (角度) (かくど)
　　　　　ㄸ　--

[ˀʧ] チャ行　ㅈ　독점 [toᵏˀʧɔm]　トクチョム (獨占) (どくせん)
　　　　　ㅉ　--

[ˀs] サ行　ㅅ　약속 [jakˀsoᵏ]　ヤクソク (約束) (やくそく)
　　　　　ㅆ　--

[ˀʃ] シ　ㅅ　입시 [ipˀʃi]　イプシ (入試) (にゅうし ＜ にふし)
　　　　ㅆ　성씨 [sɔŋˀʃi]　ソンシ (姓氏) (せいし)

[ˀk] カ行　ㄱ　합격 [haᵖˀkjɔᵏ]　ハプキョク (合格) (ごうかく ＜ がふかく)
　　　　ㄲ　끽다 [ˀkiᵏˀta]　キクタ (喫茶) (きっさ)

● **鼻音**

[m] マ行　ㅁ　마약 [majaᵏ]　マヤク (麻藥) (まやく)

[n] ナ行　ㄴ　남북 [nambuᵏ]　ナンブク (南北) (なんぼく)

15

ㄹ　방랑 [paŋnaŋ]　パンナン (放浪) (ほうろう < はうらう)

●流音

[r]　ラ行　　ㄹ　내란 [nɛran]　ネラン (内亂) (ないらん)

[l]　ラ行　　ㄹ　신라 [ʃilla]　シルラ (新羅) (しんら)

　　　　　　ㄴ　찰나 [tʃʰalla]　チャルラ (刹那) (せつな)

音節末音 ================================

●口音 (内破音. 広東 (カントン) や福建の漢字音の入声の末尾音と似る)

[ᵖ]　プッ　ㅂ　갑각 [kaᵖˀkaᵏ]　カプカク (甲殻) (こうかく < かふかく)

　　　ッ　　　압박 [aᵖˀpaᵏ]　アッパク (壓迫) (あっぱく)

[p]　プ　　ㅂ　압수 [apˀsu]　アプス (押收) (おうしゅう < あふしう)

[ᵗ]　ッ　　ㄷ　------------------------------

[ᵏ]　ク　　ㄱ　학자 [haᵏˀtʃa]　ハクチャ (學者) (がくしゃ)

　　　ッ　　　학교 [haᵏˀkjo]　ハッキョ (學校) (がっこう < がっかう)

[k]　ク　　ㄱ　박수 [pakˀsu]　パクス (拍手) (はくしゅ)

●鼻音

[m]　ム　　ㅁ　명암 [mjɔŋam]　ミョンアム (明暗) (めいあん)

　　　ン　　　심문 [ʃimmun]　シンムン (審問) (しんもん)

　　　　　ㅂ　입문 [immun]　インムン (入門) (にゅうもん < にふもん)

[n]　ン　　ㄴ　안심 [anʃim]　アンシム (安心) (あんしん)

[ŋ]　ン　　ㅇ　중앙 [tʃuŋaŋ]　チュンアン (中央) (ちゅうおう < ちゅうあう)

　　　　　ㄱ　욕망 [joŋmaŋ]　ヨンマン (欲望) (よくぼう < よくばう)

●流音

[l]　ル　　ㄹ　발달 [palˀtal]　パルタル (發達) (はったつ)

[r]　ル　　ㄹ　결핵 [kjɔrhɛᵏ]　キョルヘク (結核) (けっかく)

■■■ 母 音

単母音

[i]	イ	ㅣ	인용 [injoŋ]	イニョン (引用) (いんよう)
[e]	エ	ㅔ	세금 [segɯm]	セグム (税金) (ぜいきん)
[ɛ]	エ	ㅐ	애정 [ɛdʑoŋ]	エジョン (愛情) (あいじょう＜あいじゃう)
[a]	ア	ㅏ	안심 [anʃim]	アンシム (安心) (あんしん)
[ɔ]	オ	ㅓ	억만 [ɔŋman]	オンマン (億萬) (おくまん)
[o]	オ	ㅗ	기온 [kion]	キオン (氣溫) (きおん)
[u]	ウ	ㅜ	풍우 [pʰuŋu]	プンウ (風雨) (ふうう)
[ɯ]	ウ	ㅡ	음력 [ɯmnjɔᵏ]	ウムニョク (陰曆) (いんれき)

二重母音

[ɯi]	ウイ	ㅢ	의사 [ɯisa]	ウイサ (意思) (いし)

半母音＋母音

[je]	イェ	ㅖ	예술 [jesul]	イェスル (藝術) (げいじゅつ)
[jɛ]	イェ	ㅒ	-------------------------------
[ja]	ヤ	ㅑ	약속 [jakˀsoᵏ]	ヤクソク (約束) (やくそく)
[jɔ]	ヨ	ㅕ	영화 [jɔŋhwa]	ヨンファ (映畫) (えいが＜えいぐわ)
[jo]	ヨ	ㅛ	용의 [joŋɯi]	ヨンウイ (用意) (ようい)
[ju]	ユ	ㅠ	유래 [jurɛ]	ユレ (由來) (ゆらい)
[wi]	ウィ	ㅟ	위원 [wiwɔn]	ウィウォン (委員) (いいん＜ゐゐん)
[we]	ウェ	ㅞ	위궤양 [wigwejaŋ]	ウィグェヤン (胃潰瘍) (いかいよう＜ゐくわいやう)
		ㅚ	외국 [weguᵏ]	ウェグク (外國) (がいこく＜ぐわいこく)
[wɛ]	ウェ	ㅙ	분쇄 [punswɛ]	プンスウェ (粉碎) (ふんさい)
[wa]	ワ	ㅘ	완력 [walljɔᵏ]	ワルリョク (腕力) (わんりょく)
[wɔ]	ウォ	ㅝ	우월 [uwɔl]	ウウォル (優越) (ゆうえつ＜いうゑつ)

本書で用いる略号：

〈　〉	1945年以前の正書法で用いられた表記
《　》	15–16世紀頃の表記
[　]	発音
/　/	基本的な漢字音（北朝鮮での表記）
〔　〕	正字あるいは日本で当用漢字制定当時故意に変更された漢字
―	当該の箇所で問題となっている漢字と漢字音
＋	-하다[hada] を付けて形容詞を作る
北	北朝鮮の表記或いは発音
，	濃音化（次の平音を濃音化する）
ˇ	リエーゾン（[n] を，或いは [l] の後ろでは [l] を挿入する）
<，>	この方向に変化する

【参考文献】

・藤堂明保編『学研漢和大字典』，学習研究社，1978中の「中国の文字とことば」pp.1564–1599.
・中田祝夫，林史典『日本の漢字』(中公文庫)，中央公論社，2000中特に「第五章日本の漢字音」 pp.331–433.
・中国語学研究会編『中国語比較研究』(中国語学事典2)，江南書院，1957中の「・比較編 [2] 中古漢語と現代方言・借用漢字音の比較 §4 漢音と中古漢語，§5 呉音と中古漢語，§6 朝鮮漢語と中古漢語 pp.17–23，[4] 日本の漢字音 pp.41–50，[5] 朝鮮の漢字音 pp.51–55.

日本漢字音と朝鮮漢字音の変種

　ここでは「はじめに」の (6) で述べた「基本的な漢字音」がいろいろな場合に変化する形について述べる．

日本漢字音

Ⅰ(1)　ツ，チ＋カ行，サ行，タ行，ハ行
　　　└→ ッ　　　　　　　　　　　└→ パ行

撤去	てつ＋きょ → てっきょ	鉄柵	てつ＋さく → てっさく
徹底	てつ＋てい → てってい	絶壁	ぜつ＋へき → ぜっぺき
一見	いち＋けん → いっけん	一生	いち＋しょう → いっしょう
一致	いち＋ち → いっち	一般	いち＋はん → いっぱん

(2)　ク，キ＋カ行
　　　└→ ッ

楽器　がく＋き → がっき　　　　　学校　がく＋こう → がっこう

石器　せき＋き → せっき　　　　　斥候　せき＋こう → せっこう

　　ただし　的確　てきかく / てっかく

　　また　　北氷洋　ほっぴょうよう，北方　ほっぽう（北 ほく）

(3) ン＋ハ行
　　　└→ パ行

音波　おん＋は → おんぱ　　　　　安否　あん＋ひ → あんぴ

金粉　きん＋ふん → きんぷん

身辺　しん＋へん → しんぺん　　　遠方　えん＋ほう → えんぽう

Ⅱ　Ⅰは漢字２字から成る漢字語（語幹）(1) の内部で起こる変化だが，次のように漢字語語幹（２字）＋接尾辞（１字）（Ⅱa）或いは接頭辞（１字）＋漢字語語幹（２字）（Ⅱb）の間ではⅠのような変化が起きないことがある.

Ⅰ ●●	Ⅱa ○●	Ⅱb ●○
語幹	語幹 接尾辞	接頭辞 語幹

(4) 系列-化　けいれつ-か　　　　cf. 劣化　れっか

　　国鉄-線　こくてつ-せん　　　cf. 鉄線　てっせん

　　結節-点　けっせつ-てん　　　cf. 接点　せってん

　　機密-費　きみつ-ひ　　　　　cf. 出費　しゅっぴ

　　脱-出獄　だつ-しゅつごく　　cf. 脱出　だっしゅつ

(5) 愛国-歌　あいこく-か / あいこっか　　　　　cf. 国家　こっか

　　世俗-化　せぞく-か / せぞっか　　　　　　　cf. 俗化　ぞっか

　　音楽-会　おんがく-かい / おんがっかい　　　cf. 学会　がっかい

　　悪-感情　あく-かんじょう / あっかんじょう　cf. 悪漢　あっかん

(6) 万年-筆　まんねん-ひつ　　　cf. 鉛筆　えんぴつ

　　人件-費　じんけん-ひ　　　　cf. 乱費　らんぴ

　　一覧-表　いちらん-ひょう　　cf. 年表　ねんぴょう

　　真-犯人　しん-はんにん　　　cf. 戦犯　せんぱん

19

Ⅲ　以上の外に散発的に起こる変化がある.

⑺ ン＋清音
　　　└→ 濁音

三千	さん<u>ぜ</u>ん	cf. 四千	よん<u>せ</u>ん	cf. 三歳	さん<u>さ</u>い
三階	さん<u>か</u>い / さん<u>が</u>い	cf. 四階	よん<u>か</u>い	cf. 三回	さん<u>か</u>い
三本	さん<u>ぼ</u>ん	cf. 四本	よん<u>ほ</u>ん	cf. 三班	さん<u>ぱ</u>ん

⑻ ン＋ア行　　　　　ン＋ア行
　(n) └→ ナ行　　　(m) └→ マ行

親王	しん<u>の</u>う ＜ しん＋<u>わ</u>う	天皇	てん<u>の</u>う ＜ てん＋<u>わ</u>う
観音	かん<u>の</u>ん ＜ かん＋<u>お</u>ん	反応	はん<u>の</u>う ＜ はん＋<u>お</u>う
		cf. 半音	はん<u>お</u>ん

　　　三位　さん<u>み</u> ＜ さん＋<u>ゐ</u>　　cf.「三」朝鮮 삼 [sam] サム

朝鮮漢字音

以下★を付けたものは北朝鮮では表記の通り発音される. また記号 ' と ˇ は現実の表記には現われず, 便宜上ここで用いるものである. ' は次に来る平音が濃音となることを示し, ˇ はこの位置に [n] ([l] の後ろでは [l]) が現われること (リエーゾン) を示す.

Ⅰ　次の変化は漢字2字から成る漢字語語幹の内部でのみ起きる (表記は変わらない).

⑴ ㄴ＋ㄹ
　└→ ㄹ

新羅 <u>신라</u> [실－] [ʃilla] シルラ (しんら)

Ⅱ　次の変化は漢字語語幹 (2字) ＋接尾辞 (1字) の間でのみ起きる (表記は変わらない).

⑴ ㄴ＋ㄹ★
　└→ ㄴ

婦人-欄　<u>부인-란</u> ★ [－난] [puinnan] プインナン / 北 [puinran] プインラン
(ふじんらん)

生産-量　생산-량 ★ [－냥] [sɛŋsannjaŋ] センサンニャン / 北 [sɛŋsanrjaŋ]
センサンリャン（せいさんりょう＜せいさんりゃう）

ただし資本論 자본-론 [－논] [tʃabonnon] チャボンノン / [－볼－] [tʃabol-
lon] チャボルロン（この場合Ⅰ(1)のように読まれる）/ 北 [tʃabonron] チャボ
ンロン（しほんろん）

また接尾辞が「里」([ri] リ. 朝鮮の面や邑の下の行政単位. 日本の大字にあた
るか？）の場合はⅠ(1)に準ずる. 宋山里 송산-리 [－살－] [soŋsalli] ソンサ
ルリ（そうざんり）

(2)　子音＋[j]　　　ただし [l]＋[j]　　　　このような [n/l] の挿入をリエーゾンと
　　　↳ [nj]　　　　　↳ [lj]　　　呼ぶことができる. 下記のⅥ(9)参照.

盲腸-炎　맹장-^ᵛ염 [－념] [mɛŋdʒaŋnjom]
　メンジャンニョム（もうちょうえん＜まうちゃうえん）
金-孃　김-^ᵛ양 [－냥] [kimnjaŋ] キムニャン（きんじょう＜きんじゃう）
釜山-驛　부산-^ᵛ역 [－녁] [pusannjɔᵏ] プサンニョク（ふざんえき）
安國-驛　안국-^ᵛ역 [－궁녁] [anguŋnjɔᵏ] アングンニョク（あんこくえき）
學習-熱　학습-^ᵛ열 [－씀녈] [hakˀsumnjol] ハクスムニョル（がくしゅうね
　つ＜がくしふねつ）
肋膜-炎　능막-^ᵛ염 [－망념] [nuŋmaŋnjom] ヌンマンニョム
　/ 北 / 륵－ / [ruŋmaŋnjom] ルンマンニョム（ろくまくえん）
知識-欲　지식-^ᵛ욕 [－싱뇩] [tʃiʃiŋnjoᵏ] チシンニョク（ちしきよく）
寧越-驛　영월-^ᵛ역 [－력] [jɔŋwolljɔᵏ] ヨンウォルリョク / 北 / 녕－ /
　[njɔŋwolljɔᵏ] ニョンウォルリョク（ねいえつえき＜ねいゑつえき）
任實-驛　임실-^ᵛ역 [－력] [imʃilljɔᵏ] イムシルリョク（にんじつえき）

姓＋接尾辞「孃」양 ([jaŋ] ヤン) は姓の末尾の子音が ㅁ ([m] ム), ㄴ ([n]
ン), ㅇ ([ŋ] ン), ㄹ ([l] ル) の後ろでのみリエーゾンが起きる.

安-孃 안-^ᵛ양 [annjaŋ] アンニャン（あんじょう＜あんじゃう）, 姜-孃 강-^ᵛ양 [kaŋ-
njaŋ] カンニャン（きょうじょう＜きゃうじゃう）, 葛-孃 갈-^ᵛ양 [kalljaŋ] カル

21

リャン（かつじょう＜かつじゃう）．cf. 朴-孃 박-양 [pagjaŋ] パギャン（ぼくじょう＜ぼくじゃう）．ただし姓名＋「孃」の場合はすべてリエーゾンする．金美淑-孃 김미숙-˘양 [－승냥] [kimmisuŋnjaŋ] キンミスンニャン（きんびしゅくじょう＜きんびしゅくじゃう）．

Ⅲ　漢字語語幹の頭では韓国で次のような変化が起き，また発音通り表記される．北朝鮮では基本的な漢字音のまま書かれ，そう発音される．

(3) 라★　　래★　　로★　　루★　　르★
　　 ↳ 나　 ↳ 내　 ↳ 노　 ↳ 누　 ↳ 느

　　 樂園　北 락원 [ragwɔn] ラグウォン － 낙원 [nagwɔn] ナグウォン（らくえん＜らくゑん）

　　 冷麵　北 랭면 [reŋmjɔn] レンミョン－냉면 [neŋmjɔn] ネンミョン（れいめん）

　　 論爭　北 론쟁 [ronʨεŋ] ロンジェン－논쟁 [nonʨεŋ] ノンジェン（ろんそう＜ろんさう）

　　 漏電　北 루전 [ruʨɔn] ルジョン－누전 [nuʨɔn] ヌジョン（ろうでん）

　　 肋骨　北 륵골 [ruᵏʔkol] ルッコル－늑골 [nuᵏʔkol] ヌッコル（ろっこつ）

(4) 랴★　려★　레★　료★　류★　리★　녀★　뇨★　니★
　　 ↳ 야　↳ 여　↳ 예　↳ 요　↳ 유　↳ 이　↳ 여　↳ 요　↳ 이

　　 略圖　北 략도 [rjaᵏʔto] リャクト－약도 [jaᵏʔto] ヤクト（りゃくず＜りゃくづ）

　　 歷史　北 력사 [rjɔkʔsa] リョクサ－역사 [jɔkʔsa] ヨクサ（れきし）

　　 禮節　北 레절 [rjeʨol] リェジョル－예절 [jeʨol] イェジョル（れいせつ）

　　 龍宮　北 룡궁 [rjoŋguŋ] リョングン－용궁 [joŋguŋ] ヨングン（りゅうぐう）

　　 流行　北 류행 [rjuhεŋ] リュヘン－유행 [juhεŋ] ユヘン（りゅうこう＜りうかう）

　　 理論　北 리론 [riron] リロン－이론 [iron] イロン（りろん）

　　 女性　北 녀성 [njɔsɔŋ] ニョソン－여성 [jɔsɔŋ] ヨソン（じょせい＜ぢょせい）

　　 尿道　北 뇨도 [njodo] ニョド－요도 [jodo] ヨド（にょうどう＜ねうだう）

　　 泥炭　北 니탄 [nitʰan] ニタン－이탄 [itʰan] イタン（でいたん）

Ⅳ　漢字語接頭辞（1字）＋漢字語語幹（2字）の間では次のような変化が起きる.
　　ただし漢字語接頭辞の末尾の子音はㅁ（[m] ム）, ㄴ（[n] ン）, ㅇ（[ŋ] ン）, ㄹ
　　（[l] ル）に限られる.

(2)　Ⅱ(2)と同じことが起きる（表記は変わらない）.
　　新驛長　신-ˇ역장［－녁－］[ʃinnjokʔtʃaŋ] シンニョクチャン（しんえきちょう
　　　＜しんえきちゃう）

(3)　Ⅲ(3)と同じことが起きる（韓国と北朝鮮で表記が異なる）.
　　半裸體　北 반-라체 [panratʃʰe] パンラチェ － 반-나체 [pannatʃʰe] パンナ
　　チェ（はんらたい）

(4)　Ⅲ(4)と同じことが起きる. ただしリエーゾンも同時に起きる（韓国と北
　　朝鮮で表記が異なる）.
　　反兩班　北 반-ˇ량반 [panrjaŋban] パンリャンバン － 반-ˇ양반 [pannjaŋban]
　　パンニャンバン（はんりょうはん ＜ はんりゃうはん）
　　新女性　北 신-녀성 [ʃinnjɔsɔŋ] シンニョソン － 신-ˇ여성 [ʃinnjɔsɔŋ]
　　シンニョソン（しんじょせい ＜ しんぢょせい）

Ⅴ　上記のⅠ, Ⅱにまたがって次のような変化が起きる.

(5)　母音, ㄴ＋렬★　　母音, ㄴ＋률★　　　韓国でのみ. ただし [n] の後ろで
　　　　┗→ 열　　　　　┗→ 율　　　　リエーゾンが起きることもある.
　　　　　　　　　　　　　　　　　　また北朝鮮でも発音は実質的に韓
　　　　　　　　　　　　　　　　　　国と同じらしい.

　　破裂　北 파렬 [pʰarjɔl] パリョル－파열 [pʰajɔl] パヨル（はれつ）
　　卑劣　北 비렬 [pirjɔl] ピリョル－비열 [pijɔl] ピヨル（ひれつ）＋
　　分裂　北 분렬 [punrjɔl] プンリョル－분열 [punjɔl] プニョル / [punnjɔl]
　　プンニョル（ぶんれつ）
　　規律　北 규률 [kjurjul] キュリュル－규율 [kjujul] キュユル（きりつ）
　　旋律　北 선률 [sɔnrjul] ソンリュル－선율 [sɔnjul] ソニュル ＜ [sɔnnjul]
　　ソンニュル（せんりつ）

百分-率　北 백분-률 [pɛ^{kʔ}punrjul] ペクプンリュル－백분-율 [pɛ^{kʔ}punjul] ペクプニュル ＜ [pɛ^{kʔ}punnjul] ペクプンニュル（ひゃくぶんりつ）

⑹ ㄹ＋ㄷ　ㄹ＋ㅈ　ㄹ＋ㅅ
　　└→ㄸ　└→ㅉ　└→ㅆ

上記のⅠのように漢字語語幹（２字）の内部で起きる（表記は変わらない）.

發達　발'달［－딸］[pal^{ʔ}tal] パルタル（はったつ）

屈折　굴'절［－쩔］[kul^{ʔ}ʧɔl] クルチョル（くっせつ）

抹殺　말'살［－쌀］[mal^{ʔ}sal] マルサル（まっさつ）

ただし上記のⅡのように漢字語語幹（２字）＋接尾辞（１字）の間では ⑹ のように発音されることもあればそうでない場合もある.

視察團　시찰'단［－딴］[ʃiʧ^{h}al^{ʔ}tan] シチャルタン / [ʃiʧ^{h}aldan] シチャルダン（しさつだん）

半月刀　반월'도［－또］[panwɔl^{ʔ}to] パヌウォルト / [panwɔldo] パヌウォルド（はんげつとう ＜ はんげつたう）

現實的　현실'적［－쩍］[hjɔnʃil^{ʔ}ʧɔ^{k}] ヒョンシルチョク / [hjɔnʃilʤɔ^{k}] ヒョンシルジョク（げんじつてき）

發達中　발'달'중［－딸쭝］[pal^{ʔ}tal^{ʔ}ʧuŋ] パルタルチュン / [pal^{ʔ}talʤuŋ] パルタルジュン（はったつちゅう）

自殺說　자살'설［－썰］[ʧasal^{ʔ}sɔl] チャサルソル / [ʧasalsɔl] チャサルソル（じさつせつ）

上記のⅣのように接頭辞（１字）＋漢字語語幹（２字）の間では ⑹ のように発音されることはない（濃音化は起きない）.

脫-黨派的　탈-당파적 [t^{h}aldaŋp^{h}aʤɔ^{k}] タルダンパジョク（だつとうはてき ＜ だつたうはてき）　cf. 脫黨 탈'당 [t^{h}al^{ʔ}taŋ] タルタン（だっとう ＜ だったう）

蜜-茶房　밀-다방 [mildabaŋ] ミルダバン（みつさぼう ＜ みつさばう. ソウル大学路にある喫茶店）　cf. 密談 밀'담 [mil^{ʔ}tam] ミルタム

(7) 次のような種の漢字の頭音（平音）は漢字語の第２字以降で濃音化するものがある（表記は変わらない）．例は32-35ページに示す．

價 가 [ka] カ（か），件 건 [kɔn] コン（けん），格 격 [kjɔᵏ] キョク（かく），科 과 [kwa] クァ（か＜くわ），果 과 [kwa] クァ（か＜くわ），課 과 [kwa] クァ（か＜くわ），券 권 [kwɔn] クウォン（けん），圏 권 [kwɔn] クウォン（けん），權 권 [kwɔn] クウォン（けん），級 급 [kɯᵖ] クプ（きゅう＜きふ），病 병 [pjɔŋ] ピョン（びょう＜びゃう），性 성 [sɔŋ] ソン（せい），字 자 [ʧa] チャ（じ），的 적 [ʧɔᵏ] チョク（てき），點 점 [ʧɔm] チョム（てん），證 증 [ʧɯŋ] チュン（しょう），症 증 [ʧɯŋ] チュン（しょう）．

Ⅵ　あらゆる場合に（Ⅰ，Ⅱ，Ⅳで）次のような変化が起きる（表記は変わらない）．

(8)

$$
\left.\begin{array}{c} ㅂ \\ ㄱ \end{array}\right\} + \left\{\begin{array}{c} ㅂ → ㅃ \\ ㄷ → ㄸ \\ ㅈ → ㅉ \\ ㅅ → ㅆ \\ ㄱ → ㄲ \end{array}\right.
$$

すなわち　口音＋平音　↳ 濃音

壓迫　압박［－빡］[apˀpaᵏ] アッパク（あっぱく）
急騰　급등［－뜽］[kɯpˀtɯŋ] クプトゥン（きゅうとう＜きふとう）
答電　답전［－쩐］[tapˀʧɔn] タプチョン（とうでん＜たふでん）
襲撃　습격［－껵］[sɯpˀkjɔᵏ] スプキョク（しゅうげき＜しふげき）
押收　압수［－쑤］[apˀsu] アプス（おうしゅう＜あふしう）
格別　각별［－뼐］[kakˀpjɔl] カクピョル（かくべつ）＋
燭臺　촉대［－때］[ʧʰokˀtɛ] チョクテ（しょくだい）
國際　국제［－쩨］[kukˀʧe] ククチェ（こくさい）
學校　학교［－꾜］[hakˀkjo] ハッキョ（がっこう＜がっかう）
宿舍　숙사［－싸］[sukˀsa] スクサ（しゅくしゃ）

(9)

$$
\left.\begin{array}{c} ㅁ ← ㅂ \\ ㅇ ← ㄱ \end{array}\right\} + \left\{\begin{array}{c} ㅁ \\ ㄴ \end{array}\right.
$$

すなわち　口音＋鼻音　↳ 鼻音

25

十萬　십만［심−］[ʃimman] シンマン（じゅうまん＜じふまん）

執念　집념［짐−］[tʃimnjɔm] チムニョム（しゅうねん＜しふねん）

作文　작문［장−］[tʃaŋmun] チャンムン（さくぶん）

昨年　작년［장−］[tʃaŋnjɔn] チャンニョン（さくねん）

(10)　ㄹ＋ㄴ　　すなわち　　流音＋鼻音　　cf. Ⅰ(1), Ⅱ(1)
　　　　└→ ㄹ　　　　　　　　└→ 流音

利那　찰나［−라］[tʃʰalla] チャルラ（せつな）

(11)　　ㅁ
　　　　ㅇ
　　　　　　　＋ ㄹ → ㄴ
　　　ㅁ ← ㅂ
　　　ㅇ ← ㄱ

すなわち　　鼻音＋流音★　　口音　＋　流音★
　　　　　　　　└→ 鼻音　└→ 鼻音　└→ 鼻音

北朝鮮では流音は変わらないが，口音は鼻音に変わる．

森林　삼림［−님］[samnim] サムニム / 北 [samrim] サムリム（しんりん）

敬禮　경례［−녜］[kjɔnje] キョンニェ / 北 [kjɔŋrje] キョンリェ（けいれい）

入力　입력［임녁］[imnjɔk] イムニョク / 北 [imrjɔk] イムリョク（にゅうりょく＞にふりょく）

獨立　독립［동닙］[toŋnipᵖ] トンニプ / 北 [toŋripᵖ] トンリプ（どくりつ）

コラム　朝鮮語は同化の甚だしい言語である

　上記のⅥに記したように朝鮮語は音節の頭の子音 (初声) も音節末の子音 (終声) も隣接する子音の影響を受けて変わることが多い．このような音の変化を同化というが，朝鮮語はロシア語のように同化の甚だしい言語である．これが朝鮮語を難しくしている理由のひとつである．

　同化には二つのタイプがある．(a) は順行同化，(b) は逆行同化と呼ばれる (ただし北朝鮮は(11) を認めていない)．

(a) A＋B　　(b) A＋B
　　↓　　　　　　↓
　　B′　　　　　　A′
(8),(10),(11)　　(9)

26

コラム　日本製，朝鮮製の漢字

中国で作られたからこそ漢字と呼ばれるわけなのだが，日本でも朝鮮でも漢字に似せて作った文字がある．この日本製漢字を日本では国字と言い，約300字あまりがある．例えば「働」はたらく，「峠」とうげ，「畑」はたけ，「畠」はたけ，「笹」ささ，「辻」つじ，「込」こむ，「鰯」いわし，「沖」おき，「躾」しつけ 等々．これらのうち「働」は「労働」(ろうどう くらうどう) の場合のように「ドウ」という音を持つが，ほとんどは訓しかない．

例えば「辻」という日本人女性が韓国人男性と結婚して韓国の国籍を取ると「辻」という姓で戸籍に載るが (朝鮮は中国と同じく夫婦別姓)，「辻」という字は韓国にはないので「十」(じゅう くじふ) を朝鮮漢字音で読んで 십 [ʃipʰ] シプと称することになる．またかつて日本語の「申込」が朝鮮では 신입 [ʃinipʰ] シニプと読まれたことがあるが (今は「申請」신청 [ʃintɕʰɔŋ] シンチョンという単語に置き換えられた)，これは「込」の「入」を 입 [ipʰ] イプと読んだものである．

朝鮮製の漢字 (これを韓国の学者は固有漢字と呼ぶ) は130ほどあるが，これには 1) 朝鮮語の音を表したもの，2) なんらかの概念を表したものがある．例えば1)「乭」돌 [tol] トル，「㐒」걱 [kɔᵏ] コク，「廤」곳 [koᵗ] コッ等々；2)「垈」대 [tɛ] テ (意味：터 [tʰɔ] ト〈敷地〉)，「岾」재 [tɕɛ] チェ (意味〈峠〉)，「夻」화 [hwa] ファ (意味：대구 [tɛgu] テグ〈鱈〉)，「畓」답 [tapʰ] タプ (意味：논 [non] ノン〈田〉) 等々．1) のうち「乭」，「廤」は音を表す漢字2字から成るものであり (前者はいわば「石」の訓 [tol] トルを表すためにそれの末尾音として「乙」の音을 [ɯl] ウルを付け加えたものである)，「㐒」は漢字＋ハングルから成るものである．1) の文字は主として地名や人名の表記に用いられる．2) のうち「岾」のように意味 (すなわち訓のようなもの) が音となったものがあるが，大部分は独自の音を持つ．それはこれらの文字が朝鮮の漢文に用いられ，朝鮮の漢文は日本とは異なり音でだけ読まれるからである．「畓」という文字は意味を表す「水田」という字を合成したものであり (本来「田」という漢字は「畑」を意味した)，「沓」답 [tapʰ] タプという字に似ているので，その音を取ったものである．「夻」は朝鮮語の単語の音 [tɛgu] テグを示す漢字を合わせて作ったものである．これらの朝鮮の固有漢字は日本語では読みようがない．現在これらの固有漢字は韓国でも用いられない．

もう一つ注意すべきことがある．韓国人の名を表す漢字の中にはいくら字典を引いても出てこない文字がある．例えば前ソウル大学教授の韓㳓劤 [hanuguun] ハヌグン氏 (歴史学) の「㳓」という字は字典に載っているようにみえて，どの字典にも載っていない．韓国ではしばしばある姓の行列字 (同じ世代に属する人々の人名に共通の漢字) として字典にない字を採用することがあり，多くの場合，木火土金水のどれかの偏旁を持つ．こ

27

の場合は「右」という字にさんずいをつけた字が採用された. このような字はこれらの偏旁を持たない漢字の音で読まれる (すなわちこの場合「右」にならって우 [u] ウと読む). 日本ではこの文字は「右」にならって「ユウ < イウ」と読むしかあるまい.

■コラム■ 朝鮮の地名, 人名の日本での読み方について

　最近はいわゆる国際化の波に乗って外国の地名や人名をできる限り現地の発音通りに記そうという "現地音主義" が出てきた. 例えばキリスト教の洗礼名「ヨハネ」に当たる古典ギリシャ語の Ἰωάννης イオーアンネース, 英語の John ジョン, フランス語の Jean ジャン, ドイツ語の Johannes ヨハネス, ロシア語の Иван イヴァーン, ポーランド語とチェコ語の Jan ヤン, ハンガリー語の István イシュトヴァーン等は以前は特に小国の名前があまり知られずそれらを英語名で呼ぶ傾向があったものを, 最近はそれらの国々の言語も知られるようになったし, 現地音でできるだけ入れる傾向がある. それなら徹底して現地音主義になったかというと, "無知" のせいで依然として大国の言語に寄りかかっている例も多い. ウクライナの都市名 Харьков ハリコフ (ロシア語) は最近ウクライナ語の Харкїв ハルキウが新聞にも登場したが, カザクスタンの都市名 Алматы をロシア語式にアルマトイとするのは実に恥ずかしいことで本当はアルマトゥとすべきである (ついでながら Казахстан カザフスタンはロシア語式であり, 現地音 Қазақстан にならってカザクスタンというべきである). ポーランド語, チェコ語, ハンガリー語を表す文字はローマ字の上下にさまざまな diacritical mark (識別記号) をつけたものが多いが, 英字新聞ではこれらを一切無視するものだから日本でも不正確な発音を記したものが少なくない. 例えば次の地名と人名は (　) 内が現地音に近いものである. ポーランド地名：Łódź ロッズ ([wutɕ] ウッチ)；チェコ人名 Dvořák ドヴォルザック, ドヴォルジャック ([dvoɾ̝aːk] ドヴォジャーク)；ハンガリー人名：Petőfi ペトエフィ, ペトフィ ([petøːfi] ペテーフィ). コンピューターの普及は国際化ならぬグローバル化をもたらし, その結果は言語面では英語帝国主義を助長し, インターネットの普及により識別符号はかえって無視され, 外国の地名, 人名の表記と発音は相変わらずあいまいなままである.

　ところでこのような現地音主義という風潮の中で日本でも朝鮮の地名, 人名を朝鮮語で表記すべきだという主張が出てくる. NHK (日本放送協会) は始めは人名だけを現地音で片仮名表記し, 地名はソウルとピョンヤンだけを片仮名表記するというまことに不徹底な政治主義的措置を取ったが, 現在ではなし崩しに地名も片仮名表記しているようだ. しかし他の多くの放送局も新聞社も朝鮮の地名と人名は漢字を日本漢字音で読んでいる.

実は第二次世界大戦後日本のジャーナリズムは中国と朝鮮の地名，人名で現地音を採用したことがある．折しも中国の国内戦と朝鮮戦争の最中で，片仮名の現地音と漢字の日本読みとの併記を行ったのだが（例えば「テジョン（大田）」．「大田」は「たいでん」と読む），結局定着せず，もとに戻ってしまったという経緯がある．朝鮮の地名，人名を現地音主義で表記するNHKも中国については漢字を日本読みしているのはまことに不徹底な話である．韓国は日本に現地音主義を要求するが，中国はそうでないからという理由をあげる日本の外務省もなんとも主体性のないことである．日本には漢字で表記される外国の地名，人名の表記について確固たる原則も方針も国家的規模のものはない．

　一つ真剣に考えなければならないことは"漢字音"の問題である．日本でも朝鮮でも中国のみならず朝鮮，日本の漢字語を自国語に受け入れる時はそれぞれの漢字音すなわち日本漢字音或いは朝鮮漢字音によるのである．例えば

中国「學校」xuéxiào シュエシアオ　　　→ 朝鮮「學校」학교 [haᵏˀkjo] ハッキョ
　　　　　　　　　　　　　　　　　　→ 日本「学校」がっこう gakkô

日本「原子」げんし gensi　　　　　　　→ 中国「原子」yuánzǐ ユアンズ
　　　　　　　　　　　　　　　　　　→ 朝鮮「原子」원자 [wɔnʤa] ウォンジャ
　　　　　　　　　　　　　　　　　　→ ヴェトナム「原子」nguyên tử グエン・トゥー

　ただし「餛飩」→「うどん」，「暖簾」→「のれん」は漢語から日本語への借用語と見るべきもので，漢字語ではない．

　このように漢字音を持つ朝鮮，日本，ヴェトナムのような国は漢字語を自分の漢字音を通して受け入れるから，漢字語は外来のものでありながら自国語に準ずる扱いを受けることになり，単なる借用語ではなくなる．そしてこの漢字音に当たるものがヨーロッパにはないのである．ヨーロッパでギリシャ語やラテン語がいろいろな言語に借用語として受け入れられるのとは事情が異なるのである．そして地名，人名も当然漢字語として受け入れられる．この"漢字音"の存在がヨーロッパにはない特殊性であるから，中国，朝鮮の地名，人名の日本での受入れが日本漢字音を通したものになるのも一種の必然なのである．

　中国国内では方言によって地名，人名も含めて単語が各方言の漢字音によって変化することを漢人自身がよく知っているから，例えば自分の名前が自分の生まれた時からの発音と違っていても驚かない．だから自分の名前は北京ではこれ，上海ではこれ，広東ではこれというように理解しているから，当然日本や朝鮮では違うと思っている．日

本人も自分の名前は中国ではまるで違う音であろうと思っている．ここで例外をなすのがヴェトナムであり，はじめヴェトナム人は日本の地名，人名をヴェトナム漢字音でローマ字表記していたが，今では日本読みを直接受け入れている．またヴェトナムの地名，人名の日本での受け入れも漢字を通すことなく直接行われている．今，朝鮮人が特に1945年以後日本の地名，人名を日本読みで受け入れ，そして逆に日本に韓国の地名，人名を漢字音を通してではなく直接受け入れることを迫っているのは，多分かれらがもはや漢字をなかば捨ててしまったことと関係があろう．つまり漢字に関して事実上朝鮮のヴェトナム化が進行していると見るべきだろう．

　ついでながら韓国は中国の地名，人名を多く朝鮮漢字音で受け入れている（もちろん教科書などでは中国音をハングルで表記しているが，まだ定着していない）．一部の国粋主義者は韓国の人名を漢人に韓国音で受け入れろと要求するが，そんなことはできるはずがない．例えば「金」김 [kim] キムという姓は，北京の人が [ki] キという音節を発音できないのは日本人も韓国人も英語の [θ] や [ð] が発音できないのと同じであることを知るべきなのである．同じように，朝鮮の姓「宋」舎 [soŋ] を片仮名で例えばソングのように「グ」を小さく書いてみたところで，日本人はソンか（この場合は「孫」손 [son] ソンと全く同じになってしまう）或いはソングにしかならないのであって絶対に [soŋ] と発音できないことを知るべきである．

　日本人が韓国人に「渡辺」という漢字を示してそれをワタナベと読めと言っているのを見たことがあるが，「渡邊」という漢字は朝鮮では도변 [tobjɔn] トビョンとしか読めないから，どだいその要求は無理である．同じように，韓国人が日本人に「朴」という漢字を示して박 [paᵏ] パクと読めと言うのも無理な話である．日本語ではそれは「ぼく」としか読めないし，もしも日本人に朝鮮の音の近似音を発音させたかったら，せいぜい「パク」と書くしかないし，その場合も [pakɯ] という発音以上のものを期待することはできないことを知るべきである．朝鮮漢字音に日本的要素を，日本漢字音に朝鮮的要素を持ち込むことはどだい無理であり，間違いなのである．かくして「漢字音」と「現地音」とが違うものだということの認識がまず重要なのである．

　しかしながら漢字に関して朝鮮のヴェトナム化か進行中であることも事実であるから，最近漢字を一切意識せずに作られた韓国の人名はもはや日本漢字音云々は問題となりえないし，片仮名でその音を記すしかない．北朝鮮では人名は一切の漢字を考慮することなくつけているらしい．北京で会った北朝鮮留学生はみな自分の名前に漢字を持っていたので尋ねてみると，中国では漢字なしに済ますことができないので大使館から漢字をもらったと言っていた．北朝鮮の人名はもはや片仮名表記せざるを得ないであろう．そしてまた韓国でも同様に片仮名表記せざるを得ない時代が来るのかも知れない．

中国の朝鮮族は漢字社会に住んでいるせいか漢字を保存している．かれらの新聞とか放送では中国の地名，人名は徹底して朝鮮漢字音で読まれ，しかも漢字なしにハングルで表記されている．むしろ漢字をよく知っているためにかえって朝鮮漢字音をよく保存していると言える．ここでは時折漢語からの影響も見られる．

例：「開山屯」개산툰 [kɛsantʰun] ケサントゥン (延辺朝鮮族自治州の地名) ー正しくは개산둔 [kɛsandun] ケサンドゥン　cf. 漢語音：Kāishāntún カイシャントゥン．

　旧ソ連 (現ロシア及び中央アジア諸国) の朝鮮人のほとんどは漢字やハングルはおろかすでに朝鮮語を知らず，名前は完全にロシア化しているが，辛うじて姓だけは伝えられる．以下にそれを示す (ロシア文字にはローマ字を併記する)．

Ан An アンー安 안 [an] アン (あん)；Ге Ge ギェーー桂 계 [kje] キェ (けい)；Дё Dё ジョーー趙 (ちょう ＜ てう)，曹 (そう ＜ さう) 조 [ʧo] チョ；Егай Egaj イェガイー 예 [je] イェ (ぜい) 芮；Кан Kan カンー姜 강 [kaŋ] カン (きょう ＜ きゃう)；Ким Kim キムー金 김 [kim] キム (きん)；Когай Kogaj コガイー高 고 [ko] コ (こう ＜ かう)；Ли Li リーー李 이 [i] イ / 北 리 [ri] リ (り)；Лим Lim リムー林 임 [im] イム / 北 림 [rim] リム (りん)；Лян Ljan リャンー梁 양 [jaŋ] ヤン / 北 량 [rjaŋ] リャン (りょう ＜ りゃう)；Мен Men メンー明 명 [mjɔŋ] ミョン (めい)；Мин Min ミンー閔 민 [min] ミン (びん)；Нам Nam ナムー南 남 [nam] ナム (なん)；Ногай Nogaj ノガイー魯，盧 노 [no] ノ / 北 로 [ro] ロ (ろ)；Ню Nju ニューー劉，柳 유 [ju] ユ / 北 류 [rju] リュ (りゅう ＜ りう)；О О オーー呉 오 [o] オ (ご)；Пак Pak パクー朴 박 [pakʼ] パク (ぼく)；Пан Pan パンー方 방 [paŋ] パン (ほう ＜ はう)；Сим Sim シムー沈 심 [ʃim] シム (しん)；Тё Tё チョーー趙 (ちょう ＜ てう)，曹 (そう ＜ さう) 조 [ʧo] チョ；Тен Ten, Тэн Tén テンー鄭 정 [ʧɔŋ] チョン (てい)；Тюгай Tjugaj チュガイー秋 추 [ʧʰu] チュ (しゅう ＜ しう)；Тягай Tjagaj チャガイー車 차 [ʧʰa] チャ (しゃ)；Тян Tjan チャンー張 장 [ʧaŋ] チャン (ちょう ＜ ちゃう)；Угай Ugaj ウガイー禹 우 [u] ウ (う)；Хан Xan ハンー韓 한 [han] ハン (かん)；Хван Xvan フヴァンー黄 황 [hwaŋ] ファン (こう ＜ くわう)；Хегай Xegaj ヘガイー許 허 [hɔ] ホ (きょ)；Цой Coj ツォイー崔 최 [ʧʰwe] チュウェ (さい)；Шегай SHegaj シェガイー徐 서 [sɔ] ソ (じょ)；Шин SHin シンー申，辛，愼 신 [ʃin] シン (しん)；Югай JUgaj ユガイー兪 유 [ju] ユ (ゆ)；Юн JUn ユンー尹 윤 [jun] ユン (いん)；Ян JAn ヤンー楊 양 [jaŋ] ヤン (よう ＜ やう)．

　姓に -гай -gaj ガイという接尾辞が付くものが多いが，これは中央アジアで戸籍調査に当たったロシア人の役人に朝鮮人が姓に「ー가 (哥) 이」[-gai] ガイ (「姓」という意味) を付けて答えたためにそれが姓の一部になったものらしい．

朝鮮地名の日本読みの中には日本漢字音によらずに朝鮮語音を表したと思われるものがある.「蔚山」울’산 [ul²san] ウルサン (慶尚南道の都市) (日本漢字音：うっさん);「蔚珍」울’진 [ul²ʧin] ウルチン (慶尚北道の都市) (日本漢字音：うっちん) は朝鮮語音で普通呼ばれる.「木浦」목포 [mokpʰo] モクポ (全羅南道の都市) (日本漢字音：ぼくほ) は普通「もっぽ」と呼ばれるが，これは朝鮮語からの影響だろう.

　朝鮮の地名，人名は日本漢字音で読む時は漢音が用いられるのが普通だが，たまに呉音が用いられることがある.　朝鮮の姓「権」[kwɔn] クウォンは普通「ごん」と読まれるが，これは呉音であろう.　上記の「木浦」の「もっぽ」も呉音の影響とも考えられる.　なお現在の「仁川」[inʧʰɔn] インチョン (じんせん) はかつての「濟物浦」[ʧemulpʰo] チェムルポが発展したもので今でもその地名が残っているが，これを日本人が「さいもっぽ」と呼んだのは呉音で読んだものであろう.　ソウルはかつて「京城」と呼ばれたが，これは「きょうじょう」(呉音＋呉音) ではなく「けいじょう＜けいじゃう」となるであろう.　ついでながら「東京」ははじめ「とうけい」(漢音) と読まれたらしいが，後に「とうきょう＜とうきゃう」となったらしい (呉音).

　なお文録 (ぶんろく)・慶長 (けいちょう＜けいちゃう) の役 (えき) (朝鮮側は壬辰倭亂 [imʤin wɛran] イムジンウェラン (じんしんわらん)，丁酉再亂 [ʧɔŋju ʧɛran] チョンユチェラン (ていゆうさいらん＜ていいうさいらん) と呼ぶ) の時の日本側の記録を見ると，朝鮮の人名は日本漢字音で読み，地名を朝鮮の音で記していたことがわかる.　例えば「慶尚道」경상도 [kjɔŋsaŋdo] キョンサンド (けいしょうどう＜けいしゃうだう) を「けくしやくと」と書いたのは多分 [keŋuʃaŋudo] と読み，朝鮮の当時の発音 [kenʃaŋdo] ケンシャンドを表記したものであろう.

　略字を公には用いない朝鮮で姓の「曹」だけは普通「曺」という略字を書く.

▰コラム▰　第 2 字以降の注意すべき漢字 ▰

Ⅰ.　漢字語では第 2 字以降の漢字音の頭音 (平音) が濃音化することがある.　以下にそのような漢字を挙げるが，1) 例外なく濃音化を起こすもの，2) 若干の例外はあるが，多くの場合濃音化を起こすもの，3) まれに散発的にしか濃音化を起こさないものがある.

＊を付けたものは接尾辞的に用いられた場合である.

1)　例外なく濃音化を起こすもの：
　價　定價　정’가 [ʧɔŋ²ka] チョンカ (ていか)

最高價　최고'가 [ʧʰwego²ka] チュウェゴッカ (さいこうか)

券　旅券　여'권 [jɔ²kwɔn] ヨックウォン / 北 려'권 [rjɔ²kwɔn] リョックウォン (りょけん)

*入場券　입장'권 [ipˀʧaŋ²kwɔn] イプチャンクウォン (にゅうじょうけん ＜ にふじょうけん)

圈　*當選圈　당선'권 [taŋsɔn²kwɔn] タンソンクウォン (とうせんけん ＜ たうせんけん)

*首都圈　수도'권 [sudo²kwɔn] スドックウォン (しゅとけん)

權　政權　정'권 [ʧɔŋ²kwɔn] チョンクウォン (せいけん)

*選擧權　선거'권 [sɔngɔ²kwɔn] ソンゴックウォン (せんきょけん)

點　滿點　만'점 [man²ʧɔm] マンチョム (まんてん)

*問題點　문제'점 [mundʑe²ʧɔm] ムンジェッチョム (もんだいてん)

症　炎症　염'증 [jɔm²ʧɯŋ] ヨムチュン (えんしょう)

*狹心症　협심'증 [hjɔpˀʃim²ʧɯŋ] ヒョプシムチュン (きょうしんしょう ＜ けふしんしょう)

2)　若干の例外はあるが，多くの場合濃音化を起こすもの：

件　事件　사'건 [sa²kɔn] サッコン (じけん)

物件　물'건 [mul²kɔn] ムルコン (ぶっけん)

(例外：物件 물건 [mulgɔn] ムルゴン ＜もの＞)

格　性格　성'격 [sɔŋ²kjɔᵏ] ソンキョク (せいかく)

*主格　주'격 [ʧu²kjɔᵏ] チュッキョク (しゅかく)

(例外：價格 가격 [kagjɔᵏ] カギョク (かかく)；規格 규격 [kjugjɔᵏ] キュギョク (きかく)；資格 자격 [ʧagjɔᵏ] チャギョク (しかく)；體格 체격 [ʧʰegjɔᵏ] チェギョク (たいかく))

科　理科　이'과 [i²kwa] イックァ / 北 리'과 [ri²kwa] リックァ (りか ＜ りくわ)

内科　내'과 [nɛ²kwa] ネックァ (ないか ＜ ないくわ)

*英語科　영어'과 [jɔŋɔ²kwa] ヨンオックァ (えいごか ＜ えいごくわ)

*放射線科　방사선'과 [paŋsasɔn²kwa] パンサソンクァ (ほうしゃせんか ＜ はうしゃせんくわ)

(例外：罪科 죄과 [ʧwegwa] チュウェグァ / [ʧwe²kwa] チュウェックァ (ざいか ＜ ざいくわ)；敎科書 교과서 [kjogwasɔ] キョグァソ / [kjo²kwasɔ] キョックァソ (きょうかしょ ＜ けうくわしょ))

33

果　成果　성'과 [sɔŋ²kwa] ソンクァ (せいか ＜ せいくわ)

　　効果　효'과 [hjo²kwa] ヒョックァ (こうか ＜ かうくわ)

　　(例外：結果 결과 [kjɔlgwa] キョルグァ (けっか ＜ けっくわ)；因果 인과 [ingwa]
　　イングァ / [in²kwa] インクァ (いんが ＜ いんぐわ))

課　*人事課　인사'과 [insa²kwa] インサックァ (じんじか ＜ じんじくわ)

　　*學生課　학생'과 [hak²sɛŋ²kwa] ハクセンクァ (がくせいか ＜ がくせいくわ)

　　(例外：第一課 제일과 [ʧeilgwa] チェイルグァ (だいいっか ＜ だいいっくわ)；日課
　　일과 [ilgwa] イルグァ (にっか ＜ にっくわ))

級　*部長級　부장'급 [puʥaŋ²kɯᵖ] プジャンクプ (ぶちょうきゅう ＜ ぶちゃうきふ
　　(cf. 等級 등급 [tuŋgɯᵖ] トゥングプ (とうきゅう ＜ とうきふ)；階級 계급 [kjegɯᵖ]
　　キェグプ (かいきゅう ＜ かいきふ))

法　憲法　헌'법 [hɔn²pɔᵖ] ホンポプ (けんぽう ＜ けんぱふ)

　　文法　문'법 [mun²pɔᵖ] ムンポプ (ぶんぽう ＜ ぶんぱふ)

　　*國際法　국제'법 [kuᵏ²ʧe²pɔᵖ] ククチェッポプ (こくさいほう ＜ こくさいはふ)

　　*利用法　이용'법 [ijoŋ²pɔᵖ] イヨンポプ / 北 리용'법 [rijoŋ²pɔᵖ] リヨンポプ (りよう
　　ほう ＜ りようはふ)

　　(例外：方法 방법 [paŋbɔᵖ] パンボプ (ほうほう ＜ はうはふ)；司法 사법 [sabɔᵖ] サボ
　　プ (しほう ＜ しはふ)

病　胃病　위'병 [wi²pjɔŋ] ウィッピョン (いびょう ＜ ゐべう)

　　*精神病　정신'병 [ʧɔŋʃin²pjɔŋ] チョンシンピョン (せいしんびょう ＜ せいしんべ
　　う)

　　(例外：問病 문병 [munbjɔŋ] ムンビョン (日本語にはない. 病気見舞い)

性　*黨性　당'성 [taŋ²sɔŋ] タンソン (とうせい ＜ たうせい)

　　*安全性　안전'성 [anʥɔn²sɔŋ] アンジョンソン (あんぜんせい)

　　(cf. 男性 남성 [namsɔŋ] ナムソン (だんせい)；理性 이성 [isɔŋ] イソン / 北 리성
　　[risɔŋ] リソン (りせい)；酸性 산성 [sansɔŋ] サンソン (さんせい))

字　漢字　한'자 [han²ʧa] ハンチャ (かんじ)

　　文字　문'자 [mun²ʧa] ムンチャ (もんじ，もじ)

　　(例外：正字 정자 [ʧɔŋʥa] チョンジャ (せいじ))

　　(cf. *로마'字 로마자 [roma²ʧa] ロマッチャ (＝ローマじ))

的　*美的　미'적 [mi²ʧɔᵏ] ミッチョク (びてき)

　　*性的　성'적 [sɔŋ²ʧɔᵏ] ソンチョク (せいてき)

　　(例外：標的 표적 [pʰjoʥɔᵏ] ピョジョク (ひょうてき ＜ へうてき))

(cf. *歴史的 역사적 [jɔkʼsadʑɔkʼ] ヨクサジョク / 北 력사적 [rjɔkʼsadʑɔkʼ] リョクサ ジョク (れきしてき) ; 藝術的 예술적 [jesuldʑɔkʼ] /[jesulʼʧʼɔkʼ] イェ スルチョク (げいじゅつてき) ; 精神的 정신적 [ʧɔnʃindʑɔkʼ] チョンシンジョク / [ʧɔnʃinʼʧʼɔkʼ] チョンシンチョク (せいしんてき))

證 *免許證　면허'증 [mjɔnhɔʼʧuŋ] ミョンホッチュン (めんきょしょう)
　　*受領證　수령'증 [surjɔnʼʧuŋ] スリョンチュン (じゅりょうしょう＜じゅりゃう しょう)
　　(cf. *領収證 영수증 [jɔŋsudʑuŋ] ヨンスジュン / 北 령수'증 [rjɔŋsuʼʧuŋ] リョン スッチュン (りょうしゅうしょう＜りゃうしうしょう))

3) まれに散発的にしか濃音化を起こさないもの：
　例外的に濃音化を起こす場合がある.
　簡単 간단＋ [kandan] カンダン / [kanʼtan] カンタン (かんたん) ; 倉庫 창고 [ʧʰaŋgo] チャンゴ / [ʧʰaŋʼko] チャンコ (そうこ＜さうこ) ; 高架 고가 [koga] コガ / [koʼka] コッ カ (こうか＜かうか)).
　若い世代は濃音で発音する人が多い.

Ⅱ. ㄴ [n] を初声とする漢字音の一部は終声 ㄴ [n] ンの後ろで ㄹ [l] となるものがある. 韓国ではこの場合この漢字音をハングルで発音通り書くが，北朝鮮では表記は元のまま である.
　困難 곤란 [골ー] / 北 곤난 [kollan] コルラン＋ (こんなん)
　寒暖計 한란계 [할ー] / 北 한난계 [hallangje] ハルランギェ (かんだんけい)
　cf. 難易 난이 [nani] ナニ (なんい) ; 暖冬 난동 [nandoŋ] ナンドン (だんとう)

　ㄴ [n] を初声とする一部の漢字音は母音の後ろで ㄹ [r] となるものがあるが，これは 南北朝鮮とも発音通り書かれる.
　受諾 수락 [surakʼ] スラク (じゅだく) ; 許諾 허락 [horakʼ] ホラク (きょだく) ; 快諾 쾌 락 [kʰwerakʼ] クウェラク (かいだく＜くわいだく) cf. 承諾 승낙 [suŋnakʼ] スンナク (しょうだく)

　ㄹ [r] を初声とする一部の漢字音は常にその ㄹ [r] を失う. この場合は南北朝鮮とも発 音通り書かれる.
　隷属 예속 [jesokʼ] イェソク (れいぞく) ; 奴隷 노예 [noje] ノイェ (どれい)

35

「熱」열 [jɔl] ヨルは ㄱ [ᵏ] ク, ㅇ [ŋ] ンの後ろで [njɔl] ニョルと発音されるが, 南北朝鮮とも基本的な漢字音のまま表記される.

情熱 정열 [−녈] [ʧʌŋnjɔl] チョンニョル (じょうねつ＜じゃうねつ)；平熱 평열 [−녈] [pʰjɔŋnjɔl] ピョンニョル (へいねつ)；白熱 백열 [뱅녈] [pɛŋnjɔl] ペンニョル (はくねつ) cf. 微熱 미열 [mijɔl] ミヨル (びねつ)

<h2>コラム　南北朝鮮の漢字音の違い</h2>

南北朝鮮の漢字音の表記 (これを正書法と言おう) と発音 (これを正音法と言おう) は, すでにあちこちで言及したように, 若干異なる.

Ⅰ. 正書法と正音法とが違うもの：
　　1) 語頭の ㄹ [r] と ㄴ [n]. cf. 22-24ページ Ⅲ(3),(4), Ⅳ(3),(4), Ⅴ(5)

Ⅱ. 正音法が違うもの：
　　2) 語中の ㄹ [r]. cf. 20-21ページ Ⅱ(1)
　　3) ㄴ [n] の後ろの ㄹ [l]. cf. 20-22ページ Ⅱ

Ⅲ. 正書法が違うもの：
　いくつか補足する.
　　1′)　폐 [pʰje] ピェ / 北 페 [pʰe] ペ.
　　　　癈墟　폐허 [pʰjehɔ] ピェホ / 北 페허 [pʰeho] ペホ (はいきょ)
　　　　紙幣　지폐 [ʧipʰje] チピェ / 北 지페 [ʧipʰe] チペ (しへい)
　　2′)　漢挐山　한라산 [할−] / 北 한나산 [할라−] [hallasan] ハルラサン (かんださん)
　　　　(済州島の山)
　　3′)　暫間　잠깐 / 北 잠간 [ʧamˀkan] チャムカン (日本語にはない. ＜暫く＞)

<h2>コラム　早口の会話での発音</h2>

朝鮮語では終声＋初声が早口の会話で発音が少し変わることがあるが, 漢字語の場合も同様である. 以下の場合があるが, これらはあくまでも "早口" の場合である.

1)　ㅂ+ㅃ　　ㅂ+ㅍ　　ㄱ+ㄲ　　口音+濃音　　口音+激音　　　　　唇音どうし或いは
　　↳ ゼロ　　↳ ゼロ　　↳ ゼロ　　↳ ゼロ　　　　↳ ゼロ　　　　　軟口蓋音どうし

壓迫　압박 [aᵖˀpakⁱ] アッパク → [aˀpakⁱ] アッパク (あっぱく)

甲板　갑판 [kaᵖpʰan] カッパン → [kapʰan] カパン (かんぱん)

學校　학교 [hakˀkjo] ハッキョ → [haˀkjo] ハッキョ (がっこう ＜ がっかう)

以下の場合も参照せよ.

入學　입학 [iᵖpʰakⁱ] イッパク → [ipʰakⁱ] イパク (にゅうがく ＜ にふがく)

祝賀　축하 [tɕʰuᵏkʰa] チュッカ → [tɕʰukʰa] チュカ (しゅくが)

2) ㄴ+ㅁ　　ㄴ+ㅂ　　ㄴ+ㅍ　　ㄴ+ㄱ　　ㄴ+ㅋ　　ㄴ+唇音　　ㄴ+軟口蓋音
　└→ㅁ　　└→ㅁ　　└→ㅁ　　└→ㅇ　　└→ㅇ　　└→唇音化　　└→軟口蓋音化

は直後の音に同化して唇音の前では鼻音の唇音に，軟口蓋音の前では鼻音の軟口蓋音になる.

新聞　신문 [ʃinmun] シンムン → [ʃimmun] シンムン (しんぶん)

安否　안부 [anbu] アンブ → [ambu] アンブ (あんぴ)

人品　인품 [inpʰum] インプム → [impʰum] インプム (じんぴん)

韓國　한국 [hanguᵏ] ハングク → [haŋguᵏ] ハングク (かんこく)

全快　전쾌 [tɕɔnkʰwɛ] チョンクウェ → [tɕɔŋkʰwɛ] チョンクウェ (ぜんかい ＜ ぜんくわい)

3) ㅁ+ㄱ　　ㅂ+ㄱ　　唇音+軟口蓋音
　└→ㅇ　　└→ㄱ　　└→軟口蓋音
　　　　　　└→ゼロ

深刻　심각+[ʃimgakⁱ] シムガク → [ʃiŋgakⁱ] シンガク (しんこく)

(暫間 잠깐 [tɕaimˀkan] チャムカン → [tɕaŋˀkan] チャンカン ＜暫く＞)

十九　십구 [ʃiᵖˀku] シプク → [ʃikˀku] シック → [ʃiˀku] シック (じゅうく ＜ じふく)

4) 母音　　　　　　　有声音+ㅎ
　　　　　　　　　　　　└→有声化
　ㅁ　　　　　　　　　　　└→ゼロ
　ㄴ
　　　＋ㅎ
　ㅇ
　ㄹ　└→ゼロ

氣合　기합 [kihaᵖ] キハプ → [－압] [kiaᵖ] キアプ <気合い>
暗行御史　암행어사 [amhɛŋɔsa] アムヘンオサ → [아맹－] [amɛŋɔsa] アメンオサ(あん
　　こうぎょし < あんかうぎょし. 李朝で中央から地方に送られた密偵)
銀行　은행 [ɯnhɛŋ] ウンヘン → [으냉] [ɯnɛŋ] ウネン (ぎんこう < ぎんかう)
生活　생활 [sɛŋhwal] センファル → [－왈] [sɛŋwal] センワル (せいかつ < せいくわつ)
結核　결핵 [kjɔrhɛᵏ] キョルヘク → [겨랙] [kjɔrɛᵏ] キョレク (けっかく)

以上のようにまたしても朝鮮語は甚だ同化の激しい言語だということになる.

以上の同化の結果として早口の会話では例えば次の形は一致してしまう.

訊問　심문 [ʃimmun] シンムン (じんもん)
　　　　　　　－新聞 신문 [ʃinmun] / [ʃimmun] シンムン (しんぶん)
恭敬　공경 [koŋgjɔŋ] コンギョン <敬うこと>
　　　　　　　－困境 곤경 [kongjɔŋ] / [koŋgjɔŋ] コンギョン <苦境>

　しかし朝鮮人は [mm] と [nm], [ŋg] と [ng] などの違いを発音しわけるだけでなく聞き分けることができる. 朝鮮語の初心者は早口の会話での同化は聞き分けるのが難しいが, 早口の会話の発音は確かにしやすい. しかしよほど朝鮮語に慣れないうちは早口の会話の発音は真似しない方がよい.

コラム　　**疑似漢字語**

　漢字語には日本と朝鮮で共通したもの, 日本にしかないもの, 朝鮮にしかないものがあることは述べたが, 本来漢字語とは呼べないもの (漢字の全部或いは一部が訓読みされたもの) が朝鮮に入って “漢字語” になってしまったものがある. これを仮に疑似漢字語と呼んでおこう. 次のものが今でもよく用いられる.

　　葉書 엽서 [jɔpˀsɔ] ヨプソ <はがき>
　△ 追越 추월 [ʧʰuwɔl] チュウォル <おいこし>
　　建物 건물 [kɔnmul] コンムル <たてもの>
　　手續 수속 [susoᵏ] スソク <てつづき>
　　品切 품절 [pʰumʤɔl] プムジョル <しなぎれ>
　△ 貸切 대절 [tɛʤɔl] テジョル <かしきり>

割引 할인 [haɾin] ハリン <わりびき>

△ 立替 입체 [ipʧʰe] イプチェ <たてかえ>

立會 입회 [ippʰwe] イップウェ / 北 립회 [ɾippʰwe] リップウェ <たちあい>

引上 인상 [insaŋ] インサン <ひきあげ>

引下 인하 [inha] インハ <ひきさげ>

引揚 인양 [injaŋ] イニャン <ひきあげ>

また次のものも参照せよ.

氣合 기합 [kihaᵖ] キハプ <きあい>

生産高 생산고 [sɛŋsango] センサンゴ <せいさんだか>

以上のうち△印を付けたものは北朝鮮の辞典《조선말대사전》, 사회과학출판사, 평양, 1992 (『朝鮮語大辞典』, 社会科学出版社, 平壤, 1992) に収録されていない.

疑似漢字語は本来の漢字語ではないという朝鮮人の意識はあったから, なるべく他の単語に置き換えようという努力がなされ, 次のものはほぼ置き換えられたと言ってよい.

申込　신입 [ʃiniᵖ] シニプ <もうしこみ>

　　　　−申請 신청 [ʃinʧʰɔŋ] シンチョン (しんせい)

取締役　취체역 [ʧʰwiʧʰejɔᵏ] チュイチェヨク <とりしまりやく>

　　　　−理事 이사 [isa] イサ (りじ)

他方では「割増」할증 [halʔʧuŋ] ハルチュン <わりまし> のような新しい疑似漢字語も生ずる.

在日朝鮮人の一部には「場合」장합 [ʧaŋhaᵖ] チャンハプ <ばあい> のような疑似漢字語を用いる人がいるが, 朝鮮ではそれは用いられない (「境遇」경우 [kjɔŋu] キョンウを用いる).

日本語を知っている韓国人どうしで冗談で日本の漢字語や疑似漢字語を作り出すことがある. これは真似しない方がよい.

成程 성정 [sɔŋʨɔŋ] ソンジョン <なるほど>

御無沙汰 어무사태했습니다 [ɔmusatʰɛhɛsʔsumnida] オムサテヘッスムニダ <ごぶさたしました>

第**1**課 　朝鮮の **아** [a] アは日本の「あ」に対応するものが多い.
　　　　朝鮮の終声は日本のものとの対応が割合はっきりしている.

　これから少しずつ朝鮮と日本の漢字音の対応関係を学んでいくことにする. た
だしこのように対応することが多いということはあくまでも"多い"ということで
あって，数学の公式のように絶対にいつもこうであるとは限らないことを断って
おきたい.

　初心者はまず各課の本文と［まとめ］を十分理解した後［練習］に進み，最後に
［補足］を学んでほしい.［まとめ］の次の［参考］は少し先の課を勉強して学習の
余裕ができたら読んでくれてもよいし，はじめに読んでみてさほど難しく感じな
い読者ならいきなり読んでくれてもよい.

1)　次のように朝鮮漢字音は日本漢字音と対応する場合が多い.
　　　　아 [a] ア：あ　　　　악 [aᵏ] アク：あく　　　　안 [an] アン：あん
　　　　암 [am] アム：あん　알 [al] アル：あつ
　　　　東亞〔亜〕동아 [toŋa] トンア（とうあ）
　　　　善惡〔悪〕선악 [sɔnaᵏ] ソナク（ぜんあく）
　　　　安心 안심 [anʃim] アンシム（あんしん）
　　　　明暗 명암 [mjɔŋam] ミョンアム（めいあん）
　　　　軋轢 알력 [alljɔᵏ] アルリョク（あつれき）

　次のように驚くほど似た対応関係があることがわかる.
　　　　中声　ㅏ [a]　　　ア：あ
　　　　終声　ㄱ [ᵏ]　　　ク：く
　　　　　　　ㄴ [n]　　　ン：ん
　　　　　　　ㅁ [m]　　　ム：ん
　　　　　　　ㄹ [l]　　　ル：つ

2)　次のものは朝鮮漢字音と日本漢字音とでうまく対応しないように見えるが，
　　日本の歴史的かな遣いとはよく似ていることがわかる.
　　　　앙 [aŋ] アン：あう ＞ おう　　압 [aᵖ] アプ：あふ ＞ あう ＞ おう
　　　　中央 중앙 [tʃuŋaŋ] チュンアン（ちゅうおう ＜ ちゅうあう）

40

押収 압수 [apˀsu] アプス（おうしゅう ＜ あふしう）

次の対応がある.
　　終声　ㅂ [p] プ：ふ ＞ う
　　　　　ㅇ [ŋ] ン：う

まとめ

　朝鮮漢字音の終声を日本漢字音および中国の上古音（隋，唐の音）と比べると次のようになる（中国はローマ字で，朝鮮はハングルで，日本は平仮名で表す）.

p ㅂ [ᵖ]	プ ふ ＞ う		t ㄹ [l]	ル つ		k ㄱ [ᵏ]	ク く	
m ㅁ [m]	ン ん		n ㄴ [n]	ン ん		ŋ ㅇ [ŋ]	ン う	

아 [a] ア
　あ
압 [aᵖ] アプ
　あふ ＞ おう
알 [al] アル
　あつ
악 [aᵏ] アク
　あく
암 [am] アム
　あん
안 [an] アン
　あん
앙 [aŋ] アン
　あう ＞ おう

参　考

　漢字音の末尾子音を音韻学では韻尾という.

　今普通漢語と呼ぶものは主として北京（ペキン）でできあがった「普通話（pǔtōnghwa（プートンファ））」という共通語であるが，その漢字音を現代北京漢字音ということにする. 現代北京漢字音の韻尾は-nと-ng（＝[ŋ]）の二つしかない. 中古音の-mは-nに合流した.

　日本の漢字音は-mと-nを区別しないが（ともに「ん」. 区別しないという点では現代北京漢字音と同じ），古くは区別した可能性がある.「三」삼 [sam] サム（さん）. ただし「三位一体」삼위일체 [samwiilt͡ʃʰe] サムウィイルチェ（さんみいったい），すなわち sam-wi ＞ sam-mi.

　日本語の「ち，つ」は ti, tu だった.

　日本語のハ行の子音は元来 p だったと思われ，これが後に（万葉の時代には）f（両唇摩擦音）となり，ずっと後に（江戸時代に）h となり，消えた（p ＞ f ＞ h ＞ ゼロ）. したがって「あふ」は apu ＞ afu ＞ ahu ＞ au という変化を経て「あう」と合流した.

41

ŋに対応する日本漢字音の「う」は鼻母音 (フランス語のように鼻にかかる母音) ũ だった可能性がある.

中国の -p, -t, -k は日本漢字音では母音 -u を伴って -pu, -tu, -ku として入った (同様に -ŋ も -ũ のように).

日本語では二重母音 au は後に ô (オー) のように長母音となった. あう ＞ おう；あふ ＞ あう ＞ おう. cf. 英語 auto [ɔ́ːtou].

朝鮮漢字音の韻尾の ㄹ [l] ルは中国の唐代の長安音を反映したものである. 今でも中国の北方方言の一部には韻尾が -l であるものが少しある.

現代北京漢字音の -ng は朝鮮漢字音の ㅇ [ŋ] ンに, 日本漢字音の「う」に多く当たる. 現代北京漢字音の -n は日本漢字音の「ん」に, 朝鮮漢字音では多く ㄴ [n] ンに, 一部は ㅁ [m] ムに対応する.

朝鮮漢字音の韻尾の ㄹ [l] ル, ㄱ [ᵏ] クは日本漢字音の「つ」,「く」に多く対応し, 朝鮮漢字音の韻尾の ㅂ [ᵖ] プは日本漢字音では多く「ふ」(歴史的かな遣い)/「う」(現代かな遣い) に対応する.

日本漢字音の韻尾の「う」と「ふ」(歴史的かな遣い) の区別は対応する朝鮮漢字音の ㅇ [ŋ] ンと ㅂ [ᵖ] プの違いによって復元することができる. 例えば「鴦」と「鴨」 (ともに現代かな遣いでは「おう」) は朝鮮漢字音の「鴦」앙 [aŋ] アンと「鴨」압 [aᵖ] アプという違いによって「鴦」の歴史的かな遣いは「あう」,「鴨」のそれは「あふ」であることが知られる.

中国漢字音の韻尾 -p, -t, -k, -m, -n, -ŋ の区別は広東 (カントン) 漢字音, 福建漢字音, ヴェトナム漢字音でもよく保たれている. 現代北京漢字音はかなりの変化を遂げたので, 中国よりもむしろ外国の朝鮮, 日本, ヴェトナムの漢字音の方が部分的にもっと古い音を保っていることが少なくない. 中国では南の地方の方が古い音を保っている. 台湾の留学生が日本に来て日本語が台湾語に似ていると感じるのは, 日本と台湾 (すなわち福建) の漢字音がともに唐代長安音をよく反映したものであるためである.

✎ 練習1

次の漢字語のうち下線部の漢字を推量してあてはめなさい. その際行き当たりばったりではなしに第1課で学んだことをよく思いだしつつ反芻しなさい. 日本の国語辞典を見てよろしい. できれば歴史的かな遣いも併記してあるものがあれば望

ましい．ただし韓日辞典，日韓辞典は絶対に見てはいけない．答えは巻末に添付してある．

1. 맹아자 [mɛŋadʑa] メンアジャ（盲＿者〔者〕もう＜まう＿しゃ）

2. 파악 [pʰaakʼ] パアク（把＿は＿＿）

3. 답안 [taban] タバン（答＿とう＜たふ＿＿）

4. 알선 [alˀsɔn] アルソン（＿旋＿＿せん）

5. 원앙 [wɔnaŋ] ウォナン（鴛＿えん＜ゑん＿＿）

6. 압인 [abin] アビン（＿印＿＿いん）

（補足）

旧字体と新字体　亞－亜 아 [a] ア（あ）；惡－悪 악 [akʼ] アク（あく）；收－収 수 [su] ス（しゅう＜しう）；者－者 자 [tʃa] チャ（しゃ）．

第2課　朝鮮の初声の ㄹ [r] はほとんど日本のラ行に対応する．

第1課に現れた朝鮮漢字音の初声を ㄹ[r] に変えると次のような対応が得られる．

라 [ra] ラ ら	랍 [raᵖ] ラプ らふ＞ろう	랄 [ral] ラル らつ	락 [raᵏ] ラク らく
	람 [ram] ラム らん	란 [ran] ラン らん	랑 [raŋ] ラン らう＞ろう

新羅 신라〔실－〕[ʃilla] シルラ（しんら）

蜜臘〔蝋〕밀랍 [millaᵖ] ミルラプ（みつろう＜らふ）

辛辣 신랄〔실－〕[ʃillal] シルラル（しんらつ）＋

墜〔墜〕落 추락 [tʃʰuraᵏ] チュラク（ついらく）

43

閲覧〔覧〕열람 [jɔllam] ヨルラム（えつらん）

内亂〔乱〕내란 [nɛran] ネラン（ないらん）

新郎〔郎〕신랑 [실－] [ʃillaŋ] シルラン（しんろう＜らう）

まとめ

朝鮮漢字音の初声 [r] は中国上古音および日本漢字音とは次のように対応する.

ㅣㄹ[r]　ラ行

参　考

漢字音の頭の子音を音韻学では声母と呼ぶ.

中国上古音の声母 l －朝鮮漢字音ㄹ[r] －日本漢字音 r という対応はほとんど例外がない. 朝鮮語と日本語に l という子音がないために双方ともそれを r で受け入れたものである.

練習 2

次の漢字語のうち下線部の漢字を推量してあてはめなさい.

1. 망라 [－나] [maŋna] マンナ /
   北 [maŋra] マンラ（網＿ もう＜まう＿）

2. 연락 [열－] [jɔllaᵏ] ヨルラク /
   北 련－ / [rjɔllaᵏ] リョルラク（聯〔連〕＿れん＿＿）（聯と連は別字だが同音）

3. 산란기 [살－] [sallangi] サルランギ（産＿期さん＿＿き）

4. 범람 [－남] [pɔmnam] ポムナム / 北 [pɔmram] ポムラム
   （氾＿はん＿＿）

5. 화랑 [hwaraŋ] ファラン（畫〔画〕＿が＜ぐわ＿＿）

44

補足

1) 旧字体と新字体　臘－蝋 랍 [raᵖ] ラプ（ろう＜らふ）；墜－墜 추 [tʃʰu] チュ（つい）；閱－閲 열 [jɔl] ヨル（えつ）；覽－覧 람 [ram] ラム（らん）；亂－乱 란 [ran] ラン（らん）；啞－唖 아 [a] ア（あ）；產－産 산 [san] サン（さん）；畫－画 화 [hwa] ファ（が＜ぐわ）.

2) 次の漢字音を比較せよ．亞 아 [a] ア（あ）－唖 아 [a] ア（あ）；安 안 [an] アン（あん）－案 안 [an] アン（あん）；央 앙 [aŋ] アン（おう＜あう）－鴦 앙 [aŋ] アン（おう＜あう）．上記のうち「唖，案，鴦」という漢字では「亞，安，央」という部分が音を表し，その他の部分は意味を表しているといえる．このように音を表している部分を音符あるいは声符といい，意味を表している部分を義符あるいは意符という．音符と義符から成る漢字を形声字という．漢字のうち圧倒的多数を形声字が占める.

第3課　朝鮮漢字音の平音と激音との違いは日本漢字音にはない.

朝鮮漢字音の平音も激音も日本漢字音の清音に対応するものが多い.

ㄱ [k]	ㄷ [t]	ㅂ [p]	ㅅ [s]	ㅈ [tʃ]	ㅎ [h]
ㅋ [kʰ]	ㅌ [tʰ]	ㅍ [pʰ]		ㅊ [tʃʰ]	
カ行	タ行	ハ行	サ行	サ行	カ行

第1課に現れた朝鮮漢字音の初声を上記の子音に変えるといろいろな漢字音ができる．それらを含む漢字語を以下に示す.

1) 可能 가능 [kanɯŋ] カヌン（かのう）＋
　　閣僚 각료［강뇨］[kaŋnjo] カンニョ /
　　　北 [kaŋrjo] カンリョ（かくりょう＜れう）
　　　發〔発〕刊 발간 [palgan] パルガン（はっかん）
　　　感情〔情〕감정 [kamʥoŋ] カムジョン（かんじょう＜じゃう）
　　　枯渇 고갈 [kogal] コガル（こかつ）
　　　講座 강좌 [kaŋʥwa] カンジュワ（こう＜かうざ）
　　　甲殻 갑각 [kaᵖkaᵏ] カプカク（こう＜かふかく）

45

2) 多量 다량 [taɾjaŋ] タリャン (たりょう＜りゃう)
　單〔単〕位 단위 [tanwi] タヌウィ (たんい＜ゐ)
　發〔発〕達 발'달 [palʔtal] パルタル (はったつ)
　當〔当〕然 당연 [taŋjɔn] タンヨン (とう＜たうぜん)＋
　踏襲 답습 [tapʔsɯp] タプスプ (とう＜たふしゅう＜しふ)

3) 他人 타인 [tʰain] タイン (たにん)
　委託 위탁 [witʰak] ウィタク (い＜ゐたく)
　石炭 석탄 [sɔktʰan] ソクタン (せきたん)
　探偵 탐정 [tʰamʤɔŋ] タムジョン (たんてい)
　放蕩 방탕 [paŋtʰaŋ] パンタン (ほう＜はうとう＜たう)
　搭乗〔乗〕탑승 [tʰapʔsuŋ] タプスン (とう＜たふじょう)

4) 迫〔迫〕力 박력 [방녁] [paŋnjɔk] パンニョク /
　　北 [paŋɾjɔk] パンリョク (はくりょく)
　反映 반영 [panjɔŋ] パニョン (はんえい)
　發〔発〕電 발'전 [palʔʧɔn] パルチョン (はつでん)
　放浪 방랑 [－낭] [paŋnaŋ] パンナン /
　　北 [paŋɾaŋ] パンラン (ほう＜はうろう＜らう)

5) 破損 파손 [pʰason] パソン (はそん)
　判〔判〕斷〔断〕판단 [pʰandan] パンダン (はんだん)

6) 調査 조사 [ʧosa] チョサ (ちょう＜てうさ)
　削〔削〕減 삭감 [sakʔkam] サッカム (さくげん)
　散策 산책 [sanʧʰɛk] サンチェク (さんさく)
　三角 삼각 [samgak] サムガク (さんかく)
　殺人 살인 [saɾin] サリン (さつじん)
　想像 상상 [saŋsaŋ] サンサン (そう＜さうぞう＜ざう)

挿入 삽입 [sabiᵖ] サビプ (そう＜さふにゅう＜にふ)

7) 作品 작품 [ʨakᵖʰum] チャクプム (さくひん)
   養蠶〔蚕〕양잠 [jaŋʥam] ヤンジャム (よう＜やうさん)
   壯〔壮〕擧〔挙〕장거 [ʨaŋɡɔ] チャンゴ (そう＜さうきょ)

8) 交叉〔差〕교차 [kjoʨʰa] キョチャ (こう＜かうさ)(〔差〕は当て字)
   錯亂〔乱〕착란 [창난] [ʨʰaŋnan] チャンナン /
       北 [ʨʰaŋran] チャンラン (さくらん)
   贊〔賛〕成 찬성 [ʨʰansɔŋ] チャンソン (さんせい)
   參〔参〕加 참가 [ʨʰamga] チャムガ (さんか)
   倉庫 창고 [ʨʰaŋgo] チャンゴ / [ʨʰaŋˀko] チャンコ (そう＜さうこ)

9) 河川 하천 [haʨʰɔn] ハチョン (かせん)
   寒暖計 한란계 [할−] / −난− / [hallaŋje] ハルランギェ (かんだんけい)
   陷〔陥〕落〔落〕함락 [−낙] [hamnaᵏ] ハムナク /
       北 [hamraᵏ] ハムラク (かんらく)
   割讓〔譲〕할양 [harjaŋ] ハリャン (かつじょう＜じゃう)
   航空 항공 [haŋgoŋ] ハンゴン (こう＜かうくう)

　朝鮮漢字音の平音と激音 (頭の子音) は中国の中古音および日本漢字音とほぼ次のように対応している.

唇音	舌音	歯音	牙音	喉音
p 〕 ㅂ	t 〕 ㄷ〕	c 〕 ㅈ〕	k 〕 ㄱ	
ph 〕 ㅍ	th 〕 ㅌ〕	ch 〕 ㅊ〕	kh 〕 ㅋ〕	
ハ行	タ行	サ行	カ行	
		s 〕 ㅅ		h ㅎ
		サ行		カ行

　唇音, 舌音, 歯音, 牙音, 喉音という名称は中国音韻学の用語である. これか

47

ら時々用いることにする.

歯音の c, ch, 喉音の h はとりあえず便宜上こう記しておくものである.

まとめ

第3課と第1課で述べたことを複合すると次のような漢字音が得られる.

가	갈	각	간	감	강	갑
か	かつ	かく	かん	かん	かう > こう	かふ > こう

다, 타	달	탈	단, 탄	담, 탐	당, 탕	답, 탑
た	たつ	たく	たん	たん	たう > とう	たふ > とう

파	발, 팔	박	반, 판		방	
は	はつ	はく	はん		はう > ほう	

사자차	살 찰	삭작착	산 찬	삼잠참	상장창	삽
さ	さつ	さく	さん	さん	さう > そう	さふ > そう

하	할		한	함	항	
か	かつ		かん	かん	かう > こう	

参考

中国漢字音と朝鮮漢字音には無気音と有気音 (h のような息の漏れがない音とある音) の区別があるが (これを朝鮮語の場合平音と激音と呼ぶ), 日本漢字音にはその区別がない.

ただし中国漢字音の無気音が朝鮮漢字音の平音に, 中国漢字音の有気音が朝鮮漢字音の激音にいつも対応するわけではなく, 双方の対応関係は双方の事情により複雑である. 朝鮮漢字音でㅋ[kʰ] が現れるのはどういうわけか쾌 [kʰwɛ] クウェという漢字音だけである. 日本語のハ行の子音は古代日本語の p にさかのぼる.

古代日本語には h がなかったので, 中国漢字音の h はカ行で受け入れられた.

古代日本語のサ行の子音は [s] だったという説と [ts] だったという説があるが, いまだにはっきりしない. いずれにせよ中国漢字音の歯音は等しくサ行で受け入れられた.

中国漢字音の歯音は歯頭音と正歯音の2種類があるが, ここでは便宜上両者を区別しない.

✎ 練習3

次の漢字語のうち下線部の漢字を推量してあてはめなさい.

1. 가동률 [－뉼] [kadoŋnjul] カドンニュル /
   北 [kadoŋrjul] カドンリュル (＿動率＿ どうりつ)

2. 각도 [kakʔto] カクト (＿度＿ ど)

3. 간통죄 [kantʰoŋʥwe] カントンジュウェ /
   [kantʰoŋʔʧwe] カントンチュウェ (＿通罪＿ つうざい)

4. 감시 [kamʃi] カムシ (＿視＿ し)

5. 갈채 [kalʧʰɛ] カルチェ (＿采＿ さい)

6. 강령 [－녕] [kaŋnjɔŋ] カンニョン /
   北 [kaŋrjɔŋ] カンリョン (＿領＿ りょう＜りゃう)

7. 장단 [ʧaŋdan] チャンダン (長＿ ちょう＜ちゃう＿)

8. 부담 [pudam] プダム (負＿ ふ＿)

9. 답안지 [tabanʥi] タバンジ (＿案紙＿ あんし)

10. 정당 [ʧɔŋdaŋ] チョンダン (政＿ せい＿)

11. 식탁 [ʃikʰtaᵏ] シクタク (食＿ しょく＿)

12. 기탄없이 [kitʰanɔpʔʃi] キタノプシ (忌＿ き＿ なく)

13. 탐닉 [tʰamniᵏ] タムニク (＿溺＿ でき)

14. 사탕 [satʰaŋ] サタン (砂＿ さ＿) (菓子の一種)

15. 파산 [pʰasan] パサン (＿産＿ さん)

49

16. 숙박 [suᵏˀpaᵏ] スクパク (宿＿ しゅく＿＿＿)

17. 단발 [tanbal] タンバル (斷〔断〕＿ だん＿＿＿)

18. 전반적 [tɕɔnbandʑɔᵏ] チョンバンジョク (全＿的ぜん＿＿＿てき)

19. 판매 [pʰanmɛ] パンメ (＿賣〔売〕＿＿＿ばい)

20. 방문 [paŋmun] パンムン (＿問＿＿＿もん)

21. 춘하 [tɕʰunha] チュンハ (春＿ しゅん＿)

22. 직할 [－칼] [tɕiᵏkʰal] チッカル (直＿ちょく／ちょっ＿＿＿)

23. 함정 [hamdʑɔŋ] ハムジョン (＿穽＿＿＿せい)

24. 한적 [handʑɔᵏ] ハンジョク (＿籍＿＿＿せき)

25. 공항 [koŋhaŋ] コンハン (空＿くう＿＿＿)

26. 교사 [kjosa] キョサ (教＿きょう＜けう＿)

27. 보살 [posal] ポサル (菩＿ぼ＿＿＿)

28. 산하 [sanha] サンハ (＿下＿＿＿か)

29. 상실 [saŋɕil] サンシル (＿失＿＿＿しつ)

30. 매장 [mɛdʑaŋ] メジャン (埋＿まい＿＿＿)

31. 시차 [ɕitɕʰa] シチャ (時＿じ＿)

32. 착취 [tɕʰaᵏtɕʰwi] チャクチュイ (＿取＿＿＿しゅ)

33. 시찰 [ɕitɕʰal] シチャル (視＿し＿＿＿)

50

34. 만찬 [mantɕʰan] マンチャン（晩＿ばん＿＿＿）

35. 창조 [ʧʰaŋʥo] チャンジョ（＿造＿＿ぞう＜ざう）

補足

旧字体と新字体　單－単 단 [tan] タン（たん）；發－発 발 [pal] パル（はつ）；當－当
당 [taŋ] タン（とう＜たう）；乘－乗 승 [suɯ] スン（じょう）；迫－迫 박 [pakˀ] パク（は
く）；斷－断 단 [tan] タン（だん）；蠶－蚕 잠 [ʧam] チャム（さん）；壯－壮 장 [ʧaŋ] チャ
ン（そう＜さう）；擧－挙 거 [kɔ] コ（きょ）；贊－賛 찬 [ʧʰan] チャン（さん）；參－参
참 [ʧʰam] チャム（さん）；陷－陥 함 [ham] ハム（かん）；讓－譲 양 [jaŋ] ヤン（じょう＜
じゃう）；賣－売 매 [mɛ] メ（ばい）.

形声字　（便宜上まだ出てこない漢字を示すこともある）覽〔覧〕람 [ram] ラム（らん）－
濫 람 [ram] ラム（らん）；郎 랑 [raŋ] ラン（ろう＜らう）－廊 랑 [raŋ] ラン（ろう＜ら
う）；割 할 [hal] ハル（かつ）－轄 할 [hal] ハツ（かつ）；放 방 [paŋ] パン（ほう＜はう）－
訪 방 [paŋ] パン（ほう＜はう）－方 방 [paŋ] パン（ほう＜はう）；創 창 [ʧʰaŋ] チャン（そ
う＜さう）－倉 창 [ʧʰaŋ] チャン（そう＜さう）；想 상 [saŋ] サン（そう＜さう）－相 상
[saŋ] サン（そう＜さう）ただし可 가 [ka] カ（か）－河 하 [ha] ハ（か）は音が日本漢字音
は同じだが，朝鮮漢字音は似ているけれども少し違う．このように形声字の音符はいつ
も全く同じ音を表すとは限らない．今後便宜上音符の示す音が同じものを形声字Ⅰと
し，似ているものを形声字Ⅱとしよう．

第4課　朝鮮漢字音の母音はト [a] ア，ㅑ [ja] ヤ，ㅘ [wa] ワの3種類がある.

今までに朝鮮漢字音のうち終声の大部分と初声の多くと中声のうち [a] アだけ
を学んだ.

ところで中声のト [a] アにはほかに 1) ㅑ [ja] ヤと 2) ㅘ[wa] ワという種類の母
音がある.

1) ㅑ [ja] ヤ：や
　　約束 약속 [jakˀsokˀ] ヤクソク（やくそく）
　　省略 생략 [－냑] [seŋnjakˀ] センニャク /
　　　　北 [seŋrjakˀ] センリャク（しょう＜しゃうりゃく）
　　養子 양자 [jaŋʥa] ヤンジャ（よう＜やうし）

51

2) ⅰ. ᅪ [wa] ワ：わ

　　腕力 완력〔왈－〕[walljɔᵏ] ワルリョク（わんりょく）

　　王國〔国〕왕국 [waŋguᵏ] ワングク（おう＜わうこく）

　ⅱ. ᅪ [wa] ワ：わ＞あ

　　結果 결과 [kjɔlgwa] キョルグァ（けっか＜くわ）

　　變〔変〕化 변화 [pjɔnhwa] ピョンファ（へんか＜くわ）

　　輪廓 윤곽 [jungwaᵏ] ユングァク /

　　　北 [rjungwaᵏ] リュングァク（りんかく＜くわく）〔日本では「輪郭」を用いる〕

　　確立 확립〔확닙〕[hwaŋniᵖ] ファンニプ /

　　　北 [hwaŋriᵖ] ファンリプ（かく＜くわくりつ）

　　官廳〔庁〕관청 [kwantʃʰɔŋ] クァンチョン（かん＜くわんちょう＜ちゃう）

　　病患 병환 [pjɔŋhwan] ピョンファン（びょう＜びゃうかん＜くわん）

　　日光 일광 [ilgwaŋ] イルグァン（にっこう＜くわう）

　　皇帝 황제 [hwaŋʥe] ファンジェ（こう＜くわうてい）

　ⅲ. ᅪ [wa] ワ：あ

　　撮影 촬영 [tʃʰwarjɔŋ] チュワリョン（さつえい）

　　上記の中声と日本漢字音との対応は基本的にほぼ次の通りである．
　　　ㅏ [a] ア：あ　　　　ㅑ [ja] ヤ：や　　　ᅪ [wa] ワ：わ

　　日本漢字音の「やう」は「よう」に，「わう」は wau ＞ wô ＞ ô のように変化した
結果「おう」となった．
　　과 [kwa] クァと 화 [hwa] ファは日本漢字音の「くわ」に対応するが，「くわ」は
後に「か」となった．さらに「くわう」は kwau ＞ kwô ＞ kô のように変化した結
果「こう」となった．

　　まとめ

　　現在の朝鮮の正書法による限り，第1課－第4課を総合して得られる朝鮮漢字音
と日本漢字音との対応は次の通りである．

1) 야 や 　 약 やく 　 　 양 やう＞よう
　 　 　 　 　 략 りゃく 　 량 りゃう＞りょう
　 　 　 　 　 　 　 　 　 향 きゃう＞きょう

2) 　 　 　 　 　 　 　 　 　 　 　 완
　 　 　 　 　 　 　 　 　 　 　 わん
　 과 화 　 팔 활 　 　 곽 확 　 　 관 환 　 　 광 황
　 くわ＞か 　 くわつ＞かつ 　 くわく＞かく 　 くわん＞かん 　 くわう＞こう
　 　 　 　 활
　 　 　 　 さつ

また次の対応を参照せよ.

日本	現代かな遣い	か	〃	かつ	〃	かく	〃	かん	〃
漢字音	歴史的かな遣い	か	くわ	かつ	くわつ	かく	くわく	かん	くわん
朝鮮		가	과	갈	팔	각	곽	간 감 관
漢字音		하	화	할	활	학	확	한 함 환

日本	現代かな遣い	こう	〃	〃
漢字音	歴史的かな遣い	かう	かふ	くわう
朝鮮		강	갑	광
漢字音		항	합	황

参 考

漢字音の構造は次の通りである.

両	声母	韻　母			声調	
		介母音	主母音	韻尾		
	子音	半母音	母音	子音		
中国（北京）	l	y	a	ŋ	第3声	liǎng
朝鮮	r	y	a	ŋ	：(上声)	량
日本	r	y	a	u		りゃう＞りょう

　母音は半母音（介母音）と主母音の2種類ある（介母音を介母，介音，主母音を核母音，体母音などと呼ぶ人もいる）.

53

朝鮮漢字音と日本漢字音の介母音は次のような対応をするものが多い.

　　　　朝鮮 y：　　日本 y

　　　　朝鮮 w：　　日本 w

音韻学では声母以外 (すなわち介母音＋主母音＋韻尾) を韻母と呼ぶ.

声調 (tone) とは高, 低, 低高 (昇り), 高低 (降り) 等の音の流れをいうが, 中国漢字音では平声 (ひょうしょう), 上声 (じょうしょう), 去声 (きょしょう), 入声 (にっしょう) の4種類を区別しており, 方言によってその高低, 昇り降りの具体的な様相は異なる. 北京漢字音からは入声が消滅したが, それでも第1声－第4声を区別し, 広東漢字音は第1声－第8声を, 福建漢字音は7種類の声調を区別する. 朝鮮漢字音ではかつて平声 (低調), 去声 (高調), 上声 (低高調) を区別したが (入声＝去声 (高調)), 現在では慶尚道方言と咸鏡道方言に保たれる. ソウルでは古い世代に短母音と長母音 (これを：で記す) の2種類が保たれ, 長母音は上声に, 短母音はその他の声調に対応するが, 若い世代はこれを区別しない. 本書でも若い世代のものを扱う. 日本漢字音には現在声調に該当するものはない.

どの漢字音も声母, 介母音, 主母音, 韻尾の4種類を持つとは限らない. ただし主母音を持たないものは存在しない. 介母音を持たないものは直音, 介母音を持つものは拗音と呼ばれる.

現代日本語は拗音yを含むものしかない. なぜなら w を含む拗音は直音に合流したからである (くわ ＞ か).

朝鮮漢字音のうちには拗音から直音に変わったものがある. 例：「善」션 [ʃɔn] ション (拗音) ＞ 선 [sɔn] ソン (直音).

中国－朝鮮－日本の漢字音が直音と拗音の別についていつもきちんと対応しているわけではない. 例：「強」北京 qiáng (拗音)；朝鮮 강 [kaŋ] カン (直音)；日本漢音 きょう ＜ きゃう (拗音), 呉音 ごう ＜ がう (直音).

声母	介母音	主母音	韻尾	文字	直音/拗音
		a		아	直音
	y	a		야	拗音
	w	a		와	拗音
		a	k	악	直音
	y	a	k	약	拗音
	w	a	k	왁	拗音
r		a		라	直音
r		a	k	락	直音
k	w	a		과	拗音
r	y	a	k	략	拗音
k	w	a	k	곽	拗音

✏️ 練習 4

次の漢字語のうち下線部の漢字を推量してあてはめなさい.

1. 야간 [jagan] ヤガン（＿＿間　＿＿かん）

2. 활약 [hwarjaᵏ] ファリャク（活＿　かつ＜くわつ　　　）

3. 태양 [tʰɛjaŋ] テヤン（太＿　たい　　　）

4. 차량 [ʧʰarjaŋ] チャリャン（車＿　しゃ　　　　）

5. 왕복 [waŋboᵏ] ワンボク（＿＿復　　　ふく）

6. 과거 [kwagɔ] クァゴ（＿＿去　こ）

7. 화물 [hwamul] ファムル（＿＿物　もつ）

8. 수확 [suhwaᵏ] スファク（收〔収〕＿　しゅう＜しう　　　）

9. 총괄 [ʧʰoŋgwal] チョングァル（總〔総〕＿　そう　　　）

10. 활'동 [hwalˀtoŋ] ファルトン（＿＿動　　　どう）

11. 관찰 [kwanʧʰal] クァンチャル（＿＿察　　　さつ）

12. 소환 [sohwan] ソファン（召＿　しょう＜せう　　　）

13. 광범 [kwaŋbɔm] クァンボム（＿＿汎〔範〕　　　はん）＋
    （汎と範は同字ではない）

14. 황폐 [hwaŋpʰje] ファンピェ /
    北－폐 / [hwaŋpʰe] ファンペ（＿＿廢〔廃〕　　　はい）

⬛ **補 足**

旧字体と新字体　國－国 국 [kuᵏ] クク（こく）；變－変 변 [pjɔn] ピョン（へん）；廳

―庁 청 [ʧʰɔŋ] チョン（ちょう＜ちゃう）；總―総 총 [ʧʰoŋ] チョン（そう）；廢―廃 폐 [pʰje] ピェ／北 페 [pʰe] ペ（はい）；黨―党 당 [taŋ] タン（とう＜たう）；擔―担 담 [tam] タム（たん）.

形声字Ⅰ 渴―喝 갈 [kal] カル（かつ）；綱―岡 강 [kaŋ] カン（こう＜かう）；湯―蕩 탕 [tʰaŋ] タン（とう＜たう）.

形声字Ⅱ 糖 탕 [tʰaŋ] タン（とう＜たう）―唐 당 [taŋ] タン（とう＜たう）；販 판 [pʰan] パン（はん）―反 반 [pan] パン（ハン）；塔 탑 [tʰaᵖ] タプ（とう＜たふ）―答 답 [taᵖ] タプ（とう＜たふ）.

第5課　日本漢字音の「しゃ」は朝鮮漢字音の사 [sa] サに対応する.

朝鮮漢字音の歯音のㅅ[s]，ㅈ[ʧ]，ㅊ[ʧʰ] が日本漢字音のシャ行に対応するものがある.

1）ㅅ [s]：シャ行

謝禮〔礼〕　사례 [sarje] サリェ〈샤〉（しゃれい）

詳細　상세 [saŋse] サンセ〈샹〉（しょう＜しゃうさい）＋

2）ㅈ [ʧ]：シャ行

學〔学〕者　학자 [hakʔʧa] ハクチャ〈쟈〉（がくしゃ）

爵位　작위 [ʧagwi] チャグウィ〈쟉〉（しゃくい＜ゐ）

將〔将〕軍　장군 [ʧaŋgun] チャングン〈쟝〉（しょう＜しゃうぐん）

3）ㅊ [ʧʰ]：シャ行

汽車　기차 [kiʧʰa] キチャ〈챠〉（きしゃ）

唱歌　창가 [ʧʰaŋga] チャンガ〈챵〉（しょう＜しゃうか）

歯音の朝鮮漢字音と日本漢字音は次の対応の可能性があることになる.

$$\left.\begin{array}{l}ㅅ\ [s]\\ㅈ\ [ʧ]\\ㅊ\ [ʧʰ]\end{array}\right\}\quad\left\{\begin{array}{l}サ行\\ \\ シャ行\end{array}\right.$$

日本漢字音のシャ行に対応する朝鮮漢字音のㅅ[s]，ㅈ[ʧ]，ㅊ[ʧʰ] は実は1945

年まで正書法では y を含む拗音だった．次の対応を参照せよ．

朝鮮	現在の表記	사	〃	자	〃	차	〃
漢字音	1945年以前の表記	사	샤	자	쟈	차	챠
日本漢字音		さ	しゃ	さ	しゃ	さ	しゃ

a) 사，자，차 と b) 샤，쟈，챠 は本来発音が異なっていたが，後に b) が a) に合流したものである．

まとめ

歯音について第 1，3，4，5 課を複合すると次のような対応が得られる．

朝鮮	現在の表記	사자차	사자차	작	작
漢字音	1945年以前の表記	사자차	〈샤쟈챠〉	작	〈쟉〉
日本漢字音		さ	しゃ	さく	しゃく

朝鮮	現在の表記	상장창		상장창
漢字音	1945年以前の表記	상장창		〈샹쟝챵〉
日本漢字音		さう＞そう		しゃう＞しょう

朝鮮語では歯音の拗音が直音に合流した結果として，現代朝鮮語には反切表のうち事実上샤，셔，쇼，슈；쟈，져，죠，쥬；챠，쳐，쵸，츄は原則として存在しない（ほかに셰，졔，쳬も）．このうち셔，져，쳐は朝鮮語の用言の第Ⅲ語基にのみ現れる．계셔 [kjeʃɔ] キェショ〈いらっしゃって〉，져 [tɕɔ] チョ〈負って〉，쳐 [tɕʰɔ] チョ〈打って〉．ただしこの場合져，저 [tɕɔ] チョ；쳐，처 [tɕʰɔ] チョのように表記が違っても発音はまったく同じである．上記の샤……츄は外来語にのみ現れるが，쟈……쥬は現在の正書法では外来語にも現れない．また仮に쟈……쥬のような表記がなされたとしても자－쟈，저－져；차－챠，처－쳐等はそれぞれまったく同じ音である．

参　考

中期朝鮮語では 사 [sa] サ－샤 [ʃa] シャ，자 [tsa] ツァ－쟈 [tɕa] チャ，차 [tsʰa] ツァ－챠 [tɕʰa] チャのような発音上の違いがあったものと思われる．現在平安道

57

方言ではスは [ts]，ㅊは [tsʰ] という音価を持つが，これは中期朝鮮語の音価をそのまま保っていると思われる．「朝鮮」조선 [tsosɔn] ツォソン（平安道）/ [tʃosɔn] チョソン（ソウル）（ちょう＜てうせん）．しかし平安道でも朝鮮漢字音で 자，샤 のような区別はしない．

✎ 練習5

次の漢字語のうち下線部の漢字を推量してあてはめなさい．

1. 사회 [sahwe] サフェ〈샤〉（ __ 會〔会〕 ___ かい＜くわい）

2. 자비 [tʃabi] チャビ〈쟈〉（ __ 沸 ___ ふつ）

3. 차단 [tʃʰadan] チャダン〈챠〉（ __ 斷〔断〕 ___ だん）

4. 상업 [saŋɔp] サンオプ〈샹〉（ __ 業 ___ ぎょう＜げふ）

5. 장악 [tʃaŋak] チャンアク〈쟝〉（ __ 握 ___ あく）

6. 창부 [tʃʰaŋbu] チャンブ〈챵〉（ __ 婦 ___ ふ）

補足

旧字体と新字体　禮－礼 례 [rje] リェ（れい）；學－学 학 [hak] ハク（がく）；將－将 쟝 [tʃaŋ] チャン〈쟝〉（しょう＜しゃう）；會－会 회 [hwe] フェ（かい＜くわい）；輛－輛 량 [rjaŋ] リャン（りょう＜りゃう）；觀－観 관 [kwan] クァン（かん＜くわん）；廣－広 광 [kwaŋ] クァン（こう＜くわう）．

形声字Ⅰ　輛〔輛〕－兩〔両〕 량 [rjaŋ] リャン（りょう＜りゃう）；貨－化 화 [hwa] ファ（か＜くわ）；謝－射 사 [sa] サ〈샤〉（しゃ）．

形声字Ⅱ　活 활 [hwal] ファル（かつ＜くわつ）－括 괄 [kwal] クァル（かつ＜くわつ）．

コラム　朝鮮語の時代区分と方言

　朝鮮は民族の文字ハングルの成立が遅れ (15世紀)，また日本よりはるかに多く漢文が用いられたため，ハングルによる資料が少なく，したがって朝鮮語の歴史がさほどよく

わかったとは言い難い．ハングル成立以前に朝鮮語を記した漢字による資料は乏しくこれまたよくわからない．

　南北朝鮮では主として歴史の時代区分に合わせて朝鮮語史の区分を行うことが多い．すなわち三国時代の朝鮮語 (新羅語，百済語，高句麗語)，高麗語，李朝語，現代語のように，あるいは古代語，中世語，近世語，現代語のように．ただし歴史の時代区分が南北朝鮮で大きく異なるから，南北でその内容は一致しないことがある．

　ここでは故河野六郎博士にならって，簡単にハングル成立 (15世紀中葉) 以前の朝鮮語を古代朝鮮語 (あるいは古朝鮮語) (Old Korean) と呼び，ハングル成立から16世紀末頃までを中期朝鮮語 (Middle Korean)，それ以後を近代朝鮮語 (Modern Korean) と呼ぼう．19世紀中葉以後を特に現代朝鮮語と呼ぶ．中期朝鮮語以前は漢字資料だけが存在し，中期朝鮮語以降はハングル資料がある．

　朝鮮語の方言の区分も学者によって異なる．多くの場合北部方言，中部方言，南部方言，済州方言のように分け，更に北部方言を平安道方言と咸鏡道方言に分け，南部方言を全羅道方言と慶尚道方言に分ける．中部方言は京畿道，黄海道，江原道，忠清道を含み，特にソウルの方言は中心的な存在である．

　済州方言は特にいろいろな点で他のすべての陸地の方言とは異なる特徴を持っている．しばしば済州方言は他の地方の朝鮮人にも理解されない．慶尚道方言と咸鏡道方言はアクセントを持っている点で他のすべての方言とは異なる．これらの方言では漢字音もアクセントを持っている．咸鏡道には15世紀に慶尚道から移民を受け入れたために方言が互いに似ているのである．平安道方言は口蓋化について特別の特徴があり (あとで述べる)，他のすべての方言とは異なる．高麗王朝も李朝も首都が朝鮮半島中部にあるため中部方言が約千年の間中心的な方言だったと考えられる．慶尚道方言と新羅語，全羅道方言と百済語，平安道方言と高句麗語との関係が一応考えられるが，よくわからない．

第6課　日本漢字音の「が」には朝鮮漢字音の아 [a] アに対応するものがある．

日本漢字音の頭音の [g] のうちには朝鮮漢字音のゼロに対応するものがある．

毒牙 독아 *[toga] トガ (どくが)

瓦解 *와해 [wahɛ] ワヘ (が ＜ ぐわかい)

山岳 산악 *[sanaᵏ] サナク (さんがく)

海岸 해안 *[hɛan] ヘアン（かいがん）

頑迷 *완미 [wanmi] ワンミ（がん＜ぐわんめい）＋

巖〔岩〕窟 *암굴 [amgul] アムグル（がんくつ）（巖と岩とは発音は同じだが，別字）

日本と朝鮮の漢字音のこのような対応は中国漢字音のŋにさかのぼる.

中国　ŋ：朝鮮　ゼロ：日本　ガ行

まとめ

第6課，第1課，第4課を総合すると次のような漢字音が得られる.

아 [a]	ア	악 [aᵏ]	アク	안 [an]	アン	암 [am]	アム
	が		がく		がん		がん

와 [wa] ワ　　　　　　　　　　　　완 [wan] ワン
　　　ぐわ＞が　　　　　　　　　　　　ぐわん＞がん

従って上記のものは日本漢字音では実質的に2種類ずつの対応を持つことになる.

아	와	악	안	완	암
あ	わ	あく	あん	わん	あん
が	ぐわ＞が	がく	がん	ぐわん＞がん	がん

参　考

朝鮮漢字音のこの場合のゼロは15世紀の朝鮮の韻書（作詩のための字典）『東国正韻』ではㅇ[ŋ] と書かれた. このような漢字音は今後 *印で示すことにする.

練習6

次の漢字語のうち下線部の漢字を推量してあてはめなさい.

1. 기아 *[kia] キア（飢＿き＿）

2. 음악 *[ɯmaᵏ] ウマク（音＿おん＿＿）

3. *안면 [anmjɔn] アンミョン（＿面＿＿めん）

60

4. 애*완동물 [ɛwandoŋmul] エワンドンムル（愛　動物あい　　　どうぶつ）

補足

形声字Ⅰ　唱−娼−昌 창 [tɕʰaŋ] チャン〈챵〉（しょう＜しゃう）；煮−者 자 [tɕa] チャ〈쟈〉（しゃ）.

形声字Ⅱ　「樂〔楽〕」は 악 [aᵏ] アク（がく）と 락 [raᵏ] ラク（らく）という二つの漢字音を持ち，「各」は 각 [kaᵏ] カク（かく），「洛」は 락 [raᵏ] ラク（らく）という漢字音を持つ.「樂」の上古音の頭音は l であると推定されている（「洛」の頭音は kl. 同じように 監 鑑 감 [kam] カム（かん）（上古音の頭音は kl）−藍濫 覧 람 [ram] ラム（らん）（上古音の頭音は gl）.

第7課　朝鮮のㅓ[ɔ] オは日本の「お」，「よ」，「え」等に対応する.

今まで中声はㅏ[a] アだけを扱ってきたが，ここではㅓ[ɔ] オを扱う.

1) ㅓ[ɔ] オ：お
言語 *언어 *[ɔnɔ] オノ（げんご）
億萬〔万〕억만 [엉−] [ɔŋman] オンマン（おくまん）
翻譯〔訳〕번역 [pɔnjɔᵏ] ポニョク（ほんやく）
道徳 도덕 [todɔᵏ] トドク（どう＜だうとく）

ㅓ[ɔ] オ：よ
巨大 거대 [kɔdɛ] コデ（きょだい）＋
許可 허가 [hɔga] ホガ（きょか）
漁撈〔労〕*어로 [ɔro] オロ（ぎょろう＜らう）（撈と労は別字だが，同音）

ㅕ[jɔ] ヨ：よ
剰〔剩〕餘〔余〕잉여 [iŋjɔ] インヨ（じょうよ）
考慮 고려 [korjɔ] コリョ（こう＜かうりょ）
努力 노력 [norjɔᵏ] ノリョク（どりょく）

61

2) ㅓ[ɔ] オ：え

傑物 걸물 [kɔlmul] コルムル（けつぶつ）

間歇〔欠〕간헐 [kanhɔl] カンホル（かんけつ）（歇と欠は別字．音は異なる）

事件 사건 [saʔkɔn] サッコン（じけん）

憲法 헌법 [hɔnʔpɔp] ホンポプ（けんぽう＜ぱふ）

檢〔検〕問 검문 [kɔmmun] コンムン（けんもん）

試驗〔験〕시험 [ʃihɔm] シホム（しけん）

嚴〔厳〕格 *엄격 [ɔmʔkjɔk] オムキョク（げんかく）+

工業 공업 *[koŋɔp] コンオプ（こうぎょう＜げふ）

卑怯 비겁 [pigɔp] ピゴプ（ひきょう＜けふ）+

ㅕ[jɔ] ヨ：え

驛〔駅〕員 역원 [jɔgwɔn] ヨグォン（えきいん＜ゐん）

西暦 서력 [sɔrjɔk] ソリョク（せいれき）

僻地 벽지 [pjɔkʰtʃi] ピョクチ（へきち）

傾斜 경사 [kjɔŋsa] キョンサ〈シャ〉（けいしゃ）

刑務所 형무소 [hjɔŋmuso] ヒョンムソ（けいむしょ）

英雄 영웅 [jɔŋuŋ] ヨンウン（えいゆう）

歡〔歓〕迎 환영 *[hwanjɔŋ] ファニョン（かん＜くわんげい）

命令 명령 [－녕] [mjɔŋnjɔŋ] ミョンニョン／

　　北 [mjɔŋrjɔŋ] ミョンリョン（めいれい）

竝〔並〕列 병렬 [－녈] [pjɔŋnjɔl] ピョンニョル／

　　北 [pjɔŋrjɔl] ピョンリョル（へいれつ）

平和 평화 [pʰjɔŋhwa] ピョンファ（へいわ）

結實〔実〕결실 [kjɔlʔʃil] キョルシル（けつじつ）

流血 유혈 [juhjɔl] ユヒョル／

　　류－／[rjuhjɔl] リュヒョル（りゅう＜りうけつ）

熱烈 열렬 [jɔlljɔl] ヨルリョル（ねつれつ）+

見學〔学〕견학 [kjɔnhak] キョンハク（けんがく）

賢明 현명 [hjɔnmjɔŋ] ヒョンミョン（けんめい）＋

延期 연기 [jɔngi] ヨンギ（えんき）

鍛錬 단련［달－］[talljɔn] タルリョン（たんれん）

變〔変〕化 변화 [pjɔnhwa] ピョンファ（へんか＜くわ）

編入 편입 [pʰjɔniᵖ] ピョニプ（へんにゅう＜にふ）

兼任 겸임 [kjɔmim] キョミム（けんにん）

嫌惡〔悪〕혐오 [hjɔmo] ヒョモ（けんお）

火焰〔炎〕화염 [hwajɔm] ファヨム（か＜くわえん）（焔と炎は別字だが，同音）

協力 협력［혐녁］[hjɔmnjɔᵏ] ヒョムニョク／

　　北 [hjɔmrjɔᵏ] ヒョムリョク（きょう＜けふりょく）

狩獵〔猟〕수렵 [surjɔᵖ] スリョプ（しゅりょう＜れふ）

葉緑素 엽록소［염녹－］[jɔmnokˀso] ヨムノクソ／

　　北 [jɔmrokˀso] ヨムロクソ（よう＜えふりょくそ）

　朝鮮漢字音の ㅓ[ɔ] オと ㅕ[jɔ] ヨに対応する日本漢字音の「お」，「よ」(1)は呉音であり，それに対応する「え」(2)は漢音である．例えば「言語學」（げんごがく）と「言語同斷」（ごんごどうだん）の場合「言」の「げん」は漢音であり，「ごん」は呉音である．

　朝鮮と中国の漢字音のある種の末尾子音は日本漢字音では次のような対応を示す．

中国	朝鮮	日本漢字音	
漢字音	漢字音	「あ」の後	「え」の後
k	ㄱ	く	き
ŋ	ㅇ	う	い

cf. 驛〔駅〕え<u>き</u>；　暦 れ<u>き</u>；　僻 へ<u>き</u>

　　英 え<u>い</u>；　傾 け<u>い</u>；　刑 け<u>い</u>；　命 め<u>い</u>；　令 れ<u>い</u>

日本漢字音の「えふ」は次のように「よう」に変わる．

$$epu > efu > ehu > eu > yô$$

cf. 第1課　2)　$apu > afu > ahu > au > ô$

3) 서 [sɔ] ソ〈셔〉, 저 [tɕɔ] チョ〈져〉, 처 [tɕʰɔ] チョ〈쳐〉：しょ

書籍 서적 [sɔdʑɔkʲ] ソジョク〈셔〉(しょせき)

處〔処〕理 처리 [tɕʰɔri] チョリ〈쳐〉(しょり)

서 [sɔ] ソ〈셔〉, 저 [tɕɔ] チョ〈져〉, 처 [tɕʰɔ] チョ〈쳐〉：せ

排泄 배설 [pɛsɔl] ペソル〈셜〉(はいせつ)

切實〔実〕절'실 [tɕɔlʔʃil] チョルシル〈졀〉(せつじつ)＋

旋盤 선반 [sɔnban] ソンバン〈션〉(せんばん)

專〔専〕門 전문 [tɕɔnmun] チョンムン〈젼〉(せんもん)

卑賤〔賎〕비천 [pitɕʰɔn] ピチョン〈쳔〉(ひせん)＋

閃光 섬광 [sɔmgwaŋ] ソムグァン〈셤〉(せんこう＜くわう)

占領 점령〔－녕〕[tɕɔmnjɔŋ] チョムニョン／

北 [tɕɔmrjɔŋ] チョムリョン〈졈〉(せんりょう＜りゃう)

尖鋭 첨예 [tɕʰɔmje] チョミェ〈쳠〉(せんえい)＋

惜別 석별 [sɔkʲʔpjɔl] ソクピョル〈셕〉(せきべつ)

成功 성공 [sɔŋgoŋ] ソンゴン〈셩〉(せいこう)

正義 정의 *[tɕɔŋɰi] チョンイ〈졍〉(せいぎ)

青年 청년 [tɕʰɔŋnjɔn] チョンニョン〈쳥〉(せいねん)

敏捷 민첩 [mintɕʰɔpʲ] ミンチョプ〈쳡〉(びんしょう＜せふ)＋

　第5課で朝鮮漢字音では人[s], ス[tɕ], え[tɕʰ] の後ろの卜が卜になったように(すなわち拗音が直音になる), 母音ヨも┤となる.

셔＞서　져＞저　쳐＞처

cf. 第5課　샤＞사　쟈＞자　챠＞차

　日本漢字音のうち「しょ」は呉音,「せ」は漢音である (第7課の 1) と 2) を参照せよ).「せふ」は「しょう」となる. sepu＞sefu＞sehu＞seu＞syô

4) ᅯ [wɔ] ウォ：ゑ＞え

優越 우월 [uwɔl] ウウォル (ゆう＜いうえつ＜ゑつ)＋

遠近 원근 [wɔngɯn] ウォングン (えん＜ゑんきん)

ㅓ [wɔ] ウォ：え

月曜日 *월요일 [wɔrjoil] ウォリョイル (げつよう ＜ やうび)

旅券 여'권 [jɔʔkwɔn] ヨックォン /

　北 려'권 [rjɔʔkwɔn] リョックォン (りょけん)

喧噪 훤조 [hwɔndʑo] フォンジョ (けんそう ＜ さう)

原因 *원인 [wɔnin] ウォニン (げんいん)

　朝鮮漢字音のㅓ [ɔ] オは，まとめてみると，日本漢字音では次のように対応する.

朝鮮漢字音	ㅓ [ɔ] オ	ㅕ [ɔ] ヨ	ㅓ [wɔ] ウォ
日本　　呉音	お　　よ	よ	を＞お
漢字音　漢音	え	え	ゑ＞え

　日本語では「ゑ＞え」we＞e，「を＞お」wo＞o のような変化が生じた.

　例えば「遠」は漢音と呉音とを持っている.「ゑん＞えん」(漢音),「をん＞おん」(呉音).

まとめ

　今まで学んだことをすべて総合すると次の漢字音が得られる.

1)
거	검	겁	건	결
こ	けん	けふ＞きょう	けん	けつ
허	험		헌	혈
きょ	けん		けん	けつ

2)
서저	섬점첨	섭첩	선전천	설절	성정청	석적척
〈셔져〉	〈셤졈쳠〉	〈셥쳡〉	〈션젼쳔〉	〈셜졀〉	〈셩졍쳥〉	〈셕젹쳑〉
しょ	せん	せふ＞しょう	せん	せつ	せい	せき
여	염	엽	연	열	영	역
よ	えん	えふ＞よう	えん	えつ	えい	えき
	겸	견	결	경		
	けん	けん	けつ	けい		
	혐	협	현	혈	형	
	けん	けふ＞きょう	けん	けつ	けい	

65

려	렴	렵	련	렬	령	력
りょ	れん	れふ＞りょう	れん	れつ	れい	れき
						りょく

			변 편		병 평	벽
			へん		へい	へき

3)

			원		월
			ゑん ＞ えん		ゑつ ＞ えつ
			げん		げつ
			권		궐
			けん		けつ
			훤		
			けん		

参 考

中国中古音の k と ŋ は発音の位置（この場合舌面と口蓋の接点）が前寄りのものと後寄りのものとがあった．前者が日本漢字音の「き」と「い」に，後者が「く」と「う」に対応している．

　　　　k' : き　　　k : く
　　　　ŋ' : い　　　ŋ : う

練習7

次の漢字語のうち下線部の漢字を推量してあてはめなさい．

1. 추억 [tʃʰuɔᵏ] チュオク（追＿つい＿＿）

2. 관여 [kwanjɔ] クァニョ（關〔関〕＿かん＜くわん＿）

3. 단서 [tansɔ] タンソ＜シャ＞（端＿たん＿＿）

4. 거부 [kɔbu] コブ（＿否＿＿ひ）

5. 방*어율 [paŋɔjul] パンオユル ／
　　北－률 [paŋɔrjul] パンオリュル（防＿率ぼう＜ばう＿＿りつ）

6. 허위 *[hɔwi] ホウィ（＿僞〔偽〕＿＿ぎ）

7. 억압 [ɔgap] オガプ（＿壓〔圧〕＿＿＿あつ）

8. 엄폐 [ɔmpʰje] オンピェ／北－폐 [ɔmpʰe] オンペ（＿蔽＿＿＿ぺい）

9. 건축 [kɔntʃʰuᵏ] コンチュク（＿築＿＿＿ちく）

10. 공헌 [koŋhɔn] コンホン（貢＿こう＿＿＿）

11. 검찰 [kɔmtʃʰal] コムチャル（＿察＿＿＿さつ）

12. 혐악 [hɔmaᵏ] ホマク（＿惡〔悪〕＿＿＿あく）＋

13. 논설 [nonsɔl] ノンソル／
    北 론－ [ronsɔl] ロンソル〈설〉（論＿ろん＿＿＿）

14. 표절 [pʰjoʥɔl] ピョジョル〈절〉（剽＿ひょう＜へう＿＿＿）

15. 선로〔설－〕[sollo] ソルロ〈션〉（＿路＿＿＿ろ）

16. 전매 [tʃɔnmɛ] チョンメ〈젼〉（＿賣〔売〕＿＿＿ばい）

17. 추천 [tʃʰutʃʰɔn] チュチョン〈쳔〉（推＿すい＿＿＿）

18. 섬유 [sɔmju] ソミュ〈셤〉（＿維＿＿＿い＜ゐ）

19. 독점 [toᵏʔtʃom] トクチョム〈졈〉（獨〔独〕＿どく＿＿＿）

20. 석탄 [sɔᵏtʰan] ソクタン〈셕〉（＿炭＿＿＿たん）

21. 친척 [tʃʰintʃʰɔᵏ] チンチョク〈쳑〉（親＿しん＿＿＿）

22. 공적 [koŋʥɔᵏ] コンジョク〈젹〉（功＿こう＿＿＿）

23. 신성 [ʃinsɔŋ] シンソン〈셩〉（神＿しん＿＿＿）＋

24. 정벌 [tʃɔŋbɔl] チョンボル〈졍〉（＿伐＿＿＿ばつ）

25. 신청 [ʃintɕʰɔŋ] シンチョン〈청〉(申＿しん＿＿)

26. 영화 [jɔŋhwa] ヨンファ(＿畫〔画〕＿が＜ぐわ)

27. 교역 [kjojɔᵏ] キョヨク(交＿こう＜かう＿)

28. 열람 [jɔllam] ヨルラム(＿覽＿らん)

29. 금연 [kumjɔn] クミョン(禁＿きん＿)

30. 화염병 [hwajɔmbjɔŋ] ファヨンビョン(火＿瓶か＜くわ＿＿びん)

31. 존경 [tɕoŋjɔŋ] チョンギョン(尊＿そん＿)

32. 형설 [hjɔŋsɔl] ヒョンソル〈설〉(＿雪＿せつ)

33. 결백 [kjɔlbɛᵏ] キョルベク(＿白＿ぺき)＋

34. 견고 [kjɔngo] キョンゴ(＿固＿ご＜こ)＋

35. 현저 [hjɔndʑɔ] ヒョンジョ〈져〉(＿著＿ちょ)＋

36. 겸허 [kjɔmhɔ] キョムホ(＿虛〔虚〕＿きょ)＋

37. 절벽 [tɕɔlbjɔᵏ] チョルビョク〈절〉(絶＿ぜつ／ぜっ＿)

38. 주변 [tɕubjɔn] チュビョン(周＿しゅう＜しう＿)

39. 연령 [열－] [jɔlljɔŋ] ヨルリョン／
　　北 년－ [녈－] [njɔlljɔŋ] ニョルリョン(年＿ねん＿)

40. 행렬 [－녈] [hɛŋnjɔl] ヘンニョル／
　　北 [hɛŋrjɔl] ヘンリョル(行＿ぎょう＜ぎゃう＿)

41. 원조 [wɔndʑo] ウォンジョ(＿助＿じょ)

68

42. 근원 *[kɯnwɔn] クヌウォン（根　こん　　）

> 補足

旧字体と新字体　萬－万 만 [man] マン（まん）；譯－訳 역 [jɔᵏ] ヨク（やく）；剩－剰 잉 [iŋ] イン（じょう）；餘－余 여 [jɔ] ヨ（よ）；檢－検 검 [kɔm] コム（けん）；嚴－厳 *엄 [ɔm] オム（げん）；驛－駅 역 [jɔᵏ] ヨク（えき）；實－実 실 [ʃil] シル（じつ）；專－専 전 [tʃɔn] チョン〈젼〉（せん）；賤－賎 천 [tʃʰɔn] チョン〈쳔〉（せん）；獵－猟 렵 [rjɔᵖ] リョプ（りょう＜れふ）；處－処 처 [tʃʰɔ] チョ〈쳐〉（しょ）；關－関 관 [kwan] クァン（かん＜くわん）；僞－偽 *위 [wi] ウィ（ぎ）；壓－圧 압 [aᵖ] アプ（あつ）；獨－独 독 [toᵏ] トク（どく）；樂－楽 *악 [aᵏ] アク（がく）；虛－虚 허 [hɔ] ホ（きょ）.

形声字Ⅰ　漁－魚 *어 [ɔ] オ（ぎょ）；賤〔賎〕－淺〔浅〕천 [tʃʰɔn] チョン〈쳔〉（せん）；惜－昔 석 [sɔᵏ] ソク〈셕〉（せき）；功－工 공 [koŋ] コン（こう）；僻－壁 벽 [pjɔᵏ] ピョク（へき）；努－奴 노 [no] ノ（ど）；烈－列 렬 [rjɔl] リョル（れつ）；齡－令 령 [rjɔŋ] リョン（れい）；神－申 신 [ʃin] シン（しん）；遠－猿 원 [wɔn] ウォン（えん＜ゑん）.

形声字Ⅱ　兼 겸 [kjɔm] キョム（けん）－嫌 혐 [hjɔm] ヒョム（けん）；歇 헐 [hɔl] ホル（けつ）－喝渇 갈 [kal] カル（かつ）；堅 견 [kjɔn] キョン（けん）－賢 현 [hjɔn] ヒョン（けん）；語 *어 [ɔ] オ（ご）－吾 *오 [o] オ（ご）；蠟〔蝋〕랍 [raᵖ] ラプ（ろう＜らふ）－獵〔猟〕렵 [rjɔᵖ] リョプ（りょう＜れふ）.

第8課　日本漢字音の濁音に当たるものは朝鮮漢字音にはない.

　日本漢字音における清音と濁音の違いは朝鮮漢字音にはなく，それらと朝鮮漢字音における平音と激音の違いとは並行的ではなく交差している.

ㄱ [k]：ガ行
　　強奪 강탈 [kaŋtʰal] カンタル（ごう＜がうだつ）
　　激烈 격렬［결녈］[kjɔŋɲjɔl] キョンニョル /
　　北［격－］[kjɔŋrjɔl] キョンリョル（げきれつ）+

捕鯨 포경 [pʰogjɔŋ] ポギョン (ほげい)

ㄷ [t]：ダ行

階段 계단 [kjedan] キェダン (かいだん)

食堂 식당 [ʃikˀtaŋ] シクタン (しょくどう＜だう)

ㅌ [tʰ]：ダ行

妥協 타협 [tʰahjɔpˀ] タヒョプ (だきょう＜けふ)

濁流 탁류〔탕뉴〕[tʰaŋnju] タンニュ／

　　北〔탕－〕[tʰaŋrju] タンリュ (だくりゅう＜りう)

彈〔弾〕丸 탄환 [tʰanhwan] タンファン (だんがん＜ぐわん)

脱帽 탈모 [tʰalmo] タルモ (だつぼう＜ばう)

ㅂ [p]：バ行

反駁 반박 [panbakˀ] パンバク (はんばく)

旋盤 선반 [sɔnban] ソンバン〈선〉(せんばん)

選抜 선발 [sɔnbal] ソンバル〈선〉(せんばつ)

傍觀〔観〕방관 [paŋgwan] パングァン (ぼう＜ばうかん＜くわん)

辯〔弁〕論 변론〔별－〕[pjɔllon] ピョルロン (べんろん)

平凡 평범 [pʰjɔŋbɔm] ピョンボム (へいぼん)＋

ㅍ [pʰ]：バ行

便利 편리〔펼－〕[pʰjɔlli] ピョルリ (べんり)＋

ㅅ [s]：ザ行

辯〔弁〕舌 변설 [pjɔnsɔl] ピョンソル〈설〉(べんぜつ)

善惡〔悪〕선악 [sɔnakˀ] ソナク〈선〉(ぜんあく)

ㅅ [s]：ジャ行

邪惡〔悪〕사악 [saakˀ] サアク〈샤〉(じゃあく)

狀〔状〕態 상태 [saŋtʰɛ] サンテ〈상〉(じょう＜じゃうたい)

序説 서설 [sɔsɔl] ソソル〈셔설〉(じょせつ)

70

ㅈ [ʧ]：ザ行

挫折 좌절 [ʧwaʥɔl] チュワジョル〈절〉(ざせつ)

殘〔残〕留 잔류〔잘—〕[ʧallju] チャルリュ (ざんりゅう〈りう)

暫時 잠시 [ʧamʃi] チャムシ (ざんじ)

藏〔蔵〕書 장서 [ʧaŋsɔ] チャンソ〈셔〉(ぞう〈ざうしょ)

座席 좌석 [ʧwasɔk] チュワソク〈석〉(ざせき)

絶縁 절연 [ʧɔrjɔn] チョリョン〈절〉(ぜつえん)

全體〔体〕전체 [ʧɔnʧʰe] チョンチェ〈전〉(ぜんたい)

漸進 점진 [ʧɔmʥin] チョムジン〈점〉(ぜんしん)

ㅊ [ʧʰ]：ザ行

斬首 참수 [ʧʰamsu] チャムス (ざんしゅ)

ㅎ [h]：ガ行

祝賀 축하 [ʧʰukkʰa] チュッカ (しゅくが)

學〔学〕校 학교 [hakʔkjo] ハッキョ (がく〈がっこう)

包含 포함 [pʰoham] ポハム (ほう〈はうがん)

合格 합격 [hapʔkjɔk] ハプキョク (ごう〈がふかく)

現在 현재 [hjɔnʥɛ] ヒョンジェ (げんざい)

　頭の子音は朝鮮漢字音の平音，激音を問わず日本漢字音の清音，濁音に対応しうる.

唇音	舌音	歯音	牙音	喉音
ㅂ ㅍ } { ハ バ	ㄷ ㅌ } { タ ダ	ㅈ ㅊ } { サ ザ	ㄱ } { カ ガ	
			ㅋ カ	
	ㅅ { サ ザ			ㅎ { カ ガ

まとめ

　次のような朝鮮漢字音に日本漢字音の濁音が現れうる. ″をつけたものは日本漢字音で清音も現れうる.

71

가″
が   강″
                                                      がう ＞ ごう
    겁″
    ごふ ＞ ごう
                                             격   경″
                                             げき げい
하″ 합″   함″   학
が   がふ ＞ ごう   がん   がく
                                  현″
                                  げん
화″   환″
ぐわ ＞ が   ぐわん ＞ がん
타″   담″ 탈″   단 탄″   탁″   당″
だ   だん だつ   だん   だく   だう ＞ どう
파″   발″   반 판″   박″   방″
ば   ばつ   ばん   ばく   ばう ＞ ぼう
            범″
            ぼん
                         변″편″
                         べん
사″   상″
〈샤〉   〈샹〉
じゃ   じゃう ＞ じょう
            점″   설″절″   선″전″
            〈졈〉 〈셜 졀〉 〈션 젼〉
            ぜん ぜつ   ぜん
좌
ざ

> **参 考**

中国中古音の声母は清音（無声音）と濁音（有声音）の別を持っており，さらに清音は無気音と有気音の別を，すなわち3種類の音を持っていた．日本漢字音は無気音と有気音の別を持たない．呉音は清音と濁音の別をよく保つが，漢音は両者の区別をしない．

	呉音	漢音
「強」	がう ＞ ごう	きゃう ＞ きょう
「凡」	ぼん	はん

中国の現代北京音では濁音がなくなり，それは無気音か有気音のどれかになった．

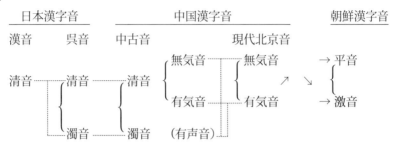

朝鮮漢字音の平音と激音の別は中国漢字音の無気音と有気音の別に似ているが，実際はそれらはきれいには対応しない．

	漢字	日本漢字音		朝鮮漢字音		現代北京漢字音	
清音	可	か	（清音）	가 [ka] カ	（平音）	kě	（有気音）
	正	せい	（清音）	정 [tʃɔŋ] チョン	（平音）	zhèng	（無気音）
	清	せい	（清音）	청 [tʃʰɔŋ]チョン	（激音）	qīng	（有気音）
	版	はん	（清音）	판 [pʰan] パン	（激音）	bǎn	（無気音）
濁音	座	ざ	（濁音）	좌 [tʃwa] チュワ	（平音）	zuò	（無気音）
	團	だん	（濁音）	단 [tan] タン	（平音）	tuán	（有気音）
	打	だ	（濁音）	타 [tʰa] タ	（激音）	dǎ	（無気音）
	便	べん	（濁音）	편 [pʰjɔn] ピョン	（激音）	pián	（有気音）

	唇音 中国中古音	唇音 中国北京音	唇音 朝鮮音	唇音 日本呉音	唇音 日本漢音	舌音 中国中古音	舌音 中国北京音	舌音 朝鮮音	舌音 日本呉音	舌音 日本漢音	歯音 中国中古音	歯音 中国北京音	歯音 朝鮮音	歯音 日本呉音	歯音 日本漢音	牙音 中国中古音	牙音 中国北京音	牙音 朝鮮音	牙音 日本呉音	牙音 日本漢音	喉音 中国中古音	喉音 中国北京音	喉音 朝鮮音	喉音 日本呉音	喉音 日本漢音
無気音	p	p	ㅂ			t	t	ㄷ			c	c	ㅈ			k	k	ㄱ							
有声音	b	/	/	バ	ハ	d	/	/	ダ	タ	j	/	/	ザ	サ	g	/	/	ガ	カ					
有気音	ph	ph	ㅍ			th	th	ㅌ			ch	ch	ㅊ			kh	kh	/		ヲ					
無声音											s	s		サ							χ	h	ㅎ		カ
有声音											z		ㅅ	ザ							γ				ガ

中国中古音の喉音の無声音と有声音にはそれぞれ χ と γ を当てる.
北京音の記号は中国の現行のローマ字には次のように対応する.

中古音	p	ph	t	th	c		ch		k	kh	s	z	h
現　行	b	p	d	t	z, zh, j		c, ch, q		g	k	s	s	h

練習8

次の漢字語のうち下線部の漢字を推量してあてはめなさい.

1. 능가 [nɯŋga] ヌンガ / 北 릉 － [ruŋga] ルンガ（凌〔陵〕＿りょう＿）
   （凌と陵は別字だが同音）

2. 출격 [tʃʰulgjɔk] チュルギョク（出＿しゅつ＿＿）

3. 금강석 [kɯmgaŋsɔk] クムガンソク（金＿石こん＿＿せき）

4. 영접불변 [jɔŋgɔ°pulbjɔn] ヨンゴ ッ プルビョン
   （永＿不變〔変〕えい＿＿ふへん）＋

5. 타격 [tʰagjɔk] タギョク（＿撃＿げき）

6. 강탈 [kaŋtʰal] カンタル（強＿ごう＜がう＿＿）

7. 결'단 [kjɔlˀtan] キョルタン（決＿けつ＿＿）

8. 담화 [tamhwa] タムファ（＿話＿＿わ）

9. 노파 [nopʰa] ノパ / 北 로 － [ropʰa] ロパ（老＿ろう＜らう＿）

10. 속박 [soᵏˀpak] ソクパク（束＿そく＿＿）

11. 발호 [parho] パルホ（＿屬＿＿こ）

12. 간판 [kanpʰan] カンパン（看＿かん＿＿）

74

13. 식별 [ʃiᵏʔpjɔl] シクピョル（識＿しき＿＿）

14. 편달 [pʰjɔndal] ピョンダル（＿撻＿＿たつ）

15. 범종 [pɔmʤoŋ] ポムジョン（＿鐘＿＿しょう）

16. 참패 [ʧʰampʰɛ] チャンペ（＿敗＿＿ぱい＜はい）

17. 독사 [tokʔsa] トクサ〈シャ〉（毒＿どく＿＿）

18. 일'상 [ilʔsaŋ] イルサン〈サン〉（日＿にち＿＿）

19. 회장 [hweʤaŋ] フェジャン〈ジャン〉（會〔会〕＿かい＜くわい＿＿＿）

20. 수선 [susɔn] スソン〈セン〉（修＿しゅう＜しう＿＿）

21. 전후 [ʧɔnhu] チョンフ〈チョン〉（＿後＿＿ご）

22. 회화 [hwehwa] フェファ（繪〔絵〕＿かい＜くわい＿）

23. 탄환 [tʰanhwan] タンファン（彈〔弾〕＿だん＿＿＿）

補 足

旧字体と新字体　彈―弾 탄 [tʰan] タン（だん）；辯―弁 변 [pjɔn] ピョン（べん）；狀―状 상 [saŋ] サン〈ジャン〉（じょう＜じゃう）；殘―残 잔 [ʧan] チャン（ざん）；藏―蔵 장 [ʧaŋ] チャン（ぞう＜ざう）；體―体 체 [ʧʰe] チェ（たい）；變―変 변 [pjɔn] ピョン（へん）；繪―絵 회 [hwe] フェ（かい＜くわい）；與―与 여 [jɔ] ヨ（よ）；獻―献 헌 [hɔn] ホン（けん）；險―険 험 [hɔm] ホム（けん）；纖―繊 섬 [sɔm] ソム〈セン〉（せん）；顯―顕 현 [hjɔn] ヒョン（けん）；邊―辺 변 [pjɔn] ピョン（へん）.

形声字Ⅰ　便―鞭 편 [pʰjɔn] ピョン（べん）；善―繕 선 [sɔn] ソン〈セン〉（ぜん）；座―挫 좌 [ʧwa] チュワ（ざ）；傍―旁 방 [paŋ] パン（ぼう＜ばう）；憶―億 억 [ɔk] オク（おく）；征―正 정 [ʧɔŋ] チョン〈セイ〉（せい）；請―青 청 [ʧʰɔŋ] チョン〈チョン〉（せい）；映―英 영 [jɔŋ] ヨン（えい）；拒―巨 거 [kɔ] コ（きょ）；源―原 *원 [wɔn] ウォン（げん）；繪〔絵〕―會〔会〕 회 [hwe] フェ（かい＜くわい）；髪 발 [pal] パル（はつ）―抜 발 [pal] パル（ばつ）；般 반 [pan] パン（はん）―盤 반 [pan] パン（ばん）；鯨 경 [kjɔŋ] キョン

75

（げい）－京 경 [kjɔŋ] キョン（けい）；駕 가 [ka] カ（が）－加 가 [ka] カ（か）.

　形声字Ⅱ　反 반 [pan] パン（はん）－販 판 [pʰan] パン（はん）－板 판 [pʰan] パン（ば
ん, はん）；彈〔弾〕탄 [tʰan] タン（だん）－單〔単〕단 [tan] タン（たん）；殘〔残〕잔 [ʧan]
チャン（ざん）－淺〔浅〕賤〔賤〕천 [ʧʰɔn] チョン〈천〉（せん）；現 현 [hjɔn] ヒョン（げん）
－見 견 [kjɔn] キョン（けん）；斬 참 [ʧʰam] チャム（ざん）－暫 잠 [ʧam] チャム（ざん）
－漸 점 [ʧɔm] チョム〈점〉（ぜん）.

第9課　　朝鮮漢字音の頭の鼻音に対応する日本漢字音は鼻音か濁音で始まる.

　漢字音の頭の一部の鼻音についてはすでに第6課で扱ったが, ここではすべて
の鼻音を扱う.

　1）　ㄴ [n]：ナ行

　　　難關〔関〕난관 [nangwan] ナングァン（なんかん＜くわん）

　　　南北 남북 [nambuᵏ] ナンブク（なんぼく）

　　　捺印 날인 [narin] ナリン（なついん）

　　　行囊 행낭 [hɛŋnaŋ] ヘンナン（こう＜かうのう＜なう）

　　　納税 납세 [napʔse] ナプセ（のう＜なふぜい）

　　　安寧 안녕 [annjɔŋ] アンニョン（あんねい）+

　　　青年 청년 [ʧʰɔŋnjɔn] チョンニョン〈청〉（せいねん）

　　　紀〔記〕念 기념 [kinjɔm] キニョム（きねん）（紀と記は別字だが同音）

　　　ㄴ [n]：ダ行

　　　承諾 승낙 [suɯŋnaᵏ] スンナク（しょうだく）

　　　男女 남녀 [namnjɔ] ナムニョ（だんじょ＜ぢょ）

　　　寒暖計 한란계〔할－〕/

　　　　北 한난계〔할란－〕[hallangje] ハルランギェ（かんだんけい）

　2）　ㅁ [m]：マ行

　　　麻藥〔薬〕마약 [majaᵏ] マヤク（まやく）

天幕 천막 [tɕʰɔnmaᵏ] チョンマク〈천〉(てんまく)

漫畫〔画〕만화 [manhwa] マンファ（まんが＜ぐわ）

命令 명령 [mjɔŋnjɔŋ] ミョンニョン / 北 [mjɔŋrjɔŋ] ミョンリョン（めいれい）

破滅 파멸 [pʰamjɔl] パミョル（はめつ）

面目 면목 [mjɔnmoᵏ] ミョンモク（めんぼく）

ㅁ [m]：バ行

牛馬 *우마 [uma] ウマ（ぎゅう＜ぎうば）

莫大 막대 [maᵏʔtɛ] マクテ（ばくだい）＋

亡命 망명 [maŋmjɔŋ] マンミョン（ぼう＜ばうめい）

萬〔万〕國〔国〕만국 [manguᵏ] マングク（ばんこく）

輕〔軽〕蔑 경멸 [kjɔŋmjɔl] キョンミョル（けいべつ）

朝鮮漢字音の頭の鼻音は日本漢字音では下の表のように対応する.

	漢音	呉音
萬〔万〕	ばん	まん
馬	ば	ま
男	だん	なん
女	ぢょ＞じょ	にょ

朝鮮漢字音		ㅁ [m]	ㄴ [n]
日本漢字音	漢音	バ	ダ
	呉音	マ	ナ

日本語では「ぢ」[di]，「づ」[du] は後に「じ」，「ず」に合流した.

3）ㅇ：ザ行

衰弱 쇠약 [swejaᵏ] スウェヤク《△》（すいじゃく）

讓〔譲〕渡 양도 [jaɲdo] ヤンド《△》（じょう＜じゃうと）

自然 자연 [tɕajɔn] チャヨン《△》（しぜん）

躍如 약여 [jaɡjɔ] ヤギョ《△》（やくじょ）

ㅇ：ナ行

天然 천연 [tɕʰɔnjɔn] チョニョン《△》（てんねん）

熱病 열˙병 [jɔlʔpjɔŋ] ヨルピョン《△》（ねつびょう＜びゃう）

77

朝鮮漢字音の頭の子音がゼロのものは一部が中国中古音の鼻音に対応するものがある．このうち頭音が ŋ のものについてはすでに第6課で述べた．

	日本漢字音		朝鮮漢字音	
	漢音	呉音	現行正書法	中期朝鮮語の表記
然	ぜん	ねん	연 [jɔn] ヨン	《△》[ʒɔn]
如	じょ	にょ	여 [jɔ] ヨ	《△》[ʒɔ]

中国中古音	n (r)	ŋ
朝鮮漢字音	Ø ゼロ	Ø ゼロ
日本漢字音　呉音	ナ	ガ
日本漢字音　漢音	ザ	ガ

　中国中古音の n (r) は中期朝鮮語では △[ʒ] で受け入れられたが，これは後に消滅した．今後本書では中期朝鮮語で △[ʒ] で表記された漢字音は《△》で示すことにする．

まとめ

　中国中古音の鼻音を頭音とするものに対応する朝鮮と日本の漢字音は次の通りである．＊は鼻音ではないが，ありうる漢字音を示したものである．

마			말	만	막	망
ば			ばつ	ばん	ばく	ばう＞ぼう
ま			まつ	まん	まく	まう＞もう
			멸	면		명
			めつ	めん		めい
			べつ	べん		

나	납	남	날	난	낙	낭
な	なふ＞のう	なん	なつ	なん	なく	なう＞のう
				だん	だく	

녀		념	년
にょ		ねん	ねん
ぢょ＞にょ			

아		암	안	악
あ＊		あん＊	あん＊	あく＊
が		がん	がん	がく
와			완	
わ＊			わん＊	
ぐわ＞が			ぐわん＞がん	

약　양
やく＊　やう＞よう＊

		《△》	《△》
		じゃく	じゃう ＞ じょう
		にゃく	

여		열	연
よ*		えつ*	えん*
《△》		《△》	《△》
じょ			ぜん
にょ		ねつ	ねん

参 考

1) 第8課，第9課，第6課，第2課で声母はほぼ出つくした.

			唇音	舌音	歯音	牙音	喉音
鼻音	中国音	中 古 音	m	n	n (r)	ŋ	
		唐代長安音	mb	nd	ńʑ?	ŋg	
		現代北京音	m	n	r	ゼロ	
	朝鮮音	東国正韻音	ㅁ[m]	ㄴ[n]	△[ʒ]	ㆁ[ŋ]	
		中期朝鮮語	〃	〃	〃	Ø ゼロ	
		現 代 音	〃	〃	Ø ゼロ	〃	
	日 本	呉 音	マ	ナ	ナ	ガ	
		漢 音	バ	ダ	ザ	ガ	
流音	中 国	中 古 音	l				
		北 京 音	〃				
	朝 鮮 漢 字 音		ㄹ[r]				
	日 本 漢 字 音		ラ				

日本の漢音は唐代長安音を反映したものである.

2) 中国中古音の n(r) は本来鼻音だったと思われるが，この頃にはすでに ʒ に近い音だった可能性がある.

	中国漢字音		朝鮮漢字音			日本漢字音	
	中古音	北京音	東国正韻	中期音	現代音	呉音	漢音
然	niɛn / riɛn	rǎn	연	연 [jɔn]	〃	ねん	ぜん
如	nio / rio	rú	영	여 [jɔ]	〃	にょ	じょ
言	ŋiʌn	yán	언	언 [ɔn]	〃	ごん	げん

3) 今まで学習したことをまとめると朝鮮漢字音のうち声母ゼロのものは日本漢字音とは次のように対応しうる.

아	압	암	알	안	악	앙
あ	あふ>おう	あん	あつ	あん	あく	あう>おう
が		がん		がん	がく	
야					약	양
や					やく	やう>よう
					じゃく	じゃう>じょう
					にゃく	
와				완		왕
わ				わん		わう>おう
ぐわ>が				ぐわん>がん		

어	업			언	억		漢音
				えん			漢音
お					おく / よく		呉音
	げふ>ぎょう			げん			漢音
ご / ぎょ					ごん		呉音
여	엽	염	열	연	역	영	
	えふ>よう	えん	えつ	えん	えき	えい	漢音
よ							呉音
じょ				ぜん			漢音
にょ			ねつ	ねん			呉音
						げい	漢音
			월	원			
			ゑつ>えつ	ゑん>えん			漢音
			げつ	げん			漢音

練習9

次の漢字語のうち下線部の漢字を推量してあてはめなさい.

1. 나락 [narak] ナラク (__落__ らく)

2. 미남미녀 [minamminjɔ] ミナムミニョ (美__美__ び____ び____)

3. 악마 [앙−] [aŋma] アンマ (惡〔悪〕__ あく__)

4. 늑막 [늑－] [nɯŋmaᵏ] ヌンマク /
　　北 륵막 [릉－] [rɯŋmaᵏ] ルンマク (肋＿ろく＿＿＿)

5. 말'살 [malˀsal] マルサル (＿殺＿＿＿さつ)

6. 만족 [mandʑoᵏ] マンジョク (＿足＿＿＿そく / ぞく)

7. 절멸 [tɕɔlmjɔl] チョルミョル〈절〉(絶＿ぜつ＿＿＿)

8. 면세 [mjɔnse] ミョンセ (＿税＿＿＿ぜい)

9. 명백 [mjɔŋbɛᵏ] ミョンベク (＿白＿＿＿はく)+

10. 망라 [－나] [maŋna] マンナ / 北 [maŋra] マンラ (＿羅＿＿＿ら)

11. 막연 [magjɔn] マギョン《△》(＿然＿＿＿ぜん)+

12. 만찬 [mantɕʰan] マンチャン (＿餐＿＿＿さん)

13. 근면 [kɯnmjɔn] クンミョン (勤＿きん＿＿＿)+

14. 건망'증 [kɔnmaŋˀtɕɯŋ] コンマンチュン (健＿症けん＿＿＿しょう)

15. 약간 [jaᵏˀkan] ヤッカン《△》(＿干＿＿＿かん)

16. 결여 [kjɔrjɔ] キョリョ《△》(缺〔欠〕＿けつ＿＿＿)

17. 양조 [jaŋdʑo] ヤンジョ《△》(＿造＿＿＿＿ぞう＜ざう)

補足

　旧字体と新字体　藥－薬 약 [jaᵏ] ヤク (やく)；輕－軽 경 [kjɔŋ] キョン (けい)；讓－譲
양 [jaŋ] ヤン《△》(じょう＜じゃう)；缺－欠 결 [kjɔl] キョル (けつ)；慘－惨 참 [tɕʰam]
チャム (ざん).

　形声字Ⅰ　紀－記 기 [ki] キ (き)；禦－御 *어 [ɔ] オ (ぎょ)；凌－陵 릉 [rɯŋ] ルン
(りょう).

　形声字Ⅱ　女 녀 [njɔ] ニョ (ぢょ＞じょ, にょ)－如 여 [jɔ] ヨ《△》(じょ, にょ).

81

第**10**課　朝鮮の 자 [ʧa] チャ 〈쟈〉は日本の「ちゃ」に対応するものがある.

　朝鮮漢字音の 자 [ʧa] チャ（古い表記の 쟈 に対応する）等は日本漢字音では「しゃ」等のほかに（第5課参照）「ちゃ」等に対応するものがある.

　ㅈ [ʧ]：チャ行

　　長短 장단 [ʧaŋdan] チャンダン 〈쟝〉（ちょう ＜ ちゃうたん）

　　著名 저명 [ʧɔmjɔŋ] チョミョン 〈져〉（ちょめい）＋

　ㅊ [ʧʰ]：チャ行

　　　紅茶 홍차 [hoŋʧʰa] ホンチャ 〈챠〉（こうちゃ）

　　　到着 도착 [toʧʰaᵏ] トチャク 〈챡〉（とう ＜ たうちゃく）

　　　流暢 유창 [juʧʰaŋ] ユチャン /

　　　　北 류ー [rjuʧʰaŋ] リュチャン 〈쟝〉（りゅう ＜ りうちょう ＜ ちゃう）＋

　朝鮮漢字音の 자 [ʧa] チャ，차 [ʧʰa] チャ等（日本漢字音では「しゃ」のほかに「ちゃ」，「じゃ ＜ ぢゃ」等に対応する）は次のような場合に現れる.

장 [ʧaŋ]　ちゃう ＞ ちょう 〈쟝〉

ぢゃう ＞ じょう 〈쟝〉

차 [ʧʰa] ちゃ 〈챠〉　　착 [ʧʰaᵏ] ちゃく 〈챡〉　창 [ʧʰaŋ] ちゃう ＞ ちょう 〈쟝〉

저 [ʧɔ] ちょ 〈져〉　　　　　　　　　　　　정 [ʧɔŋ]　ちゃう ＞ ちょう 〈졍〉

　　　　　　　　　　　　　　　　　　청 [ʧʰɔŋ] ちゃう ＞ ちょう 〈쳥〉

✎ 練習 10

次の漢字語のうち下線部の漢字を推量してあてはめなさい.

1. 저장 [ʧɔʥaŋ] チョジャン 〈져〉（＿藏〔蔵〕＿＿ぞう ＜ ざう）

2. 맹장﹅염 [mɛŋʥaŋnjɔm] メンジャンニョム 〈쟝〉
　　（盲＿炎もう ＜ まう＿＿＿えん）

3. 팽창 [pʰɛŋʧʰaŋ] ペンチャン 〈쟝〉（膨＿ぼう ＜ ばう＿＿＿）

4. 입장권 [iᵖˀʧaŋˀkwɔn] イプチャンクォン〈쟝〉《△》
   (入_券にゅう＜にふ＿＿けん)

補足

形声字Ⅰ　亡－忘 망 [maŋ] マン (ぼう＜ばう)；醸〔醸〕－譲〔譲〕－襄 양 [jaŋ] ヤン 《△》(じょう＜じゃう)；莫漠 (ばく)－幕膜 (まく) 막 [maᵏ] マク.

形声字Ⅱ　諾 낙 [naᵏ] ナク (だく)－若 약 [jaᵏ] ヤク《△》(じゃく)；勉 면 [mjɔn] ミョン (べん)－晩 만 [man] マン (ばん)；著 저 [ʧɔ] チョ〈져〉(ちょ)－者 자 [ʧa] チャ〈쟈〉(しゃ).

第11課　朝鮮の〈뎌〉[tjɔ] テョにさかのぼる 저 [ʧɔ] チョは 日本の「て」に対応する.

日本語で「ち」が [ti] から [ʧi] に変わったものであるように，朝鮮語でも디 [ti] ティは지 [ʧi] チに変わった．同様に뎌 [tjɔ] テョも저 [ʧɔ] チョに変わった．[tj] > [ʧ] のような音の変化を**口蓋化**という．したがって朝鮮漢字音の〈뎌〉[tjɔ] テョにさかのぼる저 [ʧɔ] チョは日本漢字音の「て」に対応する (第7課参照).

ㅈ [ʧ]：タ行

目的 목적 [moᵏˀʧɔᵏ] モクチョク〈뎍〉(もくてき)

發〔発〕展 발전 [palˀʧɔn] パルチョン〈뎐〉(はってん)

百貨店 백화점 [pɛᵏkʰwaʤɔm] ペックァジョム〈뎜〉(ひゃっか＜くわてん)

ㅈ [ʧ]：ダ行

電車 전차 [ʧɔnʧʰa] チョンチャ〈뎐챠〉(でんしゃ)

ㅊ [ʧʰ]：タ行

鐵〔鉄〕道 철도 [ʧʰɔlˀto] チョルト〈텰〉(てつどう＜だう)

天地 천지 [ʧʰɔnʤi] チョンジ〈텬〉(てんち)

添加 첨가 [ʧʰɔmga] チョムガ〈텸〉(てんか)

ㅊ [ʧʰ]：ダ行

重疊〔畳〕中첩 [ʧuŋʧʰɔp] チュンチョプ〈텹〉(じゅう＜ぢゅうじょう＜でふ)＋

저 [tɕɔ] チョ〈뎌〉等を含む漢字音は次のごとくである.

전	적	정
〈뎐〉てん	〈뎍〉てき	〈뎡〉てい
でん		

첩	첨	철	천
	〈뎜〉てん	〈뎔〉てつ	〈뎐〉てん
〈뎝〉でふ ＞ じょう			

まとめ

今までに現れた자 [tɕa] チャ，저 [tɕɔ] チョと차 [tɕʰa] チャ，처 [tɕʰɔ] チョを含む朝鮮漢字音とそれらに対応する日本漢字音を列挙すると次の通りである.

자 さ	잠 さん	잔 さん	작 さく	장 さう＞そう
	〃 ざん	〃 ざん		〃 ざう＞ぞう
〈쟈〉しゃ				〈쟝〉しゃう＞しょう
				〃 ちゃう＞ちょう
				〃 ぢゃう＞じょう

차 さ	참 さん	찰 さつ	잔 さん	착 さく	창 さう＞そう
	〃 ざん				
〈챠〉しゃ					〈챵〉しゃう＞しょう
〃 ちゃ				〈챡〉ちゃく	〃 ちゃう＞ちょう

저	점	절	전	적	정
〈져〉しょ	〈졈〉せん	〈졀〉せつ	〈젼〉せん	〈젹〉せき	〈졍〉せい
	〃 ぜん	〃 ぜつ	〃 ぜん		
〃 ちょ					〃 ちゃう＞ちょう
	〈뎜〉てん		〈뎐〉てん	〈뎍〉てき	〈뎡〉てい
			〃 でん		

처	첩	첨	철	천	척	청
〈쳐〉しょ	〈쳡〉せふ ＞しょう	〈쳠〉せん		〈쳔〉せん	〈쳑〉せき	〈쳥〉せい
						〃 ちゃう＞ちょう

〈텹〉でふ 〈뎜〉てん 〈텰〉てつ〈텐〉てん
　　　　 〉じょう

✎ 練習 11

次の漢字音のうち下線部の漢字を推量してあてはめなさい.

1. 정거장 [tʃəngəʤaŋ] チョンゴジャン〈뎡〉〈쟝〉
　（__車場__　しゃじょう＜じゃう）

　[注]「車」は차 [tʃʰa] チャという音が一般的だが，たまに거 [kə] コという音も用
　いられる. 거 [kə] コに対応する日本漢字音としては「きょ」がある (第7課1)
　参照).

2. 숙적 [sukʔtʃɔk] スクチョク〈뎍〉(宿__しゅく____)

3. 철'저 [tʃʰɔlʔtʃɔ] チョルチョ〈텰〉(__底___ てい)＋

4. 고전문학 [koʤɔnmunhak] コジョンムンハク〈뎐〉
　（古__文学こ___ ぶんがく）

5. 유전 [juʤɔn] ユジョン〈뎐〉(遺__い___)

補足

　旧字体と新字体　鐵－鉄 철 [tʃʰɔl] チョル〈뎍〉(てつ)；疊－畳 첩 [tʃʰɔp] チョプ〈텹〉
(じょう＜でふ).
　形声字Ⅱ　暢 창 [tʃʰaŋ] チャン〈챵〉(ちょう＜ちゃう)－腸 (ちょう＜ちゃう) 場－
(じょう＜ぢゃう) 장 [tʃaŋ] チャン〈쟝〉；脹 창 [tʃʰaŋ] チャン〈챵〉(ちょう＜ちゃう)
－張長 장 [tʃaŋ] チャン〈쟝〉(ちょう＜ちゃう).

第12課　朝鮮の ㅗ [o] オと ㅜ [u] ウは
　　　　日本のやはり「お」と「う」に対応するものが多い.

　今まで朝鮮漢字音の母音ㅏ[a] アとㅓ[ɔ] オを扱ってきたが，ここでは母音ㅗ
[o] オとㅜ [u] ウを扱う.

85

1) ㅗ [o] オ：お

古典 고전 [kodʑɔn] コジョン〈뎐〉(こてん)

湖水 호수 [hosu] ホス (こすい)

相互 상호 [saŋho] サンホ〈샹〉(そう＜さうご)

［注］「相」の朝鮮漢字音は〈샹〉[ʃaŋ] シャン (拗音) が後に 상 [saŋ] サン (直音) と
なった．日本漢字音では拗音の「しょう＜しゃう」(漢音) と直音の「そう＜
さう」(呉音) がある．

汚辱 오욕 [ojoᵏ] オヨク《△》(お＜をじょく)

午後 *오후 [ohu] オフ (ごご)

元素 *원소 [wɔnso] ウォンソ (げんそ)

祖國〔国〕조국 [tʃoguᵏ] チョグク (そこく)

基礎 기초 [kitʃʰo] キチョ (きそ)

都會〔会〕도회 [tohwe] トフェ (とかい＜くわい)

溫度 온도 [ondo] オンド (おん＜をんど)

嘔吐 구토 [kutʰo] クト (おうと)

［注］「嘔」(おう) の朝鮮漢字音が 구 [ku] クなのは「區〔区〕」구 [ku] クに引かれて
のことである．12ページ参照．

土木 토목 [tʰomoᵏ] トモク (どぼく)

奴隷〔隷〕노예 [noje] ノイェ (どれい)

［注］「隷〔隷〕」(れい) の朝鮮漢字音 예 [je] イェについては35ページ参照．

街路 가로 [karo] カロ (がいろ)

進歩 진보 [tʃinbo] チンボ (しんぽ)

菩薩 보살 [posal] ポサル (ぼさつ)

父母 부모 [pumo] プモ (ふぼ)

穀倉 곡창 [koᵏtʃʰaŋ] コクチャン (こくそう＜さう)

殘〔残〕酷 잔혹 [tʃanhoᵏ] チャンホク (ざんこく)＋

家屋 가옥 [kaoᵏ] カオク (かおく＜をく)

監獄 감옥 *[kamoᵏ] カモク (かんごく)

約束 약속 [jakˀsoᵏ] ヤクソク (やくそく)

俗論 속론 [송논] [soŋnon] ソンノン / 北 [soŋron] ソンロン (ぞくろん)

民族 민족 [mindʒoᵏ] ミンジョク（みんぞく）

催促 최촉 [tʃʰwetʃʰoᵏ] チュウェチョク（さいそく）

監督 감독 [kamdoᵏ] カムドク（かんとく）

毒草 독초 [toᵏtʃʰo] トクチョ（どくそう＜さう）

山麓 산록［살ー］[salloᵏ] サルロク（さんろく）

眼目 *안목 [anmoᵏ] アンモク（がんもく）

灌木 관목 [kwanmoᵏ] クァンモク（かん＜くわんぼく）

工事 공사 [koŋsa] コンサ（こうじ）

紅茶 홍차 [hoŋtʃʰa] ホンチャ＜챠＞（こうちゃ）

送電 송전 [soŋdʒɔn] ソンジョン＜뎐＞（そうでん）

總〔総〕計 총계 [tʃʰoŋgje] チョンギェ（そうけい）

東西 동서 [toŋsɔ] トンソ＜셔＞（とうざい）

同等 동등 [toŋdɯŋ] トンドゥン（どうとう）+

統計 통계 [tʰoŋgje] トンギェ（とうけい）

農民 농민 [noŋmin] ノンミン（のうみん）

愚弄 *우롱 [uroŋ] ウロン（ぐろう）

封建 봉건 [poŋgɔn] ポンゴン（ほうけん）

蒙昧 몽매 [moŋmɛ] モンメ（もうまい）+

肋骨 늑골 [nɯᵏʔkol] ヌッコル / 北 륵ー [rɯᵏʔkol] ルッコル（ろく / ろっこつ）

疏忽 소홀 [sohol] ソホル（そこつ）+

卒業 졸업 *[tʃorɔᵖ] チョロプ（そつぎょう＜げふ）

衝突 충돌 [tʃʰuŋdol] チュンドル（しょうとつ）

埋没 매몰 [mɛmol] メモル（まいぼつ）

困難 곤란［골ー］/ 北 곤난［골란］[kollan] コルラン（こんなん）+

昏睡 혼수 [honsu] ホンス（こんすい）

温度 온도 [ondo] オンド（おん＜をんど）

子孫 자손 [tʃason] チャソン（しそん）

存在 존재 [tʃondʒɛ] チョンジェ（そんざい）

農村 농촌 [noŋtʃʰon] ノンチョン（のうそん）

理論 이론 [iron] イロン / 北 리ー [riron] リロン（りろん）

日本 일본 [ilbon] イルボン《△》（にち / にっぽん）

ㅗ [o]：オ：よ

住所 주소 [ʧuso] チュソ（じゅうしょ）

援助 원조 [wonʤo] ウォンジョ（えん＜ゑんじょ）

初歩 초보 [ʧʰobo] チョボ（しょほ）

捕虜 포로 [pʰoro] ポロ（ほりょ）

曲線 곡선 [kokʔsɔn] コクソン〈선〉（きょくせん）

肥沃 비옥 [piokᵏ] ピオク（ひよく）＋

珠玉 주옥 *[ʧuokᵏ] チュオク（しゅぎょく）

新緑 신록〔실ー〕[ʃillokᵏ] シルロク（しんりょく）

共同 공동 [koŋdoŋ] コンドン（きょうどう）

擁護 옹호 [oŋho] オンホ（ようご）

　朝鮮漢字音のㅗ [o] オは日本漢字音の多くは直音の「お」に対応し，まれに拗音の「よ」に対応する.

2) ㅗ [o] オ：う（直音）

苦樂〔楽〕고락 [korakᵏ] コラク（くらく）

地圖〔図〕지도 [ʧido] チド（ちず＜づ）

〔注〕　日本語では「づ」（[du]＞[dzu]）は「ず」に合流した.

葡萄 포도 [pʰodo] ポド（ぶどう＜だう）

矛盾 모순 [mosun] モスン（むじゅん）

往復 왕복 [waŋbokᵏ] ワンボク（おう＜わうふく）

振幅 진폭 [ʧinpʰokᵏ] チンポク（しんぷく）

航空 항공 [haŋgoŋ] ハンゴン（こう＜かうくう）

通過 통과 [tʰoŋgwa] トングァ（つうか＜くわ）

開封 개봉 [kɛboŋ] ケボン（かいふう）

寸土 촌토 [ʧʰontʰo] チョント（すんど）

ㅛ [o] オ：ゆ（拗音）

宗教 종교 [tɕoŋjo] チョンギョ（しゅうきょう＜けう）

朝鮮漢字音のㅛ [o] オは日本漢字音では「お／よ」だけでなく一部は「う／ゆ」にも対応しうる．次のものを参照せよ．

漢字	奴	都	圖〔図〕	封	cf.	寸	촌 [tɕʰon] チョン（すん）
漢音	ど	と	と	ほう		村	촌 [tɕʰon] チョン（そん）
呉音	ぬ	つ	づ＞ず	ふう		綠〔緑〕	록 [roᵏ] ロク（りょく）
朝鮮	노	도	도	봉		祿〔禄〕	록 [roᵏ] ロク（ろく）

ㅛ [o] オ：ゆ〈ㅛ〉

從〔従〕事 종사 [tɕoŋsa] チョンサ〈죵〉（じゅうじ）

機關〔関〕銃 기관총 [kigwantɕʰon] キグァンチョン〈춍〉

（きかん＜くわんじゅう）

朝鮮漢字音の〈ㅛ〉はス [tɕ] とㅊ [tɕʰ] の後ろで [o] となる（第5課の쟈 ＞ 자，第7課3) の져 ＞ 저 参照）．

3) ㅛ [jo] ヨ：よ

沐浴 목욕 [moɡjoᵏ] モギョク（もくよく）

恥辱 치욕 [tɕʰijoᵏ] チヨク《△》（ちじょく）

用意 용의 [joŋɰi] ヨンウイ（ようい）

ㅛ [jo] ヨ：ゆ

勇敢 용감 [joŋgam] ヨンガム（ゆうかん）＋

龍〔竜〕宮 용궁 [joŋguŋ] ヨングン／北 룡－ [rjoŋguŋ] リョングン（りゅうぐう）

朝鮮漢字音のㅛ [jo] ヨは日本漢字音の「よ／ゆ」に対応する．

4) ㅜ [u] ウ：う

道具 도구 [togu] トグ（どう＜だうぐ）

愚鈍 *우둔 [udun] ウドゥン（ぐどん）＋

迂回 우회 [uhwe] ウフェ（うかい＜くわい）

89

附〔付〕録 부록 [puroᵏ] プロク（ふろく）（附と付は意味は似ているが別字，同音）

事務 사무 [samu] サム（じむ）

武力 무력 [murjɔᵏ] ムリョク（ぶりょく）

必須 필수 [pʰilˀsu] ピルス（ひっす）

風雨 풍우 [pʰuŋu] プンウ（ふうう）

崇拝 숭배 [suŋbɛ] スンベ（すうはい）

不屈 불굴 [pulgul] プルグル（ふくつ）＋

〔注〕「不」불 [pul] プルは日本漢字音にも「ふつ」という音がある.

念佛〔仏〕염불 [jɔmbul] ヨンブル／北 념－ [njɔmbul] ニョンブル（ねんぶつ）

動物 동물 [toŋmul] トンムル（どうぶつ）

暴君 폭군 [pʰoᵏˀkun] ポックン（ぼうくん）

軍人 군인 [kunin] クニン《△》（ぐんじん）

訓令 훈령〔홀－〕[hulljɔŋ] フルリョン（くんれい）

雲母 운모 [unmo] ウンモ（うんも）

分解 분해 [punhɛ] プンヘ（ぶんかい）

文學〔学〕문학 [munhaᵏ] ムンハク（ぶんがく）

朝鮮漢字音の ㅜ [u] ウの多くは日本漢字音の「う」に対応する.

ㅜ [u] ウ：お

午後 ＊오후 [ohu] オフ（ごご）

沈黙 침묵 [tɕʰimmuᵏ] チンムク（ちんもく）

豐〔豊〕年 풍년 [pʰuŋnjɔn] プンニョン（ほうねん）

繃〔包〕帶〔帯〕붕대 [puŋdɛ] プンデ（ほうたい）（繃と包は別字で音も異なる）

駐屯 주둔 [tɕudun] チュドゥン（ちゅうとん）

奔走 분주 [pundʑu] プンジュ（ほんそう）＋

關〔関〕門 관문 [kwanmun] クァンムン（かん＜くわんもん）

韓國〔国〕한국 [hanguᵏ] ハングク（かんこく）

朝鮮漢字音の ㅜ [u] ウの一部は日本漢字音の「お」に対応する．なお次のものを参照．文 문 [mun] ムン　ぶん（漢音）；もん（呉音）

90

ㅜ [u] ウ：ゆ〈ㅠ〉

守護 수호 [suho] スホ〈슈〉(しゅご)

首相 수상 [susaŋ] スサン〈슈샹〉(しゅしょう＜しゃう)

主人 주인 [tʃuin] チュイン〈쥬〉《△》(しゅじん)

宿泊 숙박 [sukʔpakˀ] スクパク〈슉〉(しゅくはく)

熟練 숙련〔슝년〕[suŋnjɔn] スンニョン / 北 [suŋrjɔn] スンリョン〈슉〉
(じゅくれん)

祝日 축일 [tʃʰugil] チュギル〈츅〉《△》(しゅくじつ)

大衆 대중 [tɛʤuŋ] テジュン〈즁〉(たいしゅう)

中國〔国〕중국 [tʃuŋgukˀ] チュングク〈즁〉(ちゅうごく)

重大 중대 [tʃuŋdɛ] チュンデ〈즁〉(じゅう＜ぢゅうだい)＋

昆蟲〔虫〕곤충 [kontʃʰuŋ] コンチュン〈츙〉(こんちゅう)(蟲と虫は元来別字で
音も異なるが，多く虫を蟲の略字として用いる)

充滿〔満〕충만 [tʃʰuŋman] チュンマン〈츙〉(じゅうまん)＋

外出 *외출 [wetʃʰul] ウェチュル〈츌〉(がい＜ぐわいしゅつ)

遵守 준수 [tʃunsu] チュンス〈즁슈〉(じゅんしゅ)

瞬間 순간 [sungan] スンガン〈슌〉(しゅんかん)

上旬 상순 [saŋsun] サンスン〈샹슌〉(じょう＜じゃうじゅん)

俊才 준재 [tʃunʤɛ] チュンジェ〈즁〉(しゅんさい)

準備 준비 [tʃunbi] チュンビ〈즁〉(じゅんび)

春夏 춘하 [tʃʰunha] チュンハ〈츙〉(しゅんか)

　朝鮮漢字音の人 [s]，ス [tʃ]，ㅊ [tʃʰ] の後ろの〈ㅠ〉は次のように後に直音と
なった(第5課，第7課3)，第12課4)参照). 슈＞수　　쥬＞주　　츙＞추

5) ㅠ [ju] ユ：ゆ

由來〔来〕유래 [jurɛ] ユレ (ゆらい)

儒教 유교 [juɡjo] ユギョ《△》(じゅきょう＞けう)

潤澤〔沢〕윤택 [juntʰɛkˀ] ユンテク《△》(じゅんたく)＋

融通 융통 [juŋtʰoŋ] ユントン (ゆうづう)

興隆 흥륭 [huŋnjuŋ] フンニュン / 北 [huŋrjuŋ] フンリュン（こうりゅう）

ㅠ [ju] ユ：よ
凶惡〔悪〕흉악 [hjuŋaᵏ] ヒュンアク（きょうあく）＋

　朝鮮漢字音のㅠ [ju] ユの多くは日本漢字音の「ゆ」に対応し，一部は「よ」に対応する．結局朝鮮漢字音のㅗ [o] オ，ㅛ [jo] ヨ，ㅜ [u] ウ，ㅠ [ju] ユは日本漢字音では次のように対応することになる.

$$
\begin{matrix} ㅗ \\ ㅜ \end{matrix} \Bigg\} \begin{cases} お & よ \\ う & ゆ \end{cases} \qquad \begin{matrix} ㅛ \\ ㅠ \end{matrix} \Bigg\} \begin{cases} よ \\ ゆ \end{cases}
$$

　つまり朝鮮と日本の漢字音で o と u とは次のようにいろいろな対応があることになる.

朝鮮漢字音	o	〃	〃	〃	u	〃	〃	〃	yo	〃	yu	〃
日本漢字音	o	yo	u	yu	u	yu	o	yo	yo	yu	yu	yo

　朝鮮漢字音のㅗ [o] オ，ㅜ [u] ウの後ろの終声ㄱ [ᵏ] クとㅇ [ŋ] ンは日本漢字音では [a] アの後ろと同じくそれぞれ「く」，「う」となる.

漢字	木	浴	黙	工	用	繡	隆	落	約	確
朝鮮	목	욕	목	공	용	붕	륭	락	약	확
日本	ぼく	よく	もく	こう	よう	ほう	りゅう	らく	やく	かく＜くわく

漢字	央		量		光		cf. 石	姓	駅	映
朝鮮	앙		량		광		석	성	역	영
日本	おう＜あう		りょう＜りゃう		こう＜くわう		せき	せい	えき	えい

まとめ

　ㅗ [o] オ，ㅛ [jo] ヨ，ㅜ [u] ウ，ㅠ [ju] ユを含む朝鮮漢字音は次の通りである.

오	온	옥	옹
を＞お	をん＞おん	をく＞おく，よく	をう＞おう，よう
ご		ごく，ぎょく	
		욕	용
		よく	よう，ゆう

92

			《△》 じょく	《△》 じゅう
우 う	울 うつ	운 うん		융 ゆう
우 ぐ		윤		융 ゆう
유 ゆ				
《△》 じゅ		《△》 じゅん		
고 こ, く	골 こつ	곤 こん	곡 こく	공 こう, きょう, くう
구 く, ぐ	굴 くつ	군 くん	국 こく, きょく	궁 ぐう
		ぐん		
호 こ, ご	홀 こつ	혼 こん	혹 こく	홍 こう
후 ご		훈 くん		
				흉 きょう
도 と	돌 とつ	돈 とん	독 とく	동 とう
도 ど, づ>ず			독 どく	동 どう
토 と				통 とう, つう
토 ど				
노 ど, ぬ				농 のう
로 ろ		론 ろん	록 ろく, りょく	롱 ろう
				룡 りゅう
				륭 りゅう
보 ほ		본 ほん	복 ほく, ふく	봉 ほう, ふう
보 ぼ				

부 ふ ぶ	불 ふつ ぶつ	분 ふん, ほん ぶん	북 ほく	붕 ほう
포 ほ, ふ ぶ			폭 ふく	
모 ぼ も	몰 ぼつ		목 ぼく もく	몽 もう
무 ぶ む	물 ぶつ もつ	문 ぶん もん	묵 もく	
소 そ, しょ	솔 そつ	손 そん	속 そく, しょく ぞく	송 そう 〈숑〉 しょう 승 すう
수 〈슈〉 す, しゅ じゅ	술 〈슡〉 じゅつ	순 〈슌〉 しゅん じゅん	숙 〈슉〉 しゅく	
조 そ じょ	졸 そつ	존 そん	족 そく, しょく ぞく	종 そう, しゅう じゅう 〈죵〉 しょう じゅう
주 〈쥬〉 しゅ		준 〈쥰〉 しゅん じゅん		중 〈즁〉 しゅう じゅう ちゅう
초 そ, しょ		촌 そん, すん	촉 そく	총 そう じゅう 〈죵〉 じゅう ちょう

출	춘	축	충
〈츌〉	〈춘〉	〈쥭〉	〈츙〉
しゅつ	しゅん	しゅく	
			じゅう
			ちゅう

✎ 練習12

次の漢字音のうち下線部の漢字を推量してあてはめなさい.

1. 오한 [ohan] オハン (_寒_ かん)

2. 고정 [koʤɔŋ] コジョン 〈뎡〉 (_定_ てい)

3. 호응 [houɯŋ] ホウン (_応_ おう)

4. 원호 [wɔnho] ウォンホ (援_ えん ＜ ゑん_)

5. 착오 *[ʧʰago] チャゴ (錯_ さく_)

6. 소송 [sosoŋ] ソソン 〈숑〉 (_訟_ しょう)

7. 조치 [ʧoʧʰi] チョチ (_置_ ち)

8. 초석 [ʧʰosɔk] チョソク 〈셕〉 (_石_ せき)

9. 양도 [jaŋdo] ヤンド 《ᅀ》 (讓〔讓〕_ じょう ＜じゃう_)

10. 노력 [norjɔk] ノリョク (_力_ りょく)

11. 보존 [poʤon] ポジョン (_存_ ぞん)

12. 포장도로 [pʰoʤaŋdoro] ポジャンドロ
(_裝〔裝〕道路_ そう ＜ さうどう ＜ だうろ)

13. 모집 [moʤiᵖ] モジプ (_集_ しゅう ＜ しふ)

95

14. 모의 *[moui] モウイ（＿擬＿ぎ）

15. 폭로［퐁노］[pʰoŋno] ポンノ／北 [pʰoŋro] ポンロ（暴＿ばく＿）

16. 곡창 [koᵏtʃʰaŋ] コクチャン（＿倉＿＿そう＜さう）

17. 속도 [soᵏˀto] ソクト（＿度＿＿ど）

18. 충족 [tʃʰuŋʤoᵏ] チュンジョク〈셕〉（充＿じゅう＿＿）

19. 속물［송－］[soŋmul] ソンムル（＿物＿＿ぶつ）

20. 단독 [tandoᵏ] タンドク（單〔単〕＿たん＿＿）

21. 목장 [moᵏˀtʃaŋ] モクチャン〈쟝〉（＿場＿＿じょう＜ぢゃう）

22. 부록 [puroᵏ] プロク（附〔付〕＿ふ＿＿）
    （附と付は意味は似ているが別字，同音）

23. 온당 [ondaŋ] オンダン（＿當〔当〕＿＿とう＜たう)＋

24. 곤충 [kontʃʰuŋ] コンチュン〈츙〉（＿蟲〔虫〕＿＿ちゅう）
    （蟲と虫は元来別字で音も異なるが，多く虫を蟲の略字として用いる）

25. 결론 [kjʌllon] キョルロン（結＿けつ＿＿）

26. 손해 [sonhɛ] ソンヘ（＿害＿＿がい）

27. 존경 [tʃoŋgjʌŋ] チョンギョン（＿敬＿＿けい）

28. 정돈 [tʃʌŋdon] チョンドン〈졍〉（整＿せい＿＿）

29. 통솔 [tʰoŋsol] トンソル（統＿とう＿＿）

30. 병졸 [pjʌŋʤol] ピョンジョル（兵＿へい＿＿）

31. 공헌 [koŋhɔn] コンホン（ ＿獻〔献〕＿＿ けん）

32. 홍수경보 [hoŋsu kjɔŋbo] ホンスキョンボ
（＿水警報＿＿ ずい＜すい けいほう＜はう）

33. 논총 [nontɕʰoŋ] ノンチョン /
北 론－ [rontɕʰoŋ] ロンチョン（論＿ろん＿＿）（論文を集めたもの）

34. 동면 [toŋmjɔn] トンミョン（＿眠＿＿ みん）

35. 동물 [toŋmul] トンムル（＿物＿＿ ぶつ）

36. 화농 [hwanoŋ] ファノン（化＿か＜くわ＿＿）

37. 재봉 [tʃɛboŋ] チェボン（裁＿さい＿＿）

38. 곤봉 [konboŋ] コンボン（棍＿こん＿＿）

39. 몽롱 [－농] [moŋnoŋ] モンノン /
北 [moŋroŋ] モンロン（＿朧＿＿ ろう）＋

40. 공포 [koŋpʰo] コンポ（＿怖＿＿ ふ）

41. 암송 [amsoŋ] アムソン〈송〉（諳〔暗〕＿あん＿＿＿＿）
（諳と暗は別字だが同音）

42. 범종 [pɔmʥoŋ] ポムジョン〈종〉（梵＿ぼん＿＿＿）

43. 은총 [ɯntɕʰoŋ] ウンチョン〈총〉（恩＿おん＜をん＿＿＿）

44. 속죄 [soᵏʔtʃwe] ソクチュウェ〈쇠〉（＿罪＿＿＿ ざい）

45. 보통 [potʰoŋ] ポトン（＿通＿つう）

97

46. 법률의 포고 [범뉴레－] [pɔmnjure / 北 pɔmrjure pʰogo] ポムニュ
レ / 北 ポムリュレポゴ（法律의 ＿告ほう＜はふりつの ＿こく）

[注] 朝鮮語の助詞 –의 (の) は書き言葉では [-ɯi] ウイと読まれることもあるが,
普通は [-e] エと発音される. 告 고 [ko] コに対応する日本漢字音は現在「こう
＜かう」よりも「こく」の方が用いられる.

47. 모욕 [mojoᵏ] モヨク《△》（＿辱＿じょく）

48. 행복 [hɛŋboᵏ] ヘンボク（幸＿こう＜かう＿＿）

49. 종료 [－뇨] [tʃoŋnjo] チョンニョ /
北 [tʃoŋrjo] チョンリョ〈종〉（＿了＿＿＿りょう＜れう）

50. 용기 [joŋgi] ヨンギ（＿器＿＿き）

51. 권력˘욕 [궐령뇩] [kwolljoŋjoᵏ] クォルリョンニョク
（權〔權〕力＿けんりょく＿＿）

52. 녹용 [nogjoŋ] ノギョン / 北 록－ [rogjoŋ] ロギョン《△》
（鹿＿ろく＿＿＿＿）（この漢字語は漢方薬の用語で, 鹿の角を意味する）

53. 좌익과 우익 [tʃwaiᵏˀkwa uiᵏ] チュワイックァ ウイク
（左翼과＿翼さよくと＿よく）

54. 구사 [kusa] クサ（＿使＿し）

55. 두통 [tutʰoŋ] トゥトン（＿痛＿つう）

56. 부모 [pumo] プモ（＿母＿ぼ）

57. 부분 [pubun] プブン（＿分＿ぶん）

58. 무용 [mujoŋ] ムヨン（＿踊＿よう）

59. 우울 [uul] ウウル（憂＿ゆう＜いう＿＿）+

60. 발굴 [palgul] パルグル（發〔発〕＿はっ＿＿）

61. 방불 [paŋbul] パンブル（彷＿ほう＜はう＿＿）+

62. 박물관〔방－〕[paŋmulgwan] パンムルグァン
（博＿館はく＿＿＿かん＜くわん＿）

63. 운명 [unmjɔŋ] ウンミョン（＿命＿＿＿めい）

64. 군중 [kunʤuŋ] クンジュン〈즁〉（＿衆＿＿しゅう）

65. 훈장 [hunʤaŋ] フンジャン〈쟝〉（＿章＿＿しょう＜しゃう）

66. 분위기 [punwigi] プヌウィギ（＿圍〔囲〕気＿＿＿い＜ゐき）

67. 신문 [ʃinmun] シンムン（新＿しん＿＿）

68. 용궁 [joŋguŋ] ヨングン／
北 룡－ [rjoŋguŋ] リョングン（龍〔竜〕＿りゅう＿＿）

69. 특수사정 [tʰukʔsu saʤɔŋ] トゥクスサジョン〈슈〉〈졍〉
（特＿事情とく＿＿＿じじょう＜じゃう）

70. 양주를 마시다 [jaŋʤurul maʃida] ヤンジュルル マシダ〈쥬〉
（洋＿를 마시다よう＜やう＿＿＿をのむ）

71. 수명 [sumjɔŋ] スミョン〈슈〉（＿命＿＿＿みょう＜みゃう）

72. *엄숙 [ɔmsuk] オムスク〈슉〉（嚴〔厳〕＿げん＿＿＿＿＿）+

73. 긴축 [kintʃʰukʰ] キンチュク〈츅〉（緊＿きん＿＿＿＿）

74. 기술 [kisul] キスル〈슐〉(記＿き＿＿＿)

75. 준공 [tɕungoŋ] チュンゴン〈즁〉(＿工＿＿＿こう)

76. 모순 [mosun] モスン〈쓘〉(矛＿む＿＿＿)

77. 비준 [pidʑun] ピジュン〈즁〉(批＿ひ＿＿＿)

78. 붕괴 [puŋgwe] プングウェ(＿壊〔壞〕＿＿かい＜くわい)

79. *의문 [ɰimun] ウィムン(疑＿ぎ＿＿)

80. 유쾌 [jukʰwɛ] ユクェ(＿快＿かい＜くわい)+

補足

旧字体と新字体　隸−隷 예 [je] イェ（れい）；圖−図 도 [to] ト（ず＜づ）；從−従 죵 [tɕoŋ] チョン〈죵〉（じゅう）；龍−竜 룡 [rjoŋ] リョン（りゅう）；豐−豊 풍 [pʰuŋ] プン（ほう）；滿−満 만 [man] マン（まん）；來−来 래 [rɛ] レ（らい）；澤−沢 택 [tʰɛk] テク（たく）；裝−装 장 [tɕaŋ] チャン（そう＜さう）；圍−囲 위 [wi] ウィ（い＜ゐ）；壞−壊 괴 [kwe] クェ（かい＜くわい）；傳−伝 전 [tɕon] チョン〈젼〉（でん）；福−福 복 [pok] ポク（ふく）.

　形声字Ⅰ　停−亭 졍 [tɕoŋ] チョン〈졍〉（てい）；敵−適 젹 [tɕɔk] チョク〈뎍〉（てき）；湖−胡 호 [ho] ホ（こ）；寸（すん）−村（そん）촌 [tɕʰon] チョン；麓−鹿 록 [rok] ロク（ろく）；土（ど）−吐（と）토 [tʰo] ト；錄〔録〕（ろく）−綠〔緑〕（りょく）록 [rok] ロク；群（ぐん）−君（くん）군 [kun] クン；瞬−舜 순 [sun] スン〈슌〉（しゅん）；催−崔 최 [tɕʰwe] チュウェ（さい）.

　形声字Ⅱ　店 졈 [tɕom] チョム〈뎜〉（てん）−占 졈 [tɕom] チョム〈졈〉（せん）；宗 죵 [tɕoŋ] チョン（しゅう）−崇 숭 [suŋ] スン（すう）；工貢 공 [koŋ] コン（こう）−紅 홍 [hoŋ] ホン（こう）；汚 오 [o] オ（お）−迂 우 [u] ウ（う）；足 죡 [tɕok] チョク（そく）−促 쵹 [tɕʰok] チョク（そく）；酷 혹 [hok] ホク（こく）−告 고 [ko] コ（こく）；祖 조 [tɕo] チョ（そ）−咀詛 저 [tɕo] チョ〈져〉（そ）；灌〔潅〕觀〔観〕관 [kwan] クァン（かん＜くわん）−歡〔歓〕환 [hwan] ファン（かん＜くわん）.

| コラム | 漢字語＋하다 [hada] ハダ |

1) 朝鮮の漢字語には用言 하다 [hada] ハダが付いて漢字語動詞や漢字語形容詞が作られる．それらと日本語との対応を示せば以下の通りである．

	朝鮮語	日本語
動 詞	식사하다 [ʃikʔsahada] シクサハダ	食事 (しょくじ) する
形容詞 a	현명하다 [hjɔnmjɔŋhada] ヒョンミョンハダ	賢明 (けんめい) だ / である
〃 b	막연하다 [maɡjɔnhada] マギョンハダ	漠然 (ばくぜん) としている

2) 朝鮮語の－하다 [hada] ハダ形容詞に対応する日本語は上記のように a と b のような 2 種類があるが，それらは以下のように活用 (変化) する．

終止形	賢明だ / 賢明である	漠然としている
連体形	賢明な	漠然とした / 漠然としている
副　詞	賢明に	漠然と

　これらを日本の国文法では形容動詞と呼んでいるが，日本の国語辞典では普通漢字語の部分だけが見出し語として示される．わたくしはこの漢字語を形容名詞と呼ぶことにしている．

　歴史的にはこれらは次のような過程を経てきた．

　a　賢明にあり ＞ 賢明なり　　賢明なる ＞ 賢明な　　　b 漠然とあり ＞ 漠然たり
　　賢明であり ＞ 賢明だ
　国文法では a をなり活用，b をたり活用と呼んでいる．

3) 朝鮮語の－하다 [hada] ハダ用言は動詞と形容詞とは次のような微妙な形の上の違いがある．

			動　　詞	形　容　詞
現在終止形	下称	平叙形	식사한다 [-handa] ハンダ	현명하다 [-hada] ハダ
		疑問形	식사하느냐 [-hanunja] ハヌニャ	현명하냐 [-hanja] ハニャ
	上称	詠嘆形	식사하는군요 [-hanungunjo] ハヌングニョ	현명하군요 [-hagunjo] ハグニョ
		婉曲形	식사하는데요 [-hanundejo] ハヌンデヨ	현명한데요 [-handejo] ハンデヨ
現 在 連 体 形			식사하는 [-hanun] ハヌン	현명한 [-han] ハン
副　　詞			——————	현명히 [-hi] ヒ

101

このことは本来朝鮮語では動詞と形容詞とが用言という一つの品詞に統合されていたことを意味する．その時の痕跡は現代語にも次の点に残っている．

	動　　詞	形　容　詞
하다 [hada] ハダ	식사하기는 한다 [handa] 食事しはする (ハンダ)	현명하기는 하다 [hada] 賢明ではある (ハダ)
않다 [antʰa] アンタ	식사하지 않는다 [annunda] 食事しない (アンヌンダ)	현명하지 않다 [antʰa] 賢明でない (アンタ)
못하다 [moʔtʰada] モッタダ	식사하지 못한다 [moʔtʰanda] 食事できない (モッタンダ)	현명하지 못하다 [moʔtʰada] 賢明でない (モッタダ)
보다 [poda] ポダ	본다 [ponda] 見る (ポンダ)	−는가 보다, −ㄹ까 보다 [poda] …らしい (ポダ)

現代朝鮮語にはこのほかにも動詞と形容詞の区別のあいまいな用言がある．

4) 朝鮮語の-하다 [hada] ハダ動詞は漢字2字からなる名詞 (多くは動作性の名詞) から作られる．形容詞の場合は漢字語の部分を多くは-하다から分離できない．このような形容詞を作る漢字語には本書では＋を付けた．

식사 [ʃikʔsa] シクサ (食事しょくじ)
　−식사하다 [ʃikʔsahada] シクサハダ (食事하다 しょくじする)
행복 [heŋbokʰ] ヘンボク (幸福こう＜かうふく)＋
　−행복하다 [heŋbokʰkʰada] ヘンボッカダ (幸福하다 こう＜かうふくだ)
신랄 [실－] [ʃillal] シルラル (辛辣)＋

最後のものは普通 신랄하다 [ʃillarhada] シルラルハダ (辛辣하다 しんらつだ) という形でのみ用いられる．

　−하다 [hada] ハダ動詞は特に新聞などで漢字語だけの形が用いられることがある．
대통령이 한국 방문 [tɛtʰoŋnjɔŋi hanguᵏ paŋmun] テトンニョンイ ハングク パンムン
(大統領이 韓國〔国〕訪問 だいとうりょう＜りゃうが かんこく ほう＜はうもん)
(「大統領が韓国を訪問する」あるいは「大統領が韓国を訪問して」の意味)

また一部の漢字語部分は命令の意味で用いられる．これらの用法の多くは日本語と似ている．
시작 [ʃidʑaᵏ] シジャクー始め！
　　(시작하다 [ʃidʑaᵏkʰada] シジャッカダ (始作하다 はじめる))

102

조심 [tʃoʃim] チョシムー注意！
　　(조심하다 [tʃoʃimhada] チョシムハダ (操心하다 用心する))
준비 [tʃunbi] チュンビー用意！(運動会などでピストルを発射する前に)
　　(준비하다 [tʃunbihada] チュンビハダ (準備하다 じゅんび／よういする))

−하다 [hada] ハダ形容詞の一部は漢字語部分が会話で半言 (반말 [panmal] パンマルに相当するものとして用いられる.
安녕 [annjɔŋ] アンニョン (安寧) − お早う／今日は／今晩は；さようなら
미안 [mian] ミアン (未安) − すまない

5)　朝鮮語の−하다 [hada] ハダ用言はその直前の子音との関係において頭の音が変わることがある.
약속하다 [jakˀsokkʰada] ヤクソッカダ (約束하다 やくそくする)
민첩하다 [mintʰɔpˀpʰada] ミンチョッパダ〈첩〉(敏捷하다 びんしょう〈せふだ)

また早口の会話では [m], [n], [ŋ], [l] の後ろで [h] が脱落することがある.
평범하다 [pʰjɔŋbɔmada] ピョンボマダ (平凡하다 へいぼんだ)
발견하다 [palgjɔnada] パルギョナダ (發〔発〕見하다 はっけんする)
굉장하다 [kweŋdʑaŋada] クェンジャンアダ (宏壯〔壮〕하다 ものすごい)
발'달하다 [palˀtarada] パルタラダ (發〔発〕達〔達〕하다 はったつする)

最後の例では [l] が [r] となる.

コラム　朝鮮語と日本語の漢字語

1)　朝鮮語と日本語の漢字語の形と意味の関係について述べる.

	朝鮮語	日本語
両者に あるもの	食事식사 [ʃikˀsa] シクサ 賢明현명 [hjɔnmjɔŋ] ヒョンミョン＋	食事 (しょくじ) 賢明 (けんめい)＋
片方にしか ないもの	操心조심 [tʃoʃim] チョシム［用心］ 未安미안 [mian] ミアン［すまない］ ────── ──────	────── ────── 世話 (せわ)［신세 [ʃinse] シンセ］ 真剣 (しんけん) だ［진실하다 [tʃinʃirhada] チンシルハダ］

103

2) 朝鮮語にあって日本語にないものとしてはほかに例えば次のようなものがある（△
を付けたものは漢字語動詞を作らないもの）．

間或 간혹 [kanhoᵏ] カンホク△－時々 [ときどき]，たまに

感氣 감기 [kamgi] カムギ△－風邪 [かぜ]

開學 개학 [kɛhaᵏ] ケハク－学期 [がっき] が始 [はじ] まること

去來 거래 [kɔrɛ] コレー取引 [とりひき]

慶事 경사 [kjɔŋsa] キョンサ△－めでたいこと

景致 경치 [kjɔŋtɕʰi] キョンチ△－景色 [けしき]

苦生 고생 [kosɛŋ] コセン－苦労 [くろう]

口號 구호 [kuho] クホ△－スローガン

茶房 다방 [tabaŋ] タバン△－喫茶店 [きっさてん]

丹粧 단장 [tandʑaŋ] タンジャン－化粧 [けしょう＜しゃう]

圖謀 도모 [tomo] トモー謀 [はか] る

萬若 만약 [manjaᵏ] マニャク《ㅑ》△－もしも

麥酒 맥주 [mɛᵏˀtɕu] メクチュ〈쥬〉△－ビール

不得已 부득이 [pudɯgi] プドゥギ△－やむをえず

粉筆 분필 [punpʰil] プンピル△－白墨 [はくぼく]

脾胃 비위 [piwi] ピウィ△－機嫌 [きげん]

謝過 사과 [sagwa] サグァ〈샤〉－謝罪 [しゃざい]

省墓 성묘 [sɔŋmjo] ソンミョ〈셩〉－墓参 [はかまい] り

歲拜 세배 [sebɛ] セベー正月 [しょう＜しゃうがつ＜ぐわつ] の挨拶 [あいさつ]

洗水 세수 [sesu] セス〈슈〉－洗面 [せんめん]

始作 시작 [ɕidʑaᵏ] シジャク－始 [はじ] める

失手 실’수 [ɕilˀsu] シルス〈슈〉－失敗 [しっぱい]

陽地 양지 [jaŋdʑi] ヤンジ△－日向 [ひなた]

豫賣 예매 [jemɛ] イェメー前売 [まえう] り

擾亂 요란 [joran] ヨラン《ㅛ》＋－騒 [さわ] がしい

辱説 욕설 [jokˀsɔl] ヨクソル《ㅛ》〈셜〉－悪口 [わるぐち]

陰地 음지 [ɯmdʑi] ウムジ△－日陰 [ひかげ]

陰凶 음흉 [ɯmhjuŋ] ウムヒュン＋－陰険 [いんけん] で腹黒 [はらぐろ] い

理致 이치 [itɕʰi] イチ / 北 리ー [ritɕʰi] リチ△－道理 [どう＜だうり]

日前 일’전 [ilˀtɕɔn] イルチョン《ㅣ》△－先日 (せんじつ)

104

作別 작별 [ʧaᵏˀpjɔl] チャクピョル△－別 [わか] れること

作定 작정 [ʧaᵏˀʧɔŋ] チャクチョン〈뎡〉＋－つもり

節次 절차 [ʧɔlʧʰa] チョルチャ〈절〉△－手続 [てつづ] き，順序 [じゅんじょ]

罪悚 죄송 [ʧwesoŋ] チュウェソン＋－申 [もう] しわけない

車費 차비 [ʧʰabi] チャビ〈챠〉△－車代 [くるまだい]

秋收 추수 [ʧʰusu] チュス〈츄슈〉－秋 [あき] の収穫 [しゅう＜しうかく＜くわく]

祝願 축원*[ʧʰugwɔn] チュグォン〈축〉－祈 [いの] る

便紙 편지 [pʰjɔnʤi] ピョンジ△－手紙

閑暇 한가 [hanga] ハンガ＋－暇 [ひま] だ

酷毒 혹독 [hoᵏˀtoᵏ] ホクトク＋－残酷 [ざんこく] だ

或是 혹시 [hoᵏˀʃi] ホクシ△－ひょっとして

花盆 화분 [hwabun] ファブン△－植木鉢 [うえきばち]

孝道 효도 [hjodo] ヒョド－親孝行 [おやこう＜かうこう＜かう]

休紙 휴지 [hjuʤi] ヒュジ△－ちり紙 [がみ]

3)　日本語にあって朝鮮語にない漢字語はほかに例えば次のようなものである.

挨拶 (あいさつ)－인사 [insa] インサ (人事)

案外 (あんがい)－의외*로 [ɯiwero] ウイウェロ (意外－)△

遠慮 (えん＜ゑんりょ)－사양 [sajaŋ] サヤン《ᴗ》(辭讓)

我慢 (がまん)－견디다 [kjɔndida] キョンディダ，참'다 [ʧʰamˀta] チャムタ

機嫌 (きげん)－기분 [kibun] キブン (氣分)△

見物 (けんぶつ)－구경 [kuɡjɔŋ] クギョン

交番 (こう＜かうばん)－파출'소 [pʰaʧʰulˀso] パチュルソ〈출〉(派出所)△

黒板 (こくばん)－칠판 [ʧʰilpʰan] チルパン (漆板)△

御馳走 (ごちそう)－식사 대접 [ʃikˀsa tɛʤɔᵖ] シクサテジョプ〈접〉(食事待接)

御飯 (ごはん)－진지 [ʧinʤi] チンジ△

今晩 (こんばん)－오늘'밤 [onulˀpam] オヌルパム△

今夜 (こんや)－오늘'밤 [onulˀpam] オヌルパム△

残念 (ざんねん) だ－유감스럽다 [jugamsɯrɔᵖˀta] ユガムスロプタ (遺憾－)

支度 (したく)－준비 [ʧunbi] チュンビ〈쥰〉(準備)

邪魔 (じゃま)－방해 [paŋhɛ] パンへ (妨害)

巡査 (じゅんさ)－순경 [suŋjɔŋ] スンギョン〈슌〉(巡警)△

105

上品 (じょう＜じゃうひん)－고상 [kosaŋ] コサン〈샹〉(高尚)＋
丈夫 (じょう＜じゃうぶ)－건강 [kɔŋgaŋ] コンガン (健康)＋
贅沢 (ぜいたく)－사치 [satɕʰi] サチ〈샤〉(奢侈)
天井 (てんじょう＜じゃう)－천장 [tɕʰɔndʑaŋ] チョンジャン〈텬쟝〉(天障)△
病気 (びょう＜びゃうき)－병 [pjɔŋ] ピョン (病)△
勉強 (べんきょう＜きゃう)－공부 [koŋbu] コンブ (工夫)
弁当 (べんとう＜たう)－도시락 [toʃirakᵏ] トシラク△
毎晩 (まいばん)－매일'밤 [mɛilˀpam] メイルパム《△》(毎日－)△
迷惑 (めいわく)－폐 [pʰje] ピェ / 北 페 [pʰe] ペ (幣)△
両方 (りょう＜りゃうほう＜はう)－쌍방 [ˀsaŋbaŋ] サンバン (雙方)△

4) 朝鮮語と日本語とで漢字語の形は同じでも意味が微妙に異なるものがある.

a. 朝鮮語の方が日本語よりも知的, 文体的意味の領域が広いもの (漢字語用言を含む):

苦悶 고민 [komin] コミン－苦悶 (くもん), 悩 [なや] み
均衡 균형 [kjunhjɔŋ] キュンヒョン－均衡 (きんこう＜かう), 釣 [つ] り合 [あ] い
矜持 긍지 [kɯŋdʑi] クンジ－矜持 (きょうじ＜ぢ), 誇 [ほこ] り (「きんじ＜ぢ」は本来間違った読み方だが, 許容される)
進行 진행 [tɕinhɛŋ] チンヘン－進行 (しんこう＜かう), 進 [すす] める
豫定 예정 [jedʑɔŋ] イェジョン〈뎡〉－予定 (よてい), つもり
宏壮 굉장 [kweŋdʑaŋ] クェンジャン＋－宏壮 (こう＜くわうそう＜さう) だ, すごい / すばらしい / 大変 (たいへん) だ
交際 교재 [kjodʑe] キョジェ－交際 (こう＜かうさい), 付 [つ] き合 [あ] い
準備 준비 [tɕunbi] チュンビ〈쥰〉－準備 (じゅんび), 用意 (ようい)
同居 동거 [toŋgɔ] トンゴ－同居 (どうきょ), 同棲 (どうせい)
付託 부탁 [putʰakᵏ] プタク－付託 (ふたく), 頼 [たの] み
遺憾 유감 [jugam] ユガム＋－遺憾 (いかん), 残念 (ざんねん) だ
子細 자세 [tɕase] チャセ＋－子細 (しさい), 詳細 (しょう＜しゃうさい), 詳 [くわ] しい
安寧 안녕 [annjɔŋ] アンニョン＋－安寧 (あんねい), 元気 [げんき] だ
困難 곤란 [골－] / 北 [골란] [kollan] コルラン＋－困難 (こんなん), 困 [こま] る
近似 근사 [kɯnsa] クンサ＋－近似 (きんじ), しゃれた

106

損害 손해 [sonhɛ] ソンヘー損害 (そんがい)，損 (そん)

聯關 연관 [jɔŋwan] ヨングァン / 北 련ー [rjɔŋwan] リョンガンー連関 (れんかん)，つながり

離別 이별 [ibjɔl] イビョル / 北 리ー [ribjɔl] リビョルー離別 (りべつ)，分 [わ] かれ

怜悧 영리 [ー니] [jɔŋni] ヨンニ / 령ー [rjɔŋri] リョンリ＋ー怜悧 (れいり)，賢 [かしこ] い

首肯 수긍 [suguɯŋ] スグン 〈승〉ー首肯 (しゅこう)，納得 (なっとく)

諦念 체념 [ʧʰenjɔm] チェニョム 〈톄〉ー諦念 [ていねん]，諦 [あきら] め

包含 포함 [pʰoham] ポハムー包含 (ほう＜はうがん)，含 [ふく] む

健康 건강 [kɔŋgaŋ] コンガンー健康 (けんこう＜かう)，元気 (げんき)

祝賀 축하 [ʧʰuᵏkʰa] チュッカ 〈츅〉ー祝賀 (しゅくが)，祝 [いわ] う

認定 인정 [inʤɔŋ] インジョン 《ᅀ》〈뎡〉ー認定 (にんてい)，認 [みと] める

例えば朝鮮語の「同居」は日本語の「同棲」の意味で用いられることが多く，「宏壯하다」は「すごい /……」のような日常語的な意味を持つなど，概して漢字語がさほどいかめしいニュアンスを持たないことが多い．

b. 朝鮮語と日本語の漢字語が多かれ少なかれ意味の異なるもの：

工夫 공부 [koŋbu] コンブ (＝勉強 [べんきょう＜きゃう])

　ー工夫 [くふう] (＝窮理 궁리 [ー니] [kuŋni] クンニ / 北 [kuŋri] クンリ)

飲食 음식 [ɯmʃiᵏ] ウムシク (＝食 [た] べ物 [もの]，料理 [りょう＜れうり])

　ー飲食 [いんしょく] (＝食事 식사 [ʃikʔsa] シクサ)

境遇 경우 [kjɔŋu] キョンウ (＝場合 [ばあい]；立場 [たちば])

　ー境遇 [きょう＜きゃうぐう] (＝處地 처지 [ʧʰoʤi] チョジ 〈쳐〉)

沙汰 사태 [satʰɛ] サテ (＝地滑 [じ＜ぢすべ] り，雪崩 [なだれ])

　ー沙汰 [さた] (＝消息 소식 [soʃiᵏ] ソシク 〈쇼〉)

元氣 원기 [wɔngi] ウォンギ (＝精気 [せいき])

　ー元気 [げんき] (＝氣運 기운 [kiun] キウン；健康 건강 [kɔŋgaŋ] コンガン＋)

用心 용심 [joŋʃim] ヨンシム (＝意地悪 [いじわる])

　ー用心 [ようじん] (＝操心 조심 [ʧoʃim] チョシム；注意 주의 [ʧuɯi] チュウイ 〈쥬〉)

丁寧 정녕코 [ʧɔŋnjɔŋkʰo] チョンニョンコ 〈뎡〉 (＝必 [かなら] ず)

　ー丁寧 [ていねい] (＝鄭重 정중 [ʧɔŋʤuŋ] チョンジュン 〈뎡즁〉＋，恭遜 공손 [koŋson] コンソン＋)

多情 다정 [taʥɔŋ] タジョン〈정〉＋(＝やさしい；親[した]しい)
　　―多情[たじょう＜じゃう](＝바람ʼ기 [paramʔki] パラムキ)
慇懃 은근 [ɯngun] ウングン＋(＝密[ひそや]やかだ，親[した]しい)
　　―慇懃[いんぎん]だ(＝鄭重 정중 [ʧɔŋʥuŋ] チョンジュン〈뎡즁〉＋，謙遜 겸손
　　[kjɔmson] キョムソン＋)

　このように両者の意味はなんらかの連関はあっても違うと言わざるを得ない.「陽気に
暮らす」を朝鮮語に訳す時「陽気 양기 [jaŋgi] ヤンギ」という漢字語をうっかり使うと男性
の性的な力を連想させてしまいかねないのである．ある意味では朝鮮語と日本語のどん
な漢字語でも，形が同じであっても多かれ少なかれ意味はそれぞれなんらかの違いがあ
るものだということを知らなければならない.

5)　朝鮮語と日本語の漢字語の品詞が微妙に異なるものがある.

a.　朝鮮語　形容詞 —— 日本語　動詞
　　奔走 분주하다 [punʥuhada] プンジュハダ(＝せわしい)
　　　―奔走[ほんそう]する(＝東奔西走 동분서주하다 [toŋbunsɔʥuhada] トンブンソ
　　　ジュハダ〈셔〉)
　　徹底 철ʼ저하다 [ʧʰɔlʔʧɔhada] チョルチョハダ〈뎌〉―徹底(てってい)する

　最後のものの意味はほとんど同じと言えるが，次の対応を参照せよ.
　　철ʼ저하다 [ʧʰɔlʔʧɔhada] チョルチョハダー徹底している
　　철ʼ저한 [ʧʰɔlʔʧɔhan] チョルチョハンー徹底した，徹底している
　　철ʼ저히 [ʧʰɔlʔʧɔhi] チョルチョヒー徹底して

b.　朝鮮語　動詞 —— 日本語　動詞，形容名詞
　　失禮 실례하다 [ʃilljehada] シルリェハダー失礼[しつれい]する
　　　―失礼[しつれい]だ(＝失禮 실례가 되다 [ʃilljega tweda] シルリェガ トゥウェダ)

　次のものは双方ともに形容詞と動詞がある.
　　相當 상당한 [saŋdaŋhan] サンダンハン〈샹〉(＝かなりの，相当[そう＜さうとう＜
　　たう]の)；상당히 [saŋdaŋhi] サンダンヒ(かなり，相当[そう＜さうとう＜たう]
　　に)

相當 상당하다 [saŋdaŋhada] サンダンハダ〈샹〉ー相当 [そう＜さうとう＜たう] する)

c. 朝鮮語　動詞 ── 日本語　形容名詞，名詞
親愛 친애하는 [tɕʰinɛhanɯn] チネハヌンー親愛 [しんあい] なる
周知 주지하는 [tɕʰudʑihanɯn] チュジハヌン〈쥬〉ー周知 [しゅう＜しうち] の

d. 朝鮮語　名詞 ── 日本語　形容名詞
熱心 열'심이다 [jɔlʔʃimida] ヨルシミダ《ㅿ》ー熱心 [ねっしん] だ
cf. 열'심히 [jɔlʔʃimhi] ヨルシムヒー熱心 [ねっしん] に

6)　朝鮮の漢字語の一部は日本の外来語に対応する．
罷業 파업*[pʰaɔp] パオプーストライキ
口號 구호 [kuho] クホースローガン
浪漫 낭만 [naŋman] ナンマン / 北 랑ー [raŋman] ランマンーロマン

　最後のものは「ロマン」に似た漢字を日本人が当てはめたものが朝鮮に渡ったものである．そのために朝鮮と日本の漢字音が音的に異なるのである．

コラム　漢字語と固有語の境

1)　朝鮮の漢字語の中にはほとんど固有語になったと思われるものがある．次のものは本来ㄹ[r] を初声とするものだが，漢字語の意識が薄れたため北朝鮮でさえㄴ[n] で書かれる．
나사 [nasa] ナサ＜螺絲 라사 (ねじ)
나팔 [napʰal] ナパル＜喇叭 라팔 (らっぱ)
노 [no] ノ＜櫓 로 (ろ)
*의논 [ɯinon] ウイノン＜議論*의론 (相談 [そう＜さうだん])

　北朝鮮では「來年」래년 [rɛnjɔn] レニョン (韓国では 내년 [nɛnjɔn] ネニョン) も事実上 [nɛnjɔn] ネニョンと発音されているらしい．

　次の漢字語は韓国では発音通りに書かれる．
잠깐 [tɕamʔkan] チャムカン＜暫間 잠간 (北朝鮮の表記) (しばらく)

109

2)　固有語化した漢字語起源の単語がある．これらは普通漢字語と意識されない．

　　서랍 [sɔraᵖ] ソラプ ＜ 舌盒 설합 [sɔrhaᵖ] (引 [ひ] き出 [だ] し) ([h] が有声音の間で脱落
　　する)

　　하품 [hapʰum] ハプム ＜ 哈欠 합흠 [haᵖpʰum] (あくび) (朝鮮語では唇音の後ろで [ɯ] が
　　[u] となる)

　　괜찮다 [kwɛntɕʰantʰa] クェンチャンタ (かまわない) ＜ 關 관하지 않다 [kwanhadʑi an
　　tʰa] (関しない)

　　요 [jo] ヨ ＜ 褥 욕 [jokʼ] ヨク《ㅿ》(敷布団 [しきぶとん]) ([jokʼ] が [joh] となり，さらに
　　[jo] ヨとなったものである)

　　조용하다 [tɕojoŋhada] チョヨンハダ ＜ 從容 종용하다 [tɕoŋjoŋhada] (静かだ)

　　このような単語はかなりあると思われる．

3)　漢字語ではなく古い漢語が朝鮮語化したものがある．

　　먹 [mɔᵏ] モク (墨 [すみ]) 　cf. 墨 묵 [muᵏ] ムク

　　붓 [puᵗ] プッ ＜《붇》[puᵗ] ＜ puᵗ (筆 [ふで]) 　cf. 筆 필 [pʰil] ピル

　　日本語の「ふで」は「ふみて (文手) 」に由来するもので，中国起源ではないと言われて
　　いる．

　　　一部の人は固有語のかなり多くが漢語起源であると主張している．例：글 [kɯl] ク
　　ル (文字) ＜ 契 걸 [kɔl]

4)　朝鮮の固有語の中には漢字語起源ではないかと思われるものがあり，ある場合には
漢字で書かれることもあるが，これらは公式的ではない当て字と認識されている．

　　구경 [kugjɔŋ] クギョン (見物 [けんぶつ]) ＜ 求景 구경 [kugjɔŋ] (?)

　　장난 [tɕaŋnan] チャンナン (いたずら) ＜ 作亂 작란 [tɕaŋnan] (?)

　　생각 [sɛŋgaᵏ] センガク (考 [かんが] え) ＜ 生覺 생각 [sɛŋgaᵏ] (?)

　　사량 [saraŋ] サラン (愛 [あい]) ＜ 思量 사량 [sarjaŋ] (?)

5)　朝鮮の漢文にはしばしば固有語と思われている単語を漢字で混ぜることがある．こ
れは一種の当て字である．

　　어음 [ɔɯm] オウム (手形 [てがた]) －於音 어음 [ɔɯm] オウム

　　김치 [kimtɕʰi] キムチ (キムチ) －沈菜 침채 [tɕʰimtɕʰɛ] チムチェ

　　「沈菜」は固有語を表記したものと考える人が多かったが，最近の研究ではむしろ漢字

語の「沈菜」がなまって 김치 [kimtɕʰi] キムチになったものらしい.

마름 [marɯm] マルム (小作地管理人) − 舎音 사음 [saɯm] サウム

「舎音」は 마름 [marɯm] マルムを表記した漢字であるが,「舎」は 마르 [marɯ] マルの訓読み,「音」は [m] を表す音読みの文字である. このようにしてできた「舎音」は音読みされて 사음 [saɯm] サウムという新しい漢字語ができる.

コラム　朝鮮の訓と朝鮮地名

いつぞやバスでソウルから江華島 강화도 [kaŋhwado] カンファド (こうかとう　くかうくわたう) に行く途中「월곳면 WEOLGODMYEON」という標識を見つけた. 地図で確認すると「金浦郡月串面」である.「月串面」はハングルで 월관면 [wɔlgwanmjɔn] ウォルグァンミョンと書かれ, ローマ字表記で Weolgwanmyeon だというのもある本で見ていた.「串」は音は 관 [kwan] クァンだが, 訓は 곶 [koˀ] コッで,「岬」を表すのに用いられる. 金浦郡にはこの字を持つ面の名がまだあり, 北朝鮮の黄海道には有名な 장산곶 [tʃaŋsangoˀ] チャンサンゴッ (長山串) がある. わたくしが一番驚いたのはこの字が訓読みされているという事実だった. 多分 [wɔlgonmjɔn] ウォルゴンミョンと読まれるのだろう. しかし後にも先にもわたくしは韓国でこの字以外に訓読みされる漢字を見たことがない.

ソウルに麻浦區 마포구 [mapʰogu] マポグという区がある. ここは漢江 한강 [haŋgaŋ] ハンガンに船着き場のあったところだが, もともと 삼개 [samgɛ] サムゲと言ったという. 삼 [sam] サムは「麻」のことであり, 개 [kɛ] ケは「浦」のことである. つまり朝鮮語の地名 삼개 [samgɛ] サムゲの意味を取って「麻浦」という漢字を当て, さらにそれを音読みして 마포 [mapʰo] マポと読んだものである. しかも今では 삼개 [samgɛ] サムゲという固有語の地名を記憶する人はいない. このように現在の朝鮮の地名はほとんどが漢語だが, 本来は固有語のものが多かったと考えられる.

実際に田舎に行くと地図にも出ていないハングルでしか書けない地名が多い. あるものは語源不明である. 먹고개 [mɔkˀkogɛ] モッコゲは「墨の峠」という意味であろう. いろいろな峠の名前がある. さほどに朝鮮には峠はつきものである. ソウルに墨峴洞 묵현동 [mukˀkʰjɔndoŋ] ムッキョンドンという地名があるが, これはもともと 먹고개 [mɔkˀkogɛ] モッコゲと言ったに違いない.「峴」は朝鮮では多く「峠」の意味で用いられる.

ソウル市内にもハングルで表記された地名が散見される. 까치산 [ˀkatɕʰisan] カチサン (＝かささぎの山), 선바위 [sɔnbawi] ソンバウィ (＝立った岩), 굽은다리 [kubundari]

クブンダリ (＝曲がった橋) 等々．これらはみな固有語からなるものである．서울 [soul] ソウルからしてもとは「都」という固有語の普通名詞である．このうち 선바위 [sonbawi] ソンバウィはよくある地名だが，地方では漢字で「立岩」입암*[ibam] イバム / 北 립－ [ribam] リバム (りつがん) とも言う．なお朝鮮には考古学で「ドルメン」と呼ばれる巨石があちこちにあるが，それは朝鮮語で 고인돌 [koindol] コインドルあるいは 괜돌 [kwendol] クェンドルと呼ばれ，またその漢字の当て字「支石」지석 [tʃisɔᵏ] チソク (しせき) 〈석〉も用いる．岩の名前は朝鮮の地名に多い．扶餘 부여 [pujɔ] プヨ (ふよ) から百濟大橋 백제대교 [pɛᵏʲtʃeteɡjo] ペクチェテギョ (ひゃくさい / くだらおおはし) を渡ると白馬江 백마강 [뱅－] [pɛŋmaɡaŋ] ペンマガン [はくばこう＜かう] (＝錦江 금강 [kɯmɡaŋ] クムガン [きんこう＜かう]) の対岸に見える大きな岩を地元の人は 엿바위 [jɔᵗʲpawi] ヨッパウィと呼び，その岩のある村は窺岩面 규암*면 [kjuammjɔn] キュアンミョン (きがんめん) と呼ばれるが，窺岩は 엿바위 [jɔᵗʲpawi] ヨッパウィを漢字に直したものである．엿 [jɔᵗʲ] ヨッは 엿보다 [jɔᵗʲpoda] ヨッポダ (窺い見る)，엿듣다 [jɔᵗʲtɯᵗʲta] ヨットゥッタ (窺い聞く) という単語に残っている「窺う」という動詞の語幹である．

ソウル南方の郊外 城南 성남 [sɔŋnam] ソンナム 〈성〉 (じょう＜じゃうなん) に板橋 판교 [pʰaŋjo] パンギョ (はんきょう＜けう) という地名があり，実際に板の橋があった (日本の東京にも「板橋」(いたばし) があり，台湾の台北の郊外にも「板橋市」Bǎnqiáoshì (パンチアオシ) というところがある)．韓国の「板橋」は 너다리 [nɔdari] ノダリと言った (널 [nɔl] ノル [いた] は ㄷ [d] のような歯音の前で ㄹ [l] を脱落させる)．船を橋のかわりにしたところを 배다리 [pɛdari] ペダリ (＝船橋) と言い，それの漢字名を「船橋」선교 [sɔŋjo] ソンギョ 〈선〉とか「舟橋」주교 [tʃuɡjo] チュギョ 〈쥬〉とか言った (日本にも「船橋」(ふなばし) がある)．

노들강변 [nodɯl kaŋbjɔn] ノドゥルカンビョン (－－江邊) (「ノドゥルの川辺」という意味) という朝鮮の有名な新民謡の 노들 [nodɯl] ノドゥルはソウルの漢江沿いの現在鷺梁津 노량진 [norjaŋʥin] ノリャンジン (ろりょう＜りゃうしん) と呼ばれている地域のことだが，この「鷺梁」が 노들 [nodɯl] ノドゥルの漢字訳である．「梁」の訓が 들 [tɯl] トゥルである．

忠清南道 충청남도 [tʃʰuŋtʃʰɔŋnamdo] チュンチョンナムド 〈충청〉 (ちゅうせいなんどう＜だう) の道庁所在地である「大田」대전 [tɛʥɔn] テジョン 〈뎐〉 (たいでん) は元は小さな村でしかなく，한밭 [hanbaᵗ] ハンバッ (＝大きい畑) を漢字に直したものである (漢字「田」は本来畑を意味する)．この 한 [han] ハンという形態素を持つ地名は多く，例えば 한우물 [hanumul] ハヌムル (＝大きい井戸) は漢字では「大井」대정 [tɛʥɔŋ] テジョン 〈정〉あるいは「漢井」한정 [hanʥɔŋ] ハンジョン 〈정〉と直される．恐らくはソウルを流

れる漢江 한강 [haŋgaŋ] ハンガンは元は 한ㄱ룜 [haŋgʌrʌm] ハンガラムと呼ばれたであろうし，「漢」はこの場合意味ではなく朝鮮語の音を表したものであろう．

このように漢字で表記された朝鮮の地名の中には朝鮮語の意味ではなく音を漢字で表したと思われるものもある．例えば全羅北道 전라북도 [ʧɔllapukʔto] チョルラプクト〈젼〉(ぜんらほくどう ＜ だう) の「任實」임실 [imʃil] イムシル《ㅿ》という地名は漢字に意味はなく [im] イム (主)＋[ʃil] シル (谷) すなわち「主の谷」という意味だったかも知れない．このように朝鮮のすべての漢字書きの地名は本来固有語のものだっただろうと考えて，あらゆる手を尽くして固有語で読んでしまって実際にあったかどうかもわからない形を“推測”して作り出してしまう学者が出てくる．ちょうど本居宣長が『古事記』を全部和語で読んでしまうようなものである．

李朝において慶尚道からソウルに至る幹線の途中 聞慶 문경 [muŋgjɔŋ] ムンギョンから忠清道に入る時有名な 鳥嶺 조령 [ʧorjɔŋ] チョリョン〈됴〉(ちょう ＜ てうれい) の関門を通らなければならなかった．これが 密陽 밀양 아리랑 [mirjaŋ ariraŋ] ミリャンアリラン (みつよう ＜ やうアリラン) に歌われている 새재 [sɛʥɛ] セジェのことである (새 [sɛ] セ＝鳥；재 [ʧɛ] チェ＝嶺)．ただしこの地名は以前「草岾」초점 [ʧʰoʥɔm] チョジョム〈졈〉と書かれたこともあり，새 [sɛ] セは本来鳥ではなく草という意味だったらしい．つまり鳥と草は同音異義語だったから (岾は 재 [ʧɛ] チェを示す)，この峠の意味が変化したらしいのである．

朝鮮の地名は漢字が一切記されていない地図では漢字語のものと固有語のものとの区別がつかない．漢字の記入されている地図でも徹底して漢字が書かれているとは限らないから，ハングル表記のものがすべて固有語のものと考えてはならない．日本統治時代に作られた地図には漢字にかたかなのルビの付いたものがあり，不完全で歪曲された発音ながら朝鮮語をうかがい知ることのできるものがあり，その中には漢字の訓読みと思われるものもあり，貴重な資料である．

『한국 지명 총람』([haŋguk ʧimjɔŋ ʧʰoŋnam] ハングクチミョンチョンナム [韓國地名總覽])，한글 학회 [haŋgul hakkʰwe] ハングルハックェ [ハングル学会]，서울 [sɔul] ソウルは道別に細かい地名に至るまで集めた本だが，数多くの固有語の地名が収録されている．ただし固有語の地名に漢字の付いたものはない．

第13課　朝鮮の ㅗ [o] オと ㅜ [u] ウの一部は日本の長母音に対応する.

1) ㅗ [o] オ：おう ＜ あう

　　　高低 고저 [kodʒɔ] コジョ〈뎌〉(こう ＜ かうてい)

　　　好意 호의 [houi] ホウイ (こう ＜ かうい)

　　　豪傑 호걸 [hogɔl] ホゴル (ごう ＜ がうけつ)

　　　傲慢 *오만 [oman] オマン (ごう ＜ がうまん)＋

　　　騒動 소동 [sodoŋ] ソドン (そう ＜ さうどう)

　　　早急 조급 [tʃoguᵖ] チョグプ (そう ＜ さうきゅう ＜ きふ)＋

　　　製造 제조 [tʃedʒo] チェジョ (せいぞう ＜ ざう)

　　　藥〔薬〕草 약초 [jaktʃʰo] ヤクチョ (やくそう ＜ さう)

　　　淘汰 도태 [totʰɛ] トテ (とう ＜ たうた)

　　　道徳 도덕 [todɔᵏ] トドク (どう ＜ だうとく)

　　　檢〔検〕討 검토 [kɔmtʰo] コムト (けんとう ＜ たう)

　　　慰勞〔労〕위로 [wiro] ウィロ (い ＜ ゐろう ＜ らう)

　　　報道 보도 [podo] ポド (ほう ＜ はうどう ＜ だう)

　　　包含 포함 [pʰoham] ポハム (ほう ＜ はうがん)

　　　純毛 순모 [sunmo] スンモ〈슌〉(じゅんもう ＜ まう)

　朝鮮漢字音のㅗ [o] オは日本漢字音の「おう ＜ あう」に対応するものがある.
これは本来の au (あう) が ô (おう) となったものである.

参 考

　朝鮮ㅗ [o] オ：日本「あう ＞ おう」は中国漢字音では ao に対応するものが多い.

漢字	朝鮮漢字音	日本漢字音	北京漢字音
高	고 [ko] コ	かう ＞ こう	gāo カオ
好	호 [ho] ホ	かう ＞ こう	hǎo ハオ
豪	호 [ho] ホ	がう ＞ ごう	háo ハオ
傲	*오 [o] オ	がう ＞ ごう	ào アオ
報	보 [po] ポ	はう ＞ ほう	bào パオ
道	도 [to] ト	だう ＞ どう	dào タオ

114

2) ㅛ [jo] ヨ：よう＜えう

教育 교육 [kjojuᵏ] キョユク（きょう＜けういく）

要素 요소 [joso] ヨソ（よう＜えうそ）

泌尿器 비뇨기 [pinjogi] ピニョギ（ひにょう＜ねうき）

完了 완료〔왈−〕[walljo] ワルリョ（かん＜くわんりょう＜れう）

投票 투표 [tʰupʰjo] トゥピョ（とうひょう＜へう）

奇妙 기묘 [kimjo] キミョ（きみょう＜めう）＋

朝鮮漢字音のㅛ [jo] ヨは日本漢字音の「よう ＜ えう」に対応するものがある．これは本来の eu（えう）が yô（よう）となったものである．

参 考 1

朝鮮요 [jo] ヨ：日本「えう ＞ よう」は中国漢字音では iao（yao）に対応するものが多い．中国漢字音の ia（ya）が日本漢字音では「え」となったものである．

漢字	朝鮮漢字音	日本漢字音	北京漢字音
要	요 [jo] ヨ	えう＞よう	yào ヤオ
了	료 [rjo] リョ	れう＞りょう	liǎo リアオ
票	표 [pʰjo] ピョ	へう＞ひょう	piào ピアオ
教	교 [kjo] キョ	けう＞きょう	jiào チアオ

参 考 2

なお中国漢字音 ia（ya）：日本漢字音「え」については既習の次のものを参照せよ．これは朝鮮漢字音では本来ㅕ [jɔ] ヨに対応した（第7-11課参照）．

漢字	朝鮮漢字音	日本漢字音	北京漢字音
延	연 [jɔn] ヨン	えん	yán イェン
錬	련 [rjɔn] リョン	れん	liàn リエン
變〔変〕	변 [pjɔn] ピョン	へん	biàn ピエン
見	견 [kjɔn] キョン	けん	jiàn チエン
賢	현 [hjɔn] ヒョン	けん	xián シエン
年	년 [njɔn] ニョン	ねん	nián ニエン
面	면 [mjɔn] ミョン	めん	miàn ミエン
焰〔焔〕	염 [jɔm] ヨム	えん	yàn イェン

兼	겸 [kjɔm] キョム	けん		jiān チエン
嫌	혐 [hjɔm] ヒョム	けん		xián シエン
念	념 [njɔm] ニョム	ねん		niàn ニエン
線	선 [sɔn] ソン〈선〉	せん		xiàn シエン
纖〔繊〕	섬 [sɔm] ソム〈섬〉	せん		xiān シエン
電	전 [ʧɔn] チョン〈뎐〉	でん		diàn ティエン
天	천 [ʧʰɔn] チョン〈텬〉	てん		tiān ティエン
點〔点〕	점 [ʧɔm] チョム〈뎜〉	てん		diǎn ティエン
添	첨 [ʧʰɔm] チョム〈텸〉	てん		tiān ティエン

ただし次の場合の中国の ia (ya) は朝鮮 ㅑ[ja] ヤ：日本「や」に対応する.

養	양 [jaŋ] ヤン	やう ＞ よう	yǎng ヤン
輛〔輌〕	량 [rjaŋ] リャン	りゃう ＞ りょう	liàng リアン
郷	향 [hjaŋ] ヒャン	きゃう ＞ きょう	xiāng シアン
詳	샹 [saŋ] サン〈샹〉	しゃう ＞ しょう	xiáng シアン
將〔将〕	쟝 [ʧaŋ] チャン〈쟝〉	しゃう ＞ しょう	jiāng チアン

3) ㅛ [jo] ヨ：おう ＜ あう

　　交換 교환 [kjohwan] キョファン（こう ＜ かうかん ＜ くわん）

　　効力 효력 [hjorjɔᵏ] ヒョリョク（こう ＜ かうりょく）

朝鮮漢字音の拗音が日本漢字音の直音に対応している.

参　考

この場合は北京漢字音でも拗音である. cf. 交 jiào チアオ；効 xiào シアオ

4) ㅗ [o] オ：よう ＜ えう〈ㅛ〉

　　大小 대소 [tɛso] テソ〈쇼〉（だいしょう ＜ せう）

　　調査 조사 [ʧosa] チョサ〈죠〉（ちょう ＜ てうさ）

　　招待 초대 [ʧʰodɛ] チョデ〈죠〉（しょう ＜ せうたい）

　　超越 초월 [ʧʰowɔl] チョウォル〈죠〉（ちょう ＜ てうえつ ＜ ゑつ）

朝鮮漢字音では次の拗音は直音となった（第5課，第7課参照）.

　　쇼 ＞ 소 [so] ソ　　　　죠 ＞ 조 [ʧo] チョ

116

朝鮮漢字音ではまた次のような変化も起きた (第11課参照).

丄 > 조 [ʧo] チョ　　　　쇼 > 쵸 [ʧʰo] チョ

従って朝鮮漢字音の歯音について整理すると日本漢字音との対応は次のようになる.

소 さう > そう　　　조 さう > そう　　　초 さう > そう
〈쇼〉せう > しょう　〈죠〉せう > しょう　〈쵸〉せう > しょう
　　　　　　　　　〈〃〉てう > ちょう　〈〃〉てう > ちょう (第10課参照)
　　　　　　　　　〈됴〉てう > ちょう　〈툐〉てう > ちょう

5) ㅗ [o] オ：おう

謀略 모략 [morjaᵏ] モリャク (ぼうりゃく)

ㅜ [u] ウ：おう

拘留 구류 [kurju] クリュ (こうりゅう < りう)

厚意 후의 [huui] フウイ (こうい)

搜〔捜〕索 수색 [susɛᵏ] スセク (そうさく)

伴奏 반주 [panʤu] パンジュ (ばんそう)

豆腐 두부 [tubu] トゥブ (とうふ)

投球 투구 [tʰugu] トゥグ (とうきゅう < きう)

漏電 누전 [nuʤɔn] ヌジョン / 北 루ー [ruʤɔn] ルジョン〈뎐〉(ろうでん)

6) ㅜ [u] ウ：うう

寓話 *우화 [uhwa] ウファ (ぐうわ)

算數〔数〕산수 [sansu] サンス (さんすう)

反芻 반추 [panʧʰu] パンチュ (はんすう)

7) ㅜ [u] ウ：ゆう < いう

救助 구조 [kuʤo] クジョ (きゅう < きうじょ)

老朽 노후 [nohu] ノフ / 北 로ー [rohu] ロフ (ろう < らうきゅう < きう)

牛馬 *우마 [uma] ウマ (ぎゅう < ぎうば)

117

親友 친우 [tɕʰinu] チヌ（しんゆう＜いう）

これは朝鮮の直音と日本の拗音が対応するものである.

ㅠ [ju] ユ：ゆう＜いう
　　柔軟 유연 [jujɔn] ユヨン《△》（じゅう＜じうなん）+
　　牛乳 *우유 [uju] ウユ《△》（ぎゅう＜ぎうにゅう＜にう）
　　休暇 휴가 [hjuga] ヒュガ（きゅう＜きうか）
　　糾彈〔弾〕 규탄 [kjutʰan] キュタン（きゅう＜きうだん）
　　殘〔残〕留 잔류 [잘ー] [tɕallju] チャルリュ（ざんりゅう＜りう）

ㅠ [ju] ユ：よう＜えう
　　幼稚園 유치원 [jutɕʰiwɔn] ユチウォン（よう＜えうちえん＜ゑん）

ㅜ [u] ウ：ゆう＜いう〈ㅠ〉
　　優秀 우수 [usu] ウス〈슈〉（ゆう＜いうしゅう＜しう）+
　　註〔注〕釋〔釈〕 주석 [tɕusɔk] チュソク〈쥬석〉（ちゅう＜ちうしゃく）
　　　（註と注は別字だが同音）
　　住宅 주택 [tɕutʰɛk] チュテク〈쥬〉（じゅう＜じうたく）
　　春秋 춘추 [tɕʰuntɕʰu] チュンチュ〈ㅠ〉（しゅんじゅう＜じう）

最後のものは朝鮮で歯音の後のㅠ [ju] ユが直音化してㅜ [u] ウとなったものである.

1)ー4) とは異なり，5)ー7) はほぼ次のような対応がある.

　　ㅗ [o] 　オ：おう　　ㅜ [u] 　ウ：う　　ㅜ [u] 　ウ：いう＞ゆう
　　ㅜ [u] 　　　　　　　　　　ウ：おう
　　　　　　　　　　　　　　　　　　　ㅠ [ju] 　ユ：いう＞ゆう
　　　　　　　　　　　　　　　　　　　　　　　　：えう＞よう
日本語では iu（いう）は yû（ゆう）となった.

118

まとめ

[　]は第12課の［まとめ］にあるもの.

오 あう ＞ おう［お］ がう ＞ ごう［ご］	고 かう ＞ こう［こ，く］ がう ＞ ごう	호 かう ＞ こう［こ］ がう ＞ ごう［ご］
요 えう ＞ よう	교 けう ＞ きょう かう ＞ こう	효 かう ＞ こう
보 はう ＞ ほう［ほ］ ［ぼ］	보 はう ＞ ほう［ほ，ふ］ ［ぶ］ 표 へう ＞ ひょう	모 まう ＞ もう［む］ ばう ＞ ぼう［ぼ］ 묘 めう ＞ みょう
도 たう ＞ とう［と］ だう ＞ どう［ど，づ＞ず］	됴 たう ＞ とう［と］ ［ど］	노 ［ぬ］ ［ど］ 뇨 ねう ＞ にょう 로 らう ＞ ろう［ろ］ 료 れう ＞ りょう
소 さう ＞ そう［そ，しょ］	죠 さう ＞ そう［そ］ ざう ＞ ぞう［じょ］	초 さう ＞ そう
〈쇼〉せう ＞ しょう	〈죠〉せう ＞ しょう てう ＞ ちょう でう ＞ じょう 〈묘〉てう ＞ ちょう でう ＞ じょう	〈쵸〉せう ＞ しょう てう ＞ ちょう
우 うう［う］ ぐう［ぐ］ ぎう ＞ ぎゅう	구 こう	후 こう ［ご］
유 いう ＞ ゆう えう ＞ よう［ゆ］	규 きう ＞ きゅう	휴 きう ＞ きゅう
《△》じう ＞ じゅう［じゅ］		
두 とう	투 とう	루 ろう 류 りう ＞ りゅう
부 ふう［ふ］ ぼう［ぶ］		무 ［む］ ［ぶ］
수 すう［す］ そう	주 そう	주 すう
〈슈〉しう ＞ しゅう［しゅ］ じう ＞ じゅう［じゅ］	〈쥬〉しう ＞ しゅう［しゅ］ じう ＞ じゅう ちう ＞ ちゅう	〈쥬〉しう ＞ しゅう

参 考 1

1) 第13課 5), 7) の一部の漢音と呉音の対応を参照せよ.

漢字	漢 音	呉 音	朝 鮮	北 京
豆	とう	づ＞ず	두 [tu] トゥ	dòu トウ
頭	とう	づ＞ず	두 [tu] トゥ	tóu トウ
口	こう	く	구 [ku] ク	kǒu コウ
九	きう＞きゅう	く	구 [ku] ク	jiǔ チウ
求	きう＞きゅう	ぐ	구 [ku] ク	qiú チウ
留	りう＞りゅう	る	류 [rju] リュ	liú リウ
修	しう＞しゅう	しゅ	수 [su] ス〈令〉	xiū シウ

次のものをも参照せよ (第12課 2) 参照).

都	と	つ	도 [to] ト	dū トウ, dōu トウ
圖〔図〕	と	づ＞ず	도 [to] ト	tú トウ
奴	ど	ぬ	노 [no] ノ	nú ヌ

2) 次の場合の朝鮮ㅕ[jɔ] ヨ：日本「え」に対応する北京 ie イエを参照せよ (第7
課参照).

漢字	朝鮮漢字音	日本漢字音	北京漢字音
結	결 [kjɔl] キョル	けつ	jié, jiē チエ
血	혈 [hjɔl] ヒョル	けつ	xiě シエ
烈	렬 [rjɔl] リョル	れつ	liè リエ
別	별 [pjɔl] ピョル	べつ	bié ピエ
滅	멸 [mjɔl] ミョル	めつ	miè ミエ
葉	엽 [jɔp] ヨプ	えふ＞よう	yè イエ
協	협 [hjɔp] ヒョプ	けふ＞きょう	xié シエ
獵〔猟〕	렵 [rjɔp] リョプ	れふ＞りょう	liè リエ
切	절 [tʃɔl] チョル〈절〉	せつ	qiē, qiè チエ
鐵〔鉄〕	철 [tʃʰɔl] チョル〈털〉	てつ	tiě ティエ
泄	설 [sɔl] ソル〈설〉	せつ	xiè シエ
捷	첩 [tʃʰɔp] チョプ〈첩〉	せふ＞しょう	jié チエ

次の場合は朝鮮漢字音の母音がㅓ[ɔ] オであるものである.

傑	걸 [kɔl] コル	けつ	jié チエ

怯	겁 [kɔp] コプ	けふ > きょう	qiè チエ
業	*업 [ɔp] オプ	げふ > ぎょう	yè イェ

✏️ 練習 13

次の漢字音のうち下線部の漢字を推量してあてはめなさい.

1. *원고 [wɔngo] ウォンゴ（原＿げん＿＿＿）

2. 고문받다 [komunbaɾʔta] コムンバッタ（＿問される＿＿もんされる）

3. 방공호 [paŋgoŋho] パンゴンホ（防空＿ぼう＜ばうくう＿＿）

4. 청소 [tɕʰɔŋso] チョンソ〈청〉（清＿せい＿＿）

5. 기계 체조 [kigje tɕʰedʑo] キギェチェジョ
   （器械體〔体〕＿きかいたい＿＿）

6. 압도적 [apʔtodʑɔk] アプトジョク〈덕〉
   （壓〔圧〕＿的あつ / あっ＿＿てき）

7. 지도 [tɕido] チド（指＿し＿＿）

8. 보석 [posɔk] ポソク〈석〉（＿石＿＿＿せき）

9. 대포 [tɛpʰo] テポ（大＿たい＿＿）

10. 모자 [modʑa] モジャ（＿子＿＿し）

11. 장로 [－노] [tɕaŋno] チャンノ /
    北 [tɕaŋro] チャンロ〈쟝〉（長＿ちょう＜ちゃう＿＿）

12. 담소 [tamso] タムソ〈쇼〉（談＿だん＿＿＿）

13. 초조감 [tɕʰodʑogam] チョジョガム〈죠〉
    （＿躁〔燥〕感＿＿＿＿そう＜さうかん）（躁と燥は別字だが同音）

121

14. 조약 [tʃojaᵏ] チョヤク〈됴〉(＿約＿＿＿ やく)

15. 만조간조 [mandʒokandʒo] マンジョカンジョ〈죠〉〈죠〉
    (滿〔滿〕＿干＿まん＿＿＿ かん＿＿＿)

16. 민요 [minjo] ミニョ(民＿みん＿＿＿)

17. 치료 [tʃʰirjo] チリョ(治＿ち＿＿＿)

18. 표적 [pʰjodʒɔᵏ] ピョジョク〈뎍〉(＿的＿＿＿ てき)

19. 교두보 [kjodubo] キョドゥボ(＿頭堡＿＿＿ とうほ)

20. 교착어 *[kjotʃʰagɔ] キョチャゴ〈챡〉(＿着語＿＿ ちゃくご)

21. 충효 [tʃʰuŋhjo] チュンヒョ〈츙〉(忠＿ちゅう＿＿＿)

22. *우상숭배 [usaŋsuŋbɛ] ウサンスンベ〈샹〉
    (＿像崇拜＿＿＿ ぞう＜ざうすうはい)

23. 중추원 [tʃuŋtʃʰuwɔn] チュンチュウォン〈즁츄〉
    (中＿院ちゅう＿＿＿ いん＜ゐん)

24. 부부 [pubu] ププ(＿婦＿＿＿ ふ)

25. 연구 [jɔngu] ヨング(研＿けん＿＿＿)

26. 수식어 *[suʃigɔ] スシゴ〈슈〉(＿飾語＿＿＿ しょくご)

27. 주유 [tʃuju] チュユ〈쥬〉(＿遊＿＿＿ ゆう＜いう)

28. 추악 [tʃʰuaᵏ] チュアク〈츄〉(＿惡〔惡〕＿＿＿ あく)+

29. 금수 [kɯmsu] クムス〈슈〉(禽＿きん＿＿＿)

30. 인'권˘유린 [inʔkwɔnnjurin] インクォンニュリン《△》《△》
　　（人權〔権〕躙じんけん＿＿＿りん）

31. 구조 [kudʑo] クジョ（＿造＿＿ぞう＜ざう）

32. 편집후기 [pʰjɔnʥipʰugi / pʰjɔnʥipʰhugi] ピョンジプフギ /
　　ピョンジップギ（編輯〔集〕＿記へんしゅう＜しふ＿＿き）
　　（輯と集は別字だが同音）

33. 백 미터 경주［뱅−］[pɛŋmitʰɔ kjɔŋʥu] ペン ミト キョンジュ
　　（百 미터 競＿ひゃくメートルきょう＜きゃう＿＿）

34. 권투 [kwɔntʰu] クォントゥ（拳＿けん＿＿）

35. 구두의 약속 [kudue jakʔsoᵏ] クドゥエ ヤクソク
　　（口＿의 約束こう＿＿のやくそく）

36. 해부 [hɛbu] ヘブ（＿かい＿＿）

37. 망루［−누］[maŋnu] マンヌ /
　　北 [maŋru] マンル（望＿ぼう＜ばう＿＿）

38. 탁류［탕뉴］[tʰaŋnju] タンニュ /
　　北 [tʰaŋrju] タンリュ（濁＿だく＿＿＿）

補足

　旧字体と新字体　穩−穏 온 [on] オン（おん＜をん）；驅−駆 구 [ku] ク（く）；壽−寿 수 [su] ス〈夻〉（じゅ）；搜−捜 수 [su] ス（そう）；數−数 수 [su] ス（すう）；勞−労 로 [ro] ロ（ろう＜らう）；點−点 점 [tʃom] チョム〈뎜〉（てん）；釋−釈 석 [soᵏ] ソク〈셕〉（しゃく）.

　形声字I　古固（こ）−苦（く）고 [ko] コ；誤−呉 *오 [o] オ（ご）；礎−楚 초 [tʃʰo] チョ（そ）；葡（ぶ）−捕（ほ）포 [pʰo] ポ；驅〔駆〕−區〔区〕구 [ku] ク（く）；掘−屈 굴 [kul] ク

123

ル（くつ）；募（ぼ）—摸（も）모 [mo] モ；速—束 속 [sok] ソク（そく）；棒（ぼう）—奉（ほう）봉 [poŋ] ポン；朦—蒙 몽 [moŋ] モン（もう）；膿—農 농 [noŋ] ノン（のう）；繃—崩— 朋 붕 [puŋ] プン（ほう）；縫—逢—峰 봉 [poŋ] ポン（ほう）；彿—弗 불 [pul] プル（ふつ）； 雰—分 분 [pun] プン（ふん）；准—準〔準〕준 [tʃun] チュン〈쥰〉（じゅん）；愉—諭 유 [ju] ユ（ゆ）；陶（たう ＞ とう）—萄（だう ＞ どう）도 [to] ト；救—球—求 구 [ku] ク（きう ＞ きゅう）；腐—府 부[pu] プ（ふ）；註—注 주（ちう ＞ ちゅう）—住（ぢう ＞ じゅう）주 [tʃu] チュ〈쥬〉；躁—燥 조 [tʃo] チョ（さう ＞ そう）.

<u>形声字Ⅱ</u> 頓 돈 [ton] トン（とん）—屯 둔 [tun] トゥン（とん）；宿 숙 [suk] スク〈슉〉（しゅく）—縮 축 [tʃʰuk] チュク〈츅〉（しゅく）；運 운 [un] ウン（うん）—軍 군 [kun] クン（ぐん）；洪 홍 [hoŋ] ホン（こう）—共 공 [koŋ] コン（きょう）；浴 욕 [jok] ヨク（よく）—慾 욕 [jok] ヨク（よく）—俗 속 [sok] ソク〈쇽〉（ぞく）—谷 곡 [kok] コク（こく）；論 론 [ron] ロン（ろん）—倫輪 륜 [rjun] リュン（りん）；草 초 [tʃʰo] チョ（さう ＞ そう）—早 조 [tʃo] チョ（さう ＞ そう）；効 효 [hjo] ヒョ（かう ＞ こう）—交 교 [kjo] キョ（かう ＞ こう）；招 초 [tʃʰo] チョ〈쵸〉（せう ＞ しょう）—超 초 [tʃʰo] チョ〈쵸〉（てう ＞ ちょう）—召 소 [so] ソ〈쇼〉（せう ＞ しょう）；調 조 [tʃo] チョ〈됴〉（てう ＞ ちょう）—周 주 [tʃu] チュ 〈쥬〉（しう ＞ しゅう）；檢〔検〕儉〔倹〕검 [kɔm] コム（けん）—驗〔験〕險〔険〕험 [hɔm] ホ ム（けん）.

コラム　大韓民国は 대한민국 か 대한 민국 か（漢字語と分かち書き）

　現在だれもが知っているように，英語その他のヨーロッパ語はだいたいにおいて単語と単語の間を分けて（あるいは切って）書く "分かち書き" をし，日本語は一切そういうことをしないいわば "続け書き" をしている．

　世界のどこでも，メソポタミアでもエジプトでも中国でもインドでもギリシャでも最初は文字は分かち書きを一切しなかった．エジプトの2種類の文字とギリシャ文字から成る有名なロゼッタ石の表記を見るがよい．

　現在世界の主たる国と地域では分かち書きを行っているが，中国，日本，タイ，カンボジア，ビルマなどでは分かち書きは普通行わない．ローマ字書きのヴェトナム語は音節ごとに区切って書くだけだから，分かち書きはないと言える．漢語をローマ字で書く時も音節ごとに区切って書くことが多く，それは事実上ヴェトナム語の表記と同じである．この点単音文字のチベット文字によるチベット語の表記も音節の境界に記号を置くだけだから，基本的にヴェトナム語の表記と同じである．このほかに中国の少数民族の特殊な文字による表記は分かち書きをしない．

　他方分かち書きをしないように見えてもエチオピアの諸言語は単語と単語の間に記号

を置いているから，事実上の分かち書きをしていると言える．またアラビア文字(語頭文字，語中文字，語末文字の区別を持つ) で書かれたアラビア語，ペルシャ語，ウイグル語その他の諸言語は一見続け書きのように見えて不完全ながらも分かち書きをしていると言える．

　さて漢字文化圏では中国と日本は分かち書きをしたことがなく，朝鮮はすでに日本統治時代から分かち書きの仲間入りを果たした．中国とは異なり日本も朝鮮も漢字と仮名あるいはハングルとの混用により (漢字仮名混じり文，漢字ハングル混じり文) 実際には漢字表記される単位の頭が分かち書きと似た機能を持った．例えば日本語で「新聞は読者の信頼のもとに民主的な社会の形成に大きな役割を果たしてきた.」という文では下線の前の部分が少なくとも文節の境界であることが明らかであり，その役割を主として漢字がになっている．日本では逆に漢字の存在が文節の分かち書きを行われにくくさせているのかも知れない．

　朝鮮では漢字の廃止は，朝鮮語の表記を完全にヨーロッパ諸語のように，漢字ハングル混じり文での分かち書き以上に徹底した分かち書きにさせることを要求した．しかしヨーロッパ諸語とは異なり，朝鮮語に混ざった夥しい量の漢字語の単語の境界のあいまいさにより分かち書きはそう簡単にはいかない．恐らく全く同じ文を数人の朝鮮人が書いたらみんな分かち書きが違うことだろう．まったく同じ悩みを日本語が持っているにもかかわらず日本人がそれに気づいていないのは彼らが漢字を用い，しかも分かち書きする習慣がないためである．しかし日本語をカタカナあるいはローマ字で書こうと主張する人々 (カナモジ論者とかローマ字論者とか言われる) はいつも日本語の分かち書きの問題に悩ませられてきた．

　ここでは朝鮮語の漢字語の分かち書きの問題にだけ触れる．

　朝鮮語も日本語も漢字語の形態素はおよそ次のような構成を持つ．ここで「語幹」というのは漢字2字から成るものである．

1.	語幹	言語	機関
2.	接頭辞＋語幹	諸言語	諸機関
3.	語幹＋接尾辞	言語学	機関銃
4.	語幹＋接尾辞1＋接尾辞2	言語学者	機関銃内
5.	接頭辞＋語幹＋接尾辞	新言語学	軽機関銃
6.	(接頭辞1＋接頭辞2)＋語幹＋接尾辞	新旧言語学	軽重機関銃
7.	(接頭辞1＋接頭辞2)＋語幹＋接尾辞1＋接尾辞2	新旧言語学者	
8.	語幹＋語幹	言語主義	

125

9.	接頭辞＋語幹＋語幹	多言語主義	
10.	接頭辞＋語幹＋語幹＋接尾辞	多言語主義者	
11.	語幹＋語幹	言語教育	政府機関
12.	語幹＋語幹＋接尾辞	言語教育論	政府機関内
13.	接頭辞＋語幹＋語幹＋接尾辞	新言語教育論	

　上記のうち1から10まではそれぞれ一つの分かち書き単位をなすと言いうる．しかしここでもやはりあいまいさが残る．6と7の (接頭辞1＋接頭辞2) および4と7の 接尾辞1＋接尾辞2は漢字2字からなっているために語幹との違いが微妙である．もちろん4の「言語学者」は (言語＋学)＋者なのだが，「朝鮮語学会」となると「朝鮮＋語学会」なのか「朝鮮語＋学会」なのがあいまいである (前者が正しい)．

　さらに8−10での二番目の語幹は漢字2字からなる接尾辞的なものと認められるから，語幹と語幹との間を続け書きするが，11−13では原則として語幹と語幹との間は分かち書きされる．しかし12は「(語幹＋語幹)＋接尾辞」，13は「接頭辞＋{(語幹＋語幹)＋接尾辞}」という構造だから続け書きしたくもなり，実際に漢字ハングル混じり文では分かち書きする人はまずいないだろう．

　このように現実の文章では漢字語での分かち書きは原則があいまいで，分かち書きするべきか続け書きするべきか迷うことが多い．

　「大韓民国」は漢字書きだと分かち書きされることはまずないが，ハングルで書くと대한민국 と 대한 민국 (いずれも [tɛhanminguᵏ] テハンミングク) の2種類がある．続き書きされる表記が多いが，教科書には分かち書きされた表記も用いられた．韓国の最近の新聞は漢字がほとんど姿を消したが，漢字がまだ用いられた頃は紙面の節約のために分かち書きするかわりに漢字とハングルとを混合したりした．例えば 경북 安東郡 와룡면 (경북 [kjɔŋbuᵏ] キョンブク 안동군 [andoŋgun] アンドングン *와룡면 [warjoŋmjɔn] ワリョンミョン 慶北 (けいほく) 安東郡 (あんとうぐん) 臥龍〔竜〕面 (が＜ぐわりゅうめん))．

　北朝鮮では1955年の正書法で漢字語はなるべく分かち書きされる傾向があったが，1977年以後続け書きされる傾向が出てきた．しかし1999年頃から分かち書きの傾向が出てきた．北朝鮮の国名は 조선 민주주의 *인민 공화국 [tʃʰosɔn minʤuʤɯui inmin koŋhwaguᵏ] チョソン ミンジュジュウイ インミン コンファグク《△》と書かれる．

　以下に現在の韓国の新聞での漢字語の分かち書きの例の一端を示す (全文ハングル書きだが，各々の漢字語の下に漢字を示す)．

재정경제부　관계자는　　7일　"세제발전심의위원회　재산과세분과위원회를 열어
財政經濟部　關係者　　　7日　　稅制發展審議委員會　財産課稅分科委員會

양도세제　개편에 대한 위원들의 의견을 들었다"하며 "토의내용을 기초로
讓渡稅制　改編　對　委員　　意見　　　　　　討議內容　基礎

양도세제　개편안을 마련할 계획"이라고 말했다.
讓渡稅制　改編案　　　計畫

（財政経済省関係者は7日「税制発展審議委員会財産課税分科委員会を開き，讓渡税制
の改編に対する委員たちの意見を聞いた」と語り，「討議内容を基礎として讓渡税制改
編案を準備する計画」だと語った．）

上の文では下線部の直前が潜在的に分かち書きの可能性のある箇所である．

このように漢字語の分かち書きは難しい問題である．

第14課　朝鮮の ｜[i] イはほぼ日本の「い」に対応する．

1）｜[i] イ：い

企業 기업 [kiɔ^p] キオプ（きぎょう ＜ げふ）

技術 기술 [kisul] キスル〈슐〉（ぎじゅつ）

移動 이동 [idoŋ] イドン（いどう）

中耳炎 중이염 [ʧuŋijɔm] チュンイヨム〈즁〉《△》（ちゅうじえん）

視力 시력 [ʃirjɔ^k] シリョク（しりょく）

時間 시간 [ʃigan] シガン（じかん）

中止 중지 [ʧuŋʤi] チュンジ〈즁〉（ちゅうし）

知識 지식 [ʧiʃi^k] チシク（ちしき）

支持 지지 [ʧiʤi] チジ（しじ）

一致 일치 [ilʧʰi] イルチ（いっち）

政治 정치 [ʧɔŋʧʰi] チョンチ〈졍〉（せいじ ＜ ぢ）

地理 지리 [ʧiri] チリ〈디〉（ちり）

是非 시비 [ʃibi] シビ（ぜひ）

鼻腔 비강 [pigaŋ] ピガン（びこう ＜ かう）

127

皮膚 피부 [pʰibu] ピブ（ひふ）

未來〔来〕미래 [mirɛ] ミレ（みらい）

美人 미인 [miin] ミイン《△》（びじん）

儀式 *의식 [ɯiʃiᵏ] ウイシク（ぎしき）

不吉 불길 [pulgil] プルギル（ふきつ）＋

詰問 힐문 [hilmun] ヒルムン（きつもん）

腦〔脳〕溢血 뇌일혈 [nweirhjɔl] ヌウェイルヒョル（のう＜なういっけつ）

隔日 격일 [kjɔgil] キョギル《△》（かくじつ）

失望 실망 [ʃilmaŋ] シルマン（しつぼう＜ばう）

事實〔実〕사실 [saʃil] サシル（じじつ）

秩序 질'서 [tʃilˀsɔ] 〈서〉チルソ（ちつじょ）

漆器 칠기 [tʃʰilgi] チルギ（しっき）

必要 필요 [pʰirjo] ピリョ（ひつよう＜えう）

秘密 비밀 [pimil] ピミル（ひみつ）

緊密 긴밀 [kinmil] キンミル（きんみつ）＋

引用 인용 [injoŋ] イニョン（いんよう）

人格 인'격 [inˀkjɔᵏ] インキョク《△》（じんかく）

認可 인가 [inga] インガ《△》（にんか）

申請 신청 [ʃintʃʰɔŋ] シンチョン〈청〉（しんせい）

珍奇 진기 [tʃingi] チンギ（ちんき）＋

陣營〔営〕진영 [tʃinjɔŋ] チニョン（じん＜ぢんえい）

親愛 친애 [tʃʰinɛ] チネ（しんあい）＋

麒麟 기린 [kirin] キリン（きりん）

貧窮 빈궁 [pinguŋ] ピングン（ひんきゅう）

民族 민족 [mindʑoᵏ] ミンジョク（みんぞく）

安心 안심 [anʃim] アンシム（あんしん）

尋常 심상 [ʃimsaŋ] シムサン〈샹〉（じんじょう＜じゃう）＋

着任 착임 [tʃʰagim] チャギム〈챡〉《△》（ちゃくにん）

侵略 침략[－냑][tʃʰimnjaᵏ] チムニャク / 北 [tʃʰimrjaᵏ] チムリャク（しんりゃく）

擊沈 격침 [kjɔ^kʧʰim] キョクチム（げきちん）

山林 산림〔살―〕[sallim] サルリム（さんりん）

入學〔学〕입학 [i^ppʰa^k] イッパク《△》（にゅう ＜ にふがく）

十五 십오 *[ʃibo] シボ（じゅう ＜ じふご）

集會〔会〕집회 [ʧi^ppʰwe] チップウェ（しゅう ＜ しふかい ＜ くわい）

微粒子 미립자 [miri^{p?}ʧa] ミリプチャ（びりゅう ＜ りふし）

朝鮮漢字音の｜ [i] イは日本漢字音の「い」に対応するのがほとんどである。

朝鮮ではㄷ [ti] ティはㅈ [ʧi] チに変わった（地 디 [ʧi] チ〈지〉）。この点日本語と同じ変化をたどったことになる。

日本漢字音の「いち」は「いつ」という音を持つものがある（日 일 [il] イル《△》じつ（漢音），にち（呉音）；吉 길 [kil] キル きち，きつ；一 일 [il] イル いち，いつ）。この「ち」と「つ」を呉音と漢音の違いだという人がいるが，極めて疑わしい。

日本漢字音では母音「い」の後で末尾の前寄りの k' は「き」で受け入れられる。式，識 식 [ʃi^k] シク（しき）。cf. 擊 격 [kjɔ^k] キョク（げき）。

日本では「いふ ＞ いう ＞ ゆう ipu ＞ ifu ＞ ihu ＞ iu ＞ yû」のように変化した。入 입 [i^p] イプ《△》（にふ ＞ にゅう）；十 십 [ʃi^p] シプ（じふ ＞ じゅう）；集 집 [ʧi^p] チプ（しふ ＞ しゅう）；粒 립 [ri^p] リプ（りふ ＞ りゅう）。

2) ㅢ [ɰi] ウイ：い

意思 의사 [ɰisa] ウイサ（いし）

主義 주의 *[ʧuɰi] チュウイ（しゅぎ）

希望 희망 [himaŋ] ヒマン（きぼう ＜ ばう）

戲〔戱〕曲 희곡 [higo^k] ヒゴク（ぎきょく）

朝鮮漢字音のㅢ [ɰi] ウイは日本漢字音の「い」に対応する。

희は実質的に [hi] ヒと発音されるが，方言によっては [hɰi] フイと発音するところもある。

3) ｜ [i] イ：い〈ㅢ〉

汽車 기차 [kiʧʰa] キチャ〈긔챠〉（きしゃ）

朝鮮漢字音のㅢは기 [ki] キに変わった。

129

参　考

1) 朝鮮 ㅣ [i] イ，ㅢ [ɯi] ウイ：日本「い」は多く北京のｉイに対応する（ただし
声母が歯音と鼻音の一部の場合を除く）.

漢字	朝鮮		日本	北京	
移	이 [i]	イ	い	yí	イ
企	기 [ki]	キ	き	qǐ	チ
技	기 [ki]	キ	ぎ	jì	チ
地	지 [tʃi]	チ〈ヂ〉	ち	dì	ティ
鼻	비 [pi]	ピ	び	bí	ピ
皮	피 [pʰi]	ピ	ひ	pí	ピ
吉	길 [kil]	キル	きち，きつ	jí	チ
詰	힐 [hil]	ヒル	きつ	jí, jié	チ，チエ
溢	일 [il]	イル	いつ	yì	イ
必	필 [pʰil]	ピル	ひつ	bì	ピ
密	밀 [mil]	ミル	みつ	mì	ミ
緊	긴 [kin]	キン	きん	jǐn	チン
引	인 [in]	イン	いん	yǐn	イン
親	친 [tʃʰin]	チン	しん	qīn	チン
麟	린 [rin]	リン	りん	lín	リン
貧	빈 [pin]	ピン	ひん	pín	ピン
民	민 [min]	ミン	みん	mín	ミン
心	심 [ʃim]	シム	しん	xīn	シン
侵	침 [tʃʰim]	チム	しん	qīn	チン
林	림 [rim]	リム	りん	lín	リン
粒	립 [riᵖ]	リプ	りふ＞りゅう	lì	リ
意	의 [ɯi]	ウイ	い	yì	イ
義	*의 [ɯi]	ウイ	ぎ	yì	イ
希	희 [hi]	ヒ	き	xī	シ
戯〔戲〕	희 [hi]	ヒ	ぎ	xì	シ
汽	기 [ki]	キ〈キ〉	き	qì	チ

要するに次のような対応を参照されたい.

130

朝鮮	日本	北京	朝鮮	日本	北京
[i] イ	い	i イ			
[ɯi] ウイ	い	i イ			
[il] イル	いつ, いち	i イ	[in] イン	いん	in イン
[iᵖ] イプ	いふ＞ゆう	i イ	[im] イム	いん	in イン

2) 朝鮮ㅕ [jɔ] ヨ：日本「え」の一部について次の北京との対応を参照せよ（第7課参照）

漢字	朝鮮	日本	北京
驛〔駅〕	역 [jɔᵏ] ヨク	えき	yì イ
曆	력 [rjɔᵏ] リョク	れき	lì リ
僻	벽 [pjɔᵏ] ピョク	へき	pì ピ
惜	석 [sɔᵏ] ソク〈셕〉	せき	xī シ
傾	경 [kjɔŋ] キョン	けい	qīng チン
刑	형 [hjɔŋ] ヒョン	けい	xíng シン
英	영 [jɔŋ] ヨン	えい	yīng イン
迎	*영 [jɔŋ] ヨン	げい	yíng イン
命	명 [mjɔŋ] ミョン	めい	mìng ミン
令	령 [rjɔŋ] リョン	れい	lìng リン
竝〔並〕	병 [pjɔŋ] ピョン	へい	bìng ピン
平	평 [pʰjɔŋ] ピョン	へい	píng ピン
清	청 [ʧʰɔŋ] チョン〈쳥〉	せい	qīng チン

3) 第13課と上記の 2)で述べた朝鮮ㅓ [ɔ] オ，ㅕ [jɔ] ヨ：日本「え」に対応する北京漢字音を整理すると次のようになる.

朝鮮	日本	北京	朝鮮	日本	北京
[jɔl] ヨル	えつ	ie イエ	[jɔn] ヨン	えん	ian イェン
[ɔl] オル	えつ	ie イエ	[ɔn] オン	えん	ian イェン
[jɔᵖ] ヨプ	えふ＞よう	ie イエ	[jɔm] ヨム	えん	ian イェン
[ɔᵖ] オプ	えふ＞よう	ie イエ	[ɔm] オム	えん	ian イェン
[jɔᵏ] ヨク	えき	i イ	[jɔŋ] ヨン	えい	ing イン

131

4) 北京では清代に次のような音の変化が生じた.

北京		朝鮮	日本
gi キ ＞ ji チ		[ki] キ	き, ぎ
ki キ ＞ qi チ		[ki] キ	き, ぎ
hi ヒ ＞ xi シ		[hi] ヒ	き, ぎ

このような音の変化を**口蓋化**という.

まとめ

이 い	입	임	일 いつ, いち	인 いん
《△》じ			《△》じつ	《△》じん
《〃》に	《△》にふ＞にゅう	《△》にん	《〃》にち	《〃》にん
기 き		김 きん	길 きつ, きち	긴 きん
ぎ				
〈ㅋ〉き				
비 ひ				빈 ひん
び				
피 ひ			필 ひつ	
미 み			밀 みつ	민 みん
び				びん
시 し	십 しふ＞しゅう	심 しん	실 しつ	신 しん
じ	じふ＞じゅう	じん	じつ	じん
지 ち	집		질 ちつ	진 ちん
ぢ＞じ				ぢん＞じん
	しふ＞しゅう			しん
				じん
〈ㄷ〉ぢ＞じ				
치 ち		침 ちん	칠	친
ぢ＞じ				
		しん	しつ	しん
리 り				
니 に				

✎ 練習14

次の漢字音のうち下線部の漢字を推量してあてはめなさい.

1. 이국적 [iguᵏˀʧɔᵏ] イグクチョク〈덕〉(＿國〔国〕的＿ こくてき)

2. 기계 [kigje] キギェ〈크〉(＿械＿ かい)

3. 기만 [kiman] キマン〈크〉(＿瞞＿ まん)

4. 시험 [ʃihɔm] シホム (＿驗〔験〕＿ けん)

5. 지방 [ʧibaŋ] チバン (＿肪＿ ぼう ＜ばう)

6. 영구치 [jɔŋguʧʰi] ヨングチ (永久＿ えいきゅう ＜きう＿)

7. 제시 [ʧeʃi] チェシ (提＿ てい＿)

8. 대치 [tɛʧʰi] テチ (對〔対〕＿ たい＿)

9. 지면 [ʧimjɔn] チミョン〈디〉(＿面＿ めん)

10. 통치 [tʰoŋʧʰi] トンチ (統＿ とう＿)

11. 통지서 [tʰoŋʤisɔ] トンジソ〈셔〉(通＿書つう＿しょ)

12. 승니 [suɯŋni] スンニ (僧＿ そう＿)

13. 비행기 [pihɛŋgi] ピヘンギ〈크〉(＿行機＿ こう ＜かうき)

14. 퇴피 [tʰwepʰi] トゥウェピ (退＿ たい＿)

15. 준비 [ʧunbi] チュンビ〈쥰〉(準＿ じゅん＿)

16. 미묘 [mimjo] ミミョ (＿妙＿ みょう ＜めう)＋

17. 취미 [ʧʰwimi] チュウィミ (趣＿ しゅ＿)

133

18. 거리 [kɔri] コリ（距＿きょ＿）

19. 일화 [irhwa] イルファ（＿話＿＿わ）

20. 교실 [kjoʃil] キョシル（教＿きょう＜けう＿＿）

21. 질투 [tʃiltʰu] チルトゥ（＿妬＿＿と）

22. 질'소 비료 [tʃilʔso pirjo] チルソ ピリョ
（＿素肥料＿＿そひりょう＜れう）

23. 필'담 [pʰilʔtam] ピルタム（＿談＿＿だん）

24. *원인 [wɔnin] ウォニン（原＿げん＿＿）

25. 신체 [ʃintʃʰe] シンチェ（＿體〔体〕＿＿たい）

26. 진보적 [tʃinboʤɔᵏ] チンボジョク〈덕〉（＿歩的＿＿ぽてき）

27. 신속 [ʃinsoᵏ] シンソク（＿速＿＿そく）+

28. 진통제 [tʃintʰonʤe] チントンジェ（＿痛劑〔剤〕＿＿つうざい）

29. 인도적 [indoʤɔᵏ] インドジョク《△》〈덕〉
（＿道的＿＿どう＜だうてき）

30. 인내 [innɛ] インネ《△》（＿耐＿＿たい）

31. 빈도수 [pindosu] ピンドス（＿度數〔数〕＿＿どすう）

32. 민감 [mingam] ミンガム（＿感＿＿かん）+

33. 선린 [설ー] [sɔllin] ソルリン〈션〉（善＿ぜん＿＿）

34. 집념 [짐ー] [tʃimnjɔm] チムニョム（＿念＿＿ねん）

35. 건립 [걸―] [kɔlliᵖ] コルリプ（建_こん____）

36. 심의*회 [ʃimuihwe] シムイフェ
   （_議會〔会〕___ぎかい＜くわい）

37. 침대차 [tɕʰimdɛtɕʰa] チムデチャ〈챠〉（_台車___だいしゃ）

38. 심심 [ʃimʃim] シムシム（深_しん___）＋

39. 임종 [imdʑoŋ] イムジョン /
   北 림― [rimdʑoŋ] リムジョン〈죵〉（_終___じゅう）

40. 의존체질 [widʑontɕʰedʑil] ウイジョンチェジル
   （_存體〔体〕質_ぞんたいしつ）

41. 환희 [hwanhi] ファンヒ（歡〔歓〕_かん＜くわん_）

42. *의문부 [wimunbu] ウイムンブ（_問符_もんふ）

43. 희생 [hisɛŋ] ヒセン（_牲_せい）

補足

旧字体と新字体 脳―脳 뇌 [nwe] ヌウェ（なう＞のう）；戯―戲 희 [hi] ヒ（ぎ）；竝―並 병 [pjɔŋ] ピョン（へい）；驗―験 험 [hɔm] ホム（けん）；劑―剤 제 [tɕe] チェ（ざい）；歡―歓 환 [hwan] ファン（くわん＞かん）；謠―謡 요 [jo] ヨ（えう＞よう）；獸―獣 수 [su] ス〈슈〉（じう＞じゅう）；樓―楼 루 [ru] ル（ろう）；鬪―闘 투 [tʰu] トゥ（とう）.

形声字Ⅰ 稿―高 고 [ko] コ（かう＞こう）；拷（がう＞ごう）―考（かう＞こう）고 [ko] こ；壕―豪 호 [ho] ホ（がう＞ごう）；倒―到 도 [to] ト（たう＞とう）；導―道 도 [to] ト（だう＞どう）；砲―包 포 [pʰo] ポ（はう＞ほう）；橋―喬 교 [kjo] キョ（けう＞きょう）；療―僚―瞭 묘 [rjo] リョ（れう＞りょう）；標―票 표 [pʰjo] ピョ（へう＞ひょう）；潮―朝 조 [tɕo] チョ〈죠〉（てう＞ちょう）；註（ちゅう）―住（ぢゅう＞じゅう）―主（しゅ）주 [tɕu] チュ〈쥬〉；拘（こう）―句（ク）구 [ku] ク；究―九 구 [ku] ク（きう＞きゅう）；操―燥 조 [tɕo] チョ（さう＞そう）；蹂―柔 유 [ju] ユ《ᅀ》（じう＞じゅう）；豆―頭 두 [tu] トゥ（とう，づ＞ず）；亡―望 망 [maŋ] マン（ばう＞ぼう）；防（ば

う ＞ ぼう）一方（はう ＞ ほう）방 [paŋ] パン；像一象 상 [saŋ] サン〈샹〉（ざう ＞ ぞう，しゃう ＞ しょう）；指一旨 지 [ʧi] チ（し）；記一紀 기 [ki] キ〈긔〉（き）；清一青一請 청 [ʧʰəŋ] チョン〈쳥〉（せい）；技（ぎ）一伎（き）기 [ki] キ；麟一隣 린 [rin] リン（りん）；麒期其（き）一欺（ぎ）기 [ki] キ〈긔〉；汽一氣〔気〕기 [ki] キ〈긔〉（き）；粒（りふ ＞ りゅう）一立（りつ，りふ ＞ りゅう）립 [riʳ] リプ；視（し）一示（し，じ）시 [ʃi] シ；議一儀一義 *의 [ɯi] ウイ.

　形声字Ⅱ　忠 충 [ʧʰuŋ] チュン〈튱〉（ちゅう）一中 중 [ʧuŋ] チュン〈듕〉（ちゅう）；致 치 [ʧʰi] チ（ち）一至 지 [ʧi] チ（し）；密 蜜 밀 [mil] ミル（みつ）一秘 비 [pi] ピ（ひ）一必 필 [pʰil] ピル（ひつ）；吉 길 [kil] キル（きち，きつ）一詰 힐 [hil] ヒル（きつ）一結 결 [kjəl] キョル（けつ）；親 친 [ʧʰin] チン（しん）一辛 신 [ʃin] シン（しん）；時 시 [ʃi] シ（じ）一持 지 [ʧi] チ（ぢ ＞ じ）一峙 치 [ʧʰi] チ（ぢ ＞ じ）一寺 사 [sa] サ〈亽〉.

コラム　**平安道では "양방" [jaŋban] ヤンバン（両班）は [naŋban] ナンバン（朝鮮語の口蓋化と非口蓋化）**

　今まで断片的に述べてきたが，朝鮮語の歴史では漢字音に関して次のような発音上の変化が生じた．

1)　朝鮮語では最初から語頭に [r] が立つことはなかったと思われる．これはチュルク諸語，モンゴル諸語，ツングース諸語などのいわゆるアルタイ諸語にみな共通した特徴である．アルタイ諸語の語頭に r が現れればそれは必ず外来語であり，今のモンゴル諸語やツングース諸語ではロシア語その他の言語からのものであり，チュルク諸語ではさらにペルシャ語やアラビア語からのものである．日本語の辞典を見るがよい．

　ラ行の見出し語は漢字語とカタカナ書きの外来語だけで，大和言葉は一語といえども存在しない（「れる」とか「られる」とかいういわゆる助動詞が辞典にのっているが，これはいわば接尾辞とか語尾にあたるものであって単語ではない）．日本語では漢字語とか外来語のせいで語頭にラ行が生じたのである．朝鮮では漢字語でさえ語頭では [r] は発音されず，それは [n] に変わった（22ページⅢ参照）．後に外来語でだけは語頭でも [r] が発音されるようになったが，田舎では年寄りは今でも外来語の語頭で [r] を発音しない（[nampʰo] ナンポーランプ）．また最近の日本語からの借用語 노바다야끼 [nobada jaʔki] ノバダヤキ（炉端焼き）を参照せよ．北朝鮮では漢字語でさえ語頭で [r] を発音することに決めた．結果的には日本語の場合と同じになった．

　漢字語の頭音の ㄴ [n] は韓国では次のように二つの場合がありうる（22ページⅢ(3) 参照）．

136

나 [na] ナ奈 (な)　　　난 [nan] ナン難 (なん)　　　날 [nal] ナル捺 (なつ)
　　라 [ra] ラ羅 (ら)　　　란 [ran] ラン亂〔乱〕(らん)　　랄 [ral] ラル辣 (らつ)

2)　朝鮮語はもともと語頭に [ŋ] が立たなかったと思われる. 漢字音の頭音 [ŋ] は語中では現れた時もあったようだが, 後にすべての場合にそれは消えた (第6課参照).
　　例えば次のものを参照せよ.
　　　　붕어 [puŋɔ] プンオ (鮒) ＜ 부어 [puŋɔ] プゴ (鮒魚)
　　　　잉어 [iŋɔ] インオ (鯉) ＜ 니어 [niŋɔ] ニゴ (鯉魚)
　　　　오징어 [oʤiŋɔ] オジンオ (烏賊) ＜ 오직어 [oʤiŋɔ] オジンゴ (烏賊魚)
　　現代語で終声の ㅇ [ŋ] は本来初声だったのである.

3)　ㅿ [ʒ] は16世紀には消えた (第9課 3) 参照). 日《ㅿ》[ʒil] ＞ 일 [il] イル.

4)　15世紀には次のような音が区別されていたと思われるが, 16世紀頃表記は区別されたが発音は区別がなくなったらしい. [ts] ＞ [ʧ] のような変化を口蓋化という. 現在では쟈, 챠 等という表記は用いられない (第5課 2), 3), 第10課参照).

15世紀		16世紀	15世紀		16世紀
자 [tsa] ツァ	→	자 [ʧa] チャ	챠 [tsʰa] ツァ	→	챠 [ʧʰa] チャ
쟈 [ʧa] チャ	→	쟈 [ʧa] チャ	챠 [ʧʰa] チャ	→	챠 [ʧʰa] チャ

　ただし平安道では今でも発音は15世紀のままである. 宣川 (平安道にある地名. せんせん) 선천 [sɔntsʰɔn] ソンツォン　cf. [sɔnʧʰɔn] ソンチョン (ソウルの発音).

5)　17−18世紀に次のような変化が生じた. 漢字語では表記は保たれたが, 発音が変わったと思われる. 現在では発音通り表記される (第11課, 第12課 4), 第13課 4), 7), 第14課 1) を参照せよ). これも口蓋化である.

15世紀		17−18世紀		現在
디 [ti] ティ	→	디 [ʧi] チ	→	지 [ʧi] チ
티 [tʰi] ティ	→	티 [ʧʰi] チ	→	치 [ʧʰi] チ
댜 [tja] テャ	→	댜 [ʧa] チャ	→	자 [ʧa] チャ
탸 [tʰja] テャ	→	탸 [ʧʰa] チャ	→	챠 [ʧʰa] チャ

　従って日本統治時代の正書法では漢字語で次のように同じ発音が異なる表記で書き分けられた.

137

	発音	表記

지 [ʨi] チ　　(1) 디 ，(2) 지

치 [ʨʰi] チ　　(1) 티 ，(2) 치

자 [ʨa] チャ　(1) 댜 ，(2) 자 ，(3) 쟈

차 [ʨʰa] チャ　(1) 탸 ，(2) 차 ，(3) 챠

(2) の表記の一部はすでにそれ以前に (3) に合流していた．朝 됴 [tjo] ＞ 죠

6)　18世紀後半に語頭で次の場合の ㄴ [n] が消えた (22ページⅢ(4)参照).

15世紀		18世紀		現在
니 [ni] ニ	→	니 [i] イ	→	이 [i] イ
냐 [nja] ニャ	→	냐 [ja] ヤ	→	야 [ja] ヤ

従って日本統治時代の正書法では漢字語の語頭で次のように同じ発音が異なる表記で書き分けられた.

이 [i] イ　　(1) 이 ，(2) 니 ，(3) 리

야 [ja] ヤ　　(1) 야 ，(2) 냐 ，(3) 랴

北朝鮮では現在でもこのように書き分け，かつ書かれた通りに発音し分ける.

7)　18－19世紀頃 샤 [ʃa] シャ等は [sa] サ等に変わった (第5課 1)，第7課 3)，第12課 4)，第13課 4) 参照). これを非口蓋化という.

従って日本統治時代の正書法では漢字語で次のように同じ発音が異なる表記で書き分けられた.

사 [sa] サ　　(1) 사 ，(2) 샤

8)　朝鮮の南部方言 (慶尚道，全羅道) および中部方言のかなりの部分 (忠清道，京畿道，江原道) で [ki] キが [ʨi] チに変わるが，これも口蓋化である.

김치 [kimʨʰi] キムチ (キムチ) → [ʨimʨʰi] チムチ

길 [kil] キル (道) → [ʨil] チル

また 힘 [him] ヒム (力) → [ʃim] シム

ただし固有語とは違って漢字語ではこういう口蓋化は起こりにくい.

ところで口蓋化を全面的に起こす南部方言とは違って，平安道方言では一切の口蓋化が起きなかったというより，むしろ次のような非口蓋化が起きたと言ってよい.

[tʃa] チャ	>	[tsa] ツァ	(このコラムの 4) 参照)	
[tja] テャ	>	[ta] タ	(このコラムの 5) 参照)	
[nja] ニャ	>	[na] ナ	(このコラムの 6) 参照)	
[ʃa] シャ	>	[sa] サ	(このコラムの 7) 参照)	

　しかも固有語だけでなく漢字語にまでこの現象が及んだ. その結果例えば次のような漢字語がソウルとは違った.

兩〔両〕班　냥반 [njaŋban] ニャンバン (15世紀)　　　양반 [jaŋban] ヤンバン (ソウル)

[naŋban] ナンバン (平安道)

량반 [rjaŋban] リャンバン (北朝鮮)

停車場　정거장　[tʃɔŋɡoʤaŋ] チョンゴジャン〈덩거댱〉(ソウル)

[tɔŋɡɔdaŋ] トンゴダン (平安道)

　わたくしはソウルで留学生時代ある福徳房 복덕방 [pokʔtɔkʔpaŋ] ポクトクパン (不動産屋) の主人の老婆が物件を見に [katʰi kadi] カッティ カディ (=같이 가지 [katʃʰi kaʤi] カッチ カジ. 一緒に行こう) と言ったのを聞いて, 初めて平安道方言に接し, たいへん感動したことを覚えている.

　東京に平壤〔壌〕[pʰjɔŋjaŋ] ピョンヤン出身の 도덩보 [todɔŋbo] トドンボという方がおり, この方は音学家だったが, たいへん言葉に関心があり, 平壌方言で朝鮮語の文字と音声について書いた小冊子もあり, ハングル・タイプライターまで考案していた. この方は自分の名前を絶対に漢字で書くことはなく, 日本語では「ト・トンボ」と, ローマ字ではフランス語式に表記していたが, ソウル式の発音では 조정보 [tʃo ʤɔŋbo] チョジョンボと言ったらしい. よくはわからないが, 「趙廷保」とでも書いたのだろうか. 以下はこの方から聞いた話である. この方が初めてソウルに行った時名前を尋ねられて 도덩보 [todɔŋbo] トドンボと答えたところ, ソウルの人は首をかしげてしばらくたってからハングルで 도동보 [todoŋbo] トドンボと書いたという. 平壌の [ɔ] オをソウルの人は [o] オと聞くようだとこの方は語った. 理由は二つあると思う. 第一にこの方の言った通り平壌の [ɔ] オはソウルのものとは少し異なりソウルの [o] オに似ている可能性があり, 第二に標準語の漢字音には덩 [tɔŋ] トンはなく동 [toŋ] トンならあるからである. ちなみに標準語の漢字音にも도 [to] ト 都 (と) という姓がある.

　日本統治時代発行された朝鮮の5万分の1の地図のうち平安道部分は地名の漢字の上にカタカナで現地音を示したものがあり, たいへん興味深い. 次のものを参照.

鐵〔鉄〕山 (てつざん)　　　철·산　[tɕʰɔlʔsan] チョルサン (ソウルの発音)

　　　　　　　　　　　　　〈텰산〉[tʰɔlʔsan] トルサン (平安道の発音)

定州 (ていしゅう＜しう)　　정쥬　[tɕɔŋʥu] チョンジュ (ソウルの発音)

　　　　　　　　　　　　　〈뎡쥬〉[tɔŋʥu] トンズ (平安道の発音)

第15課　朝鮮の 一 [ɯ] ウは日本の「い」か「お」に対応する.

1) 一 [ɯ] ウ：い

屹立 흘립 [hɯlliᵖ] フルリプ (きつりつ)

膝下 슬하 [sɯrha] スルハ (しつ / しっか)

遠近 원근 [wɔngɯn] ウォングン (えん＜ゑんきん)

慇懃 은근 [ungɯn] ウングン (いんぎん)＋

銀河 *은하 [ɯnha] ウンハ (ぎんが)

金額 금액 *[kɯmɛᵏ] クメク (きんがく)

陰暦 음력 [一녁] [ɯmnjɔᵏ] ウムニョク / 北 [ɯmrjɔᵏ] ウムリョク (いんれき)

闖入 틈입 [tʰɯmiᵖ] トゥミプ《△》(ちんにゅう＜にふ)

及第 급제 [kɯpʔtɕe] クプチェ (きゅう＜きふだい)

呼吸 호흡 [hohɯᵖ] ホフプ (こきゅう＜きふ)

都邑 도읍 [toɯᵖ] トウプ (とゆう＜いふ)

練習 연습 [jɔnsɯᵖ] ヨンスプ /

　　北 련- [rjɔnsɯᵖ] リョンスプ (れんしゅう＜しふ)

一 [ɯ] ウ：お

毛根 모근 [mogɯn] モグン (もう＜まうこん)

痕跡 흔적 [hɯnʥɔᵏ] フンジョク〈젹〉(こんせき)

音樂〔楽〕음악 *[ɯmaᵏ] ウマク (おんがく)

今日 금일 [kɯmil] クミル《△》(こんにち)

克服 극복 [kɯkʔpoᵏ] ククポク (こくふく)

黒人 흑인 [hɯgin] フギン《△》(こくじん)

特別 특별 [tʰɯkʔpjɔl] トゥクピョル (とくべつ)＋

肋骨 늑골 [nɯkʔkol] ヌッコル / 北 륵－ [rɯkʔkol] ルッコル (ろく / ろっこつ)

即時 즉시 [tʃɯkʔʃi] チュクシ (そくじ)

測量 측량 [층냥] [tʃʰɯŋnjaŋ] チュンニャン /

　北 측－ [tʃʰɯŋrjaŋ] チュンリャン (そくりょう＜りゃう)

肯定 긍정 [kɯŋdʒɔŋ] クンジョン〈뎡〉(こうてい)

興隆 흥륭 [－늉] [hɯŋnjuŋ] フンニュン / 北 [hɯŋrjuŋ] フンリュン (こうりゅう)

應〔応〕對〔対〕응대 [ɯŋdɛ] ウンデ (おうたい)

僧侶 승려 [－녀] [sɯŋnjɔ] スンニョ / 北 [sɯŋrjɔ] スンリョ (そうりょ)

憎惡〔悪〕증오 [tʃɯŋo] チュンオ (ぞうお)

高層 고층 [kotʃʰɯŋ] コチュン (こう＜かうそう)

登錄 등록 [－녹] [tɯŋnok] トゥンノク / 北 [tɯŋrok] トゥンロク (とうろく)

能力 능력 [－녁] [nɯŋnjɔk] ヌンニョク / 北 [nɯŋrjɔk] ヌンリョク (のうりょく)

ー [ɯ] ウ：よ

　南極 남극 [namgɯk] ナムグク (なんきょく)

　矜持 긍지 [kɯŋdʒi] クンジ (きょうじ＜ぢ)

　　(「きんじ」は元来間違いだが，現在では許容される)

　興味 흥미 [hɯŋmi] フンミ (きょうみ)

　乘〔乗〕車 승차 [sɯŋtʃʰa] スンチャ〈챠〉(じょうしゃ)

　蒸發〔発〕증발 [tʃɯŋbal] チュンバル (じょうはつ)

　凌〔陵〕駕 능가 [nuŋga] ヌンガ /

　　北 릉－ [ruŋga] ルンガ (りょうが) (凌と陵とは別字だが同音)

2) ｜ [i] イ：よ

　翌年 익년 [잉－] [iŋnjɔn] インニョン (よくねん)

　食堂 식당 [ʃikʔtaŋ] シクタン (しょくどう＜だう)

　職業 직업 [tʃigɔp] チゴプ (しょくぎょう＜げふ)

　勅令 칙령 [칭녕] [tʃʰiŋnjɔŋ] チンニョン /

　　北 [칭－] [tʃʰiŋrjɔŋ] チンリョン (ちょくれい)

141

剰〔剩〕餘〔余〕잉여 [iɲjʌ]《△》インヨ（じょうよ）

呼稱〔称〕호칭 [hotɕʰiŋ] ホチン（こしょう）

氷河 빙하 [piŋha] ピンハ（ひょうが）

｜[i] イ：お

　利息 이식 [iɕikᵏ] イシク / 北 리－ [riɕikᵏ] リシク（りそく）

　匿名 익명 [잉－] [iŋmjʌn] インミョン /

　　北 닉－〔닝－〕[niŋmjʌn] ニンミョン（とくめい）

　隱〔隠〕匿 은닉 [unniᵏ] ウンニク（いんとく）

　朝鮮漢字音の一[ɯ] ウ，｜[i] イは日本漢字音では次のように対応する．［　］内は第14課の［まとめ］にあるもの．

中終＼終声	ㄴ, ㄹ, ㅁ		ㅂ	ㄱ		ㅇ	
	漢音	呉音	漢呉音	漢音	呉音	漢音	呉音
一 [ɯ] ウ	い	お	い	よ	お	よ	お
｜ [i] イ	［い］		［い］	よ	お, い	よ	

日本漢字音の漢音と呉音との違いに着目せよ．

近	근 [kɯn] クン	きん（漢音）,	こん（呉音）
金今	금 [kɯm] クム	きん（漢音）,	こん（呉音）
音	음 [ɯm] ウム	いん（漢音）,	おん（呉音）
興	흥 [hɯŋ] フン	きょう（漢音）,	こう（呉音）
極	극 [kɯkᵏ] クク	きょく（漢音）,	ごく（呉音）
食	식 [ɕikᵏ] シク	しょく（漢音）,	じき（呉音）

まとめ

[i] イについてはこの課に出てきたものだけを扱う．

읍	いふ＞ゆう	음	いん, おん ぎん	을	いつ, おつ	은	いん, おん ぎん
급	きふ＞きゅう	금	きん, こん			근	きん, こん ぎん

응	おう ぎょう
극	きょく ごく
궁	きょう こう

142

흡 きふ>きゅう	흠 きん	흘 きつ	혼 こん	흑 こく	홍 きょう	
					こう	
					등 とう	
	틈 ちん			특 とく		
					능 のう	
				륵 ろく	릉 りょう	
습 しふ>しゅう		슬 しつ		승 そう		
					じょう	
				증 ぞう		
					じょう	
				측 そく	층 そう	
				익 よく, おく	잉	
				《△》じょう		
				빙 ひょう		
				식 しょく, しき		
				そく		
				직 しょく		
				칙 ちょく		
				칭 しょう		
				닉 とく		

✎ 練習 15

次の漢字音のうち下線部の漢字を推量してあてはめなさい.

1. 근면 [kɯnmjɔn] クンミョン (＿勉＿＿べん)＋

2. 음란 [－난] [ɯmnan] ウムナン／
   北 [ɯmran] ウムラン (＿亂〔乱〕＿＿らん)＋

3. 금지 [kɯmʤi] クムジ (＿止＿＿し)

4. 흠정헌'법 [hɯmʤɔŋhɔnˀpɔp] フムジョンホンポプ 〈뎡〉
   (＿定憲法＿＿ていけんぽう)

5. 신음 *[ʃinɯm] シヌム (呻＿しん＿＿)

6. 급행˙열차 [kuᵖpʰɛŋŋjɔltʃʰa] クッペンニョルチャ /
　　北 −렬− [kuᵖpʰɛŋrjɔltʃʰa] クッペンリョルチャ〈쟈〉
　　(＿行列車＿＿＿こう＜かうれっ＜れつしゃ)

7. 수습 책 [susɯᵖtʃʰɛᵏ] ススプチェク〈슈〉
　　(收〔収〕＿策しゅう＜しう＿＿さく)

8. 은혜 [ɯnhje] ウンヒェ (＿惠〔恵〕＿＿けい)

9. 황금 [hwaŋgum] ファングム (黃＿おう＜わう＿＿)

10. 추측 [tʃʰutʃʰɯᵏ] チュチュク〈츄〉(推＿すい＿＿)

11. 획득 [hweᵏʔtɯᵏ] フェクトゥク (獲＿かく＜くわく＿＿)

12. 기증 [kidʑɯŋ] キジュン (寄＿き＿＿)

13. 등급 [tɯŋgɯᵖ] トゥングプ (＿級＿＿きゅう＜きふ)

14. *응시 [ɯŋʃi] ウンシ (＿視＿＿＿し)

15. 승리 [−니] [sɯŋni] スンニ / 北 [sɯŋri] スンリ (＿利＿＿＿り)

16. 능묘 [nɯŋmjo] ヌンミョ / 北 릉− [rɯŋmjo] ルンミョ (＿墓＿＿＿ぼ)

17. 수식 [suʃiᵏ] スシク〈슈〉(修＿しゅう＜しう＿＿＿)

18. 수직 [sudʑiᵏ] スジク〈슈〉(垂＿すい＿＿＿)

補足

旧字体と新字体　應−応 응 [ɯŋ] ウン (おう)；對−対 대 [tɛ] テ (たい)；剩−剰 잉 [iŋ] イン《△》(じょう)；餘−余 여 [jɔ] ヨ (よ)；隱−隠 은 [ɯn] ウン (いん)；惠−恵 혜 [hje] ヒェ (けい)；鎭−鎮 진 [tʃin] チン (ちん)；寢−寝 침 [tʃʰim] チム (しん)；稱−称 칭 [tʃʰiŋ] チン (しょう).

144

形声字I　認−忍 인 [in] イン《△》(にん)；脂−指−旨 지 [ʧi] チ (し)；味−未 미 [mi] ミ (み)；鎭−眞 (しん) 진 [ʧin] チン；機−幾 기 [ki] キ〈コ〉(き)；依−衣 의 [ɯi] ウイ (い)；瞞−滿〔満〕만 [man] マン (まん)；窮−弓 궁 [kuŋ] クン (きゅう)；凌−陵 릉 [rɯŋ] ルン (りょう)；慇−殷 은 [ɯn] ウン (いん)；懃−勤 근 [kɯn] クン (きん)；令−齡〔齢〕령 [rjɔŋ] リョン (れい)；侶−呂 려 [rjɔ] リョ (りょ).

形声字II　失 실 [ʃil] シル−秩 질 [ʧil] チル (ちつ)−嫉 질 [ʧil] チル (しつ)；窒 질 [ʧil] チル (ちつ)−室 실 [ʃil] シル (しつ)；試 시 [ʃi] シ (し)−式 식 [ʃikʰ] シク (しき)；及 급 [kɯp] クプ (きふ > きゅう)−吸 흡 [hɯp] フプ (きふ > きゅう)；屹 흘 [hɯl] フル (きつ)−乞 걸 [kɔl] コル (こつ)；則 칙 [ʧʰikʰ] チク (そく)−測 측 [ʧʰɯkʰ] チュク (そく)；肋 륵 [rɯkʰ] ルク (ろく)−力 력 [rjɔkʰ] リョク (りょく)；職 직 [ʧikʰ] チク (しょく)−識 식 [ʃikʰ] シク (しき)；僧 승 [sɯŋ] スン (そう)−憎 증 [ʧɯŋ] チュン (ぞう)；層 층 [ʧʰɯŋ] チュン (そう)−贈 증 [ʧɯŋ] チュン (そう，ぞう)−曾 증 [ʧɯŋ] チュン (そう)；根 근 [kɯn] クン (こん)−痕 흔 [hɯn] フン (こん)−銀 *은 [ɯn] ウン (ぎん)−眼 *안 [an] アン (がん)−限 한 [han] ハン (げん)；乘〔乗〕승 [sɯŋ] スン (じょう)−剩〔剰〕잉 [iŋ] イン《△》(じょう)；匿 닉 [nikʰ] ニク (とく)−若 약 [jakʰ] ヤク《△》(じゃく，にゃく)；河 하 [ha] ハ (か)−可 가 [ka] カ (か).

参考

朝鮮，日本，北京の漢字音はほぼ次のように対応する.

朝鮮	日本	北京	朝鮮	日本	北京
[ɯn]	おん	en エン	[ɯŋ]	おう	eng オン
〃	いん	in イン	〃	おう，よう	ing イン
[ɯm]	いん	in イン	[iŋ]	よう	ing イン
[ɯp]	いふ > ゆう	i イ	[ɯk]	よく	i イ

根 근[kɯn] クン(こん)		gēn ケン	登 등[tɯŋ] トゥン(とう)		dēng トン
痕 흔[hɯn] フン(こん)		hén ヘン	能 능[nɯŋ] ヌン(のう)		néng ノン
近 근[kɯn] クン(こん)		jìn チン	僧 승[sɯŋ] スン(そう)		sēng ソン
銀 *은[ɯn] ウン(ぎん)		yín イン	曾 증[ʧɯŋ] チュン(ぞう)		céng ツォン
慇 은[ɯn] ウン(いん)		yīn イン	層 층[ʧʰɯŋ] チュン(そう)		céng ツォン
懃 근[kɯn] クン(ぎん)		qín チン	憎 증[ʧɯŋ] チュン(ぞう)		zēng ツォン
金 금[kɯm] クム(きん)		jīn チン	應 응[ɯŋ] ウン(おう)		yīng イン

陰 음[ɯm] ウム（いん）　yīn イン
及 급[kɯ^{p}] クプ（きふ＞きゅう）jí チ
吸 흡[hɯ^{p}] フプ（きふ＞きゅう）xī シ
習 습[sɯ^{p}] スプ（しふ＞しゅう）xí シ
邑 읍[ɯ^{p}] ウプ（いふ＞ゆう）　yì イ

興 흥[hɯŋ] フン（こう）　xīng シン
淩 릉[rɯŋ] ルン（りょう）　líng リン
氷 빙[piŋ] ピン（ひょう）　bīng ピン
極 극[kɯ^{k}] クク（きょく）　jí チ
乙 을[ɯl] ウル（おつ，いつ）yǐ イ

第16課　日本の「い」の一部は朝鮮の ㅏ [a] アに対応する.

ㅏ[a] ア：い〈・〉

四角形 사각형 [saga^{k}k^{h}jɔŋ] サガッキョン〈ᄉᆞ〉（しかくけい / しかっけい）
事件 사'건 [sa^{ʔ}kɔn] サッコン〈ᄉᆞ〉（じけん）
男子 남자 [namʤa] ナムジャ〈ᄌᆞ〉（だんし）
自己 자기 [ʧagi] チャギ〈ᄌᆞ긔〉（じこ）
順次 순차 [sunʧ^{h}a] スンチャ〈슌ᄎᆞ〉（じゅんじ）
兒〔児〕童 아동 [adoŋ] アドン〈ᄋᆞ〉《ᅀ》（じどう）
小兒〔児〕소아 [soa] ソア〈쇼ᄋᆞ〉《ᅀ》（しょう ＜ せうに）
森林 삼림［ー님］[samnim] サムニム / 北 [samrim] サムリム〈ᄉᆞᆷ〉（しんりん）
難澁〔渋〕난삽 [nansa^{p}] ナンサプ〈ᄉᆞᆸ〉（なんじゅう ＜ じふ）+

ㅏ[a] ア：お〈・〉

勃發〔発〕발발 [palbal] パルバル〈ᄇᆞᆯ〉（ぼっぱつ）
開墾 개간 [kɛgan] ケガン〈ᄀᆞᆫ〉（かいこん）
併呑 병탄 [pjɔŋt^{h}an] ピョンタン〈ᄐᆞᆫ〉（へいどん）
恒常 항상 [haŋsaŋ] ハンサン〈ᄒᆞᆼ 샹〉（こうじょう ＜ じゃう）

朝鮮漢字音の中声ㅏ[a] アの一部は日本漢字音では次のように対応する．この中声のㅏ[a] アはかつては・と書かれた.

この・は15世紀には発音は [ʌ] だっただろうと推測されている.

中声		ゼロ				ㅁ	ㅂ	ㄴ		ㄹ	ㅇ
朝鮮	新	사	자	차	아	삼	삽	간	탄	발	항
	旧	ᄾ	ᄌ	ᄎ	ᄋ《ᅀ》	ᄉᆞᆷ	ᄉᆞᆸ	ᄀ	ᄐ	ᄇ	ᅙ
日本		し / じ	し / じ	じ	じ(漢音) / に(呉音)	しん	じふ> / じゅう	こん	どん	ぼつ	こう

まとめ

사 さ　　　　자 さ　　　　차 さ　　　　아 あ
　　　　　　　　　　　　　　　　　　　　　　が
〈샤〉しゃ　　〈쟈〉しゃ　　〈챠〉しゃ
　〃 じゃ
〈ᄾ〉し　　　〈ᄌ〉し　　　〈ᄎ〉し　　　〈ᄋ〉《ᅀ》じ, に
　〃 じ　　　　〃 じ　　　　〃 じ

삼 さん　　　삽 さふ>そう
〈ᄉᆞᆷ〉しん　〈ᄉᆞᆸ〉じふ>じゅう
간 かん　　　탄 たん　　　발 はつ　　　항 かう>こう
　　　　　　　だん　　　　　　　ばつ
〈ᄀ〉こん　　〈ᄐ〉どん　　〈ᄇ〉ぼつ　　〈ᅙ〉こう

練習16

次の漢字音のうち下線部の漢字を推量してあてはめなさい.

1. 교사 [kjosa] キョサ 〈ᄉᆞ〉（教＿ きょう ＜けう＿）

2. 자금 [ʧagum] チャグム 〈ᄌ〉（＿金＿ きん）

3. 유사 [jusa] ユサ / 北 류— [rjusa] リュサ 〈ᄉᆞ〉（類＿ るい＿）

4. 한'자 [hanʔʧa] ハンチャ 〈ᄌ〉（漢＿ かん＿）

補足

旧字体と新字体　兒—児 아 [a] ア 〈ᄋ〉《ᅀ》（じ, に）; 澁—渋 삽 [saᵖ] サプ 〈ᄉᆞᆸ〉（じゅう ＜ じふ）.

形声字Ⅰ　子（し）—字（じ）자 [ʧa] チャ 〈ᄌ〉.

形声字Ⅱ　次 차 [ʧʰa] チャ 〈ᄎ〉（じ）—資 자 [ʧa] チャ 〈ᄌ〉（し）.

参考

1) 朝鮮ㅏ[a] ア：日本「い」〈．〉は北京漢字音ではほぼ次のように対応する．

漢字	朝鮮	日本	北京
四	사 [sa] サ〈ᄉ〉	し	sì ス
似	사 [sa] サ〈ᄉ〉	じ	sì ス
詞	사 [sa] サ〈ᄉ〉	し	cí ツ
辭〔辞〕	사 [sa] サ〈ᄉ〉	じ	cí ツ
師	사 [sa] サ〈ᄉ〉	し	shī シ
事	사 [sa] サ〈ᄉ〉	じ	shì シ
子	자 [tʃa] チャ〈ᄌ〉	し	zǐ ツ
自	자 [tʃa] チャ〈ᄌ〉	じ	zì ツ
雌	자 [tʃa] チャ〈ᄌ〉	し	cī ツ
磁	자 [tʃa] チャ〈ᄌ〉	じ	cí ツ
此	차 [tʃʰa] チャ〈ᄎ〉	し	cǐ ツ
次	차 [tʃʰa] チャ〈ᄎ〉	じ	cì ツ
兒〔児〕	아 [a] ア〈ᄋ〉《ᅀ》	じ, に	ér アル

日本	朝鮮		北京
じ	사	ᄉ	si
			shi
			ci
し	자	ᄌ	zi
	차	ᄎ	ci
じ, に	아	ᄋ	er

　朝鮮ㅏ[a] ア〈・〉：日本「い」は北京の特殊な母音 i [ɯ] あるいは [ɨ] に対応している．

2) 朝鮮 사 [sa] サ〈ᄉ〉：日本「し」は北京の si スと shi シに対応しているが，これについて述べなければならない．

　　第8課「参考」で述べた「歯音」は実は「歯頭音」と「正歯音」の2種類があった．それらについて朝鮮，日本，北京の漢字音の対応を見てみる．

漢字	朝鮮	日本	歯頭 / 正歯	北京
唆	사 [sa] サ	さ	歯頭	suō スオ
砂	사 [sa] サ	さ	正歯	shā シャ
坐	자 [tʃa] チャ	ざ	歯頭	zuò ツオ
蹉	차 [tʃʰa] チャ	さ	歯頭	cuō ツオ
差	차 [tʃʰa] チャ	さ	正歯	chà チャ

寫〔写〕	사 [sa] サ〈샤〉	しゃ	歯頭	xiě	シエ
社	사 [sa] サ〈샤〉	しゃ	正歯	shè	ショ
邪	사 [sa] サ〈샤〉	じゃ	歯頭	xié	シエ
蛇	사 [sa] サ〈샤〉	じゃ	正歯	shé	ショ
姐	자 [tʃa] チャ〈자〉	しゃ	歯頭	jiě	チエ
者	자 [tʃa] チャ〈쟈〉	しゃ	正歯	zhě	チョ
且	차 [tʃʰa] チャ〈챠〉	しゃ	歯頭	qiě	チエ
車	차 [tʃʰa] チャ〈챠〉	しゃ	正歯	chē	チョ

改めて中古音と現代北京音の声母(子音)を比べると次のようになる.

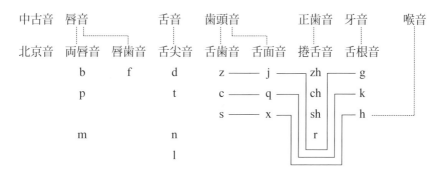

つまり現代北京漢字音では中古音の歯頭音は「舌歯音」と「舌面音」に, 正歯音は「捲舌音」に対応することになる. ただし舌面音は舌歯音の拗音にあたるものと考えればよい. そして舌面音は舌歯音と舌根音の口蓋化したものである(第14課[参考]4)参照).

  {z+i} → ji ← {g+i} j, q, x は i あるいは ü の前にしか現れない.
  {c+i} → qi ← {k+i}
  {s+i} → xi ← {h+i}

3) また北京漢字音の「介母音+主母音」を見てみよう. 北京には「介母音」としてもう一つ yw がある. ( ) は単独で用いられた場合の表記. ü は j, q, x の後ろでは u と書かれる.

{a}	a	ア	{an}	an	アン	{aŋ}	ang	アン
{ya}	ia(ya)	イア	{yan}	ian(yan)	イエン	{yaŋ}	iang(yang)	イアン
{wa}	ua(wa)	ウワ	{wan}	uan(wan)	ウワン	{waŋ}	uang(wang)	ウワン
			{ywan}	üan(yuan)	ユエン			

{ə}	e	オ	{ən}	en	エン	{əŋ}	eng	オン
{yə}	ie(ye)	イエ	{yən}	in(yin)	イン	{yəŋ}	ing(ying)	イン
{wə}	uo(wo)	ウオ	{wən}	un(wen)	ウン	{wəŋ}	ong(weng)	オン
{ywə}	üe(yue)	ユエ	{ywən}	ün(yun)	ユン	{ywəŋ}	iong(yong)	イオン

4) すでに挙げた北京漢字音の例からもわかるように（上記 2) 参照），正歯音の後ろに {y} が現れることはない．次の例を参照されたい．

漢字	小	少	照	焦	憔	招	抄	線	煽
朝鮮	소	〃	조	쵸	〃	〃	〃	선	〃
	[so]	〃	[tʃo]	[tʃʰo]	〃	〃	〃	[sɔn]	〃
	ソ	〃	チョ	チョ	〃	〃	〃	ソン	〃
	〈쇼〉	〃	〈죠〉	〈쵸〉	〃	〃	〃	〈션〉	〃
日本	せう	〃	〃	〃	〃	〃	〃	せん	
	しょう	〃	〃	〃	〃	〃	〃		
歯頭/正歯	歯頭	正歯	正歯	歯頭	歯頭	正歯	正歯	歯頭	正歯
北京	xiǎo	shǎo	zhǎo	jiǎo	qiáo	zhāo	chāo	xiàn	shān
	シアオ	シャオ	チャオ	チアオ	チアオ	チャオ	チャオ	シエン	シャン

漢字	宣	船	箋	錢〔銭〕	戰〔戦〕	顫	詮	專〔専〕
朝鮮	선	〃	전	〃	〃	〃	〃	〃
	[sɔn]	〃	[tʃɔn]	〃	〃	〃	〃	〃
	ソン	〃	チョン	〃	〃	〃	〃	〃
	〈션〉	〃	〈전〉	〃	〃	〃	〃	〃
日本	せん	〃	〃	〃	〃	〃	〃	〃
歯頭/正歯	歯頭	正歯	歯頭	歯頭	正歯	正歯	歯頭	正歯
北京	xuān	chuán	jiān	qián	zhàn	chàn	quán	zhuān
	シュエン	チュワン	チエン	チエン	チャン	チャン	チュエン	チュワン

漢字	賤〔賎〕	千	闡	泉	川	善	禪〔禅〕	前	全

朝鮮	천	//	//	//	//	선	//	전	//
	[tʃʰɔn]	//	//	//	//	[son]	//	[tʃ̬ɔn]	//
	チョン	//	//	//	//	ソン	//	チョン	//
	〈천〉	//	//	//	//	〈선〉	//	〈전〉	//
日本	せん	//	//	//	//	ぜん	//	//	//
歯頭/正歯	歯頭	歯頭	正歯	歯頭	正歯	正歯	正歯	歯頭	歯頭
北京	jiàn	qiān	chǎn	quán	chuān	shàn	chán	qián	quán
	チエン	チエン	チャン	チュエン	チュワン	シャン	チャン	チエン	チュエン

漢字	纖〔繊〕	陝	譫	蟾	占	尖	籤	瞻	漸
朝鮮	섬	//	//	//	점	첨	//	//	점
	[sɔm]	//	//	//	[tʃɔm]	[tʃʰɔm]	//	//	[tʃ̬ɔm]
	ソム	//	//	//	チョム	チョム	//	//	チョム
	〈섬〉	//	//	//	〈점〉	〈첨〉	//	//	〈점〉
日本	せん	//	//	//	//	せん	//	//	ぜん
歯頭/正歯	歯頭	正歯	正歯	正歯	正歯	歯頭	歯頭	正歯	歯頭
北京	xiān	shǎn	zhān	chán	zhàn	jiān	qiān	zhān	jiàn
	シエン	シャン	チャン	チャン	チャン	チエン	チエン	チャン	チエン

漢字	然	髯	床	狀〔状〕	詳	商	嘗	粧	將〔将〕
朝鮮	연	염	상	//	//	//	//	장	//
	[jɔn]	[jɔm]	[saŋ]	//	//	//	//	[tʃaŋ]	//
	ヨン	ヨム	サン	//	//	//	//	チャン	//
	《ㅿ》	《ㅿ》			〈샹〉	//	//		〈쟝〉
日本	ぜん	ぜん	しゃう	じゃう	しゃう	//	//	//	
	ねん		しょう	じょう	しょう	//	//	//	
歯頭/正歯	正歯	正歯	正歯	正歯	歯頭	正歯	正歯	正歯	歯頭
北京	rán	rán	chuáng	zhuàng	xiáng	shāng	cháng	zhuāng	jiāng
	ラン	ラン	チュワン	チュワン	シアン	シャン	チャン	チュワン	チアン

漢字	薔	章	彰	唱	讓〔譲〕	泄	雪	設	說〔説〕	舌
朝鮮	장	//	창	//	양	설	//	//	//	//
	[tʃaŋ]	//	[tʃʰaŋ]	//	[jaŋ]	[sɔl]	//	//	//	//
	チャン	//	チャン	//	ヤン	ソル	//	//	//	//
	〈쟝〉	//	〈챵〉	//	《ㅿ》	〈셜〉	//	//	//	//

日本	しゃう / しょう	//	//	//	じゃう / じょう	せつ	//	//	//	ぜつ
歯頭/正歯	歯頭	正歯	正歯	正歯	正歯	歯頭	歯頭	正歯	正歯	正歯
北京	qiáng チアン	zhāng チャン	zhāng チャン	chàng チャン	ràng ラン	xiè シエ	xuě シュエ	shè ショ	shuō シュオ	shé ショ

漢字	節	切	折	絶	啜	變	涉	捷	妾	星
朝鮮	절 [tɕʰɔl] チョル 〈절〉	//	//	//	철 [tɕʰɔl] チョル 〈철〉	섭 [sɔp] ソプ 〈섭〉	//	첩 [tɕʰɔp] チョプ 〈첩〉		성 [sɔŋ] ソン 〈성〉
日本	せつ	//	//	ぜつ	せつ	せふ / しょう	//	//		せい
歯頭/正歯	歯頭	歯頭	正歯	歯頭	正歯	歯頭	正歯	歯頭	歯頭	歯頭
北京	jié チエ	qiè チエ	zhé チョ	jué チュエ	chuò チュオ	xiè シエ	shè ショ	jié チエ	qiè チエ	xīng シン

漢字	聲〔声〕	成	静	蜻	正	青	惜	石	碩	積
朝鮮	성 [sɔŋ] ソン 〈성〉	//	정 [tɕɔŋ] チョン 〈정〉	//	//	청 [tɕʰɔŋ] チョン 〈청〉	석 [sɔk] ソク 〈석〉	//	//	적 [tɕɔk] チョク 〈적〉
日本	せい	//	//	//	//	//	せき	//	//	せき
歯頭/正歯	正歯	正歯	歯頭	歯頭	正歯	歯頭	歯頭	正歯	正歯	歯頭
北京	shēng ション	chéng チョン	jìng チン	qīng チン	zhèng チョン	qīng チン	xī シ	shí シ	shuò シュオ	jī チ

漢字	赤	脊	戚	隻	斥	新	身	臣	進	秦
朝鮮	적 [tɕɔk] チョク 〈적〉	척 [tɕʰɔk] チョク 〈척〉	//	//	//	신 [ʃin] シン	//	//	진 [tɕin] チン	//
日本	せき	//	//	//	//	しん	//	//	//	//
歯頭/正歯	正歯	歯頭	歯頭	正歯	正歯	歯頭	正歯	正歯	歯頭	歯頭
北京	chì チ	jǐ チ	qì チ	zhī チ	chì チ	xīn シン	shēn シェン	chén チェン	jìn チン	qín チン

漢字	眞〔真〕	辰	親	燼	迅	腎	盡〔尽〕	心	沁	深
朝鮮	진	〃	친	신	〃	〃	진	심	〃	〃
	[tʃin]	〃	[tʃʰin]	[ʃin]	〃	〃	[tʃin]	[ʃim]	〃	〃
	チン	〃	チン	シン	〃	〃	チン	シム	〃	〃
日本	しん	〃	〃	じん	〃	〃	〃	しん	〃	〃
歯頭/正歯	正歯	正歯	歯頭	歯頭	歯頭	正歯	歯頭	歯頭	歯頭	正歯
北京	zhēn	chén	qīn	jìn	xùn	shèn	jìn	xīn	qìn	shēn
	チェン	チェン	チン	チン	シュン	シェン	チン	シン	チン	シェン

漢字	浸	侵	針	尋	甚	人	壬
朝鮮	침	〃	〃	심	〃	인	임
	[tʃʰim]	〃	〃	[ʃim]	〃	[in]	[im]
	チム	〃	〃	シム	〃	イン《△》	イム《△》
日本	しん	〃	〃	じん		じん にん	〃
歯頭/正歯	歯頭	歯頭	正歯	歯頭	正歯	正歯	正歯
北京	jìn	qīn	zhēn	xún	shèn	rén	rén
	チン	チン	チェン	シュン	シェン	レン	レン

漢字	僧	昇	承	贈	憎	曾	證	蒸	層
朝鮮	승	〃	〃	증	〃	〃	〃	〃	층
	[sɯŋ]	〃	〃	[tʃɯŋ]	〃	〃	〃	〃	[tʃʰɯŋ]
	スン	〃	〃	チュン	〃	〃	〃	〃	チュン
日本	そう	しょう	〃	そう	ぞう	〃	しょう	じょう	そう
歯頭/正歯	歯頭	正歯	正歯	歯頭	歯頭	歯頭	正歯	正歯	歯頭
北京	sēng	shēng	chéng	zèng	zēng	céng	zhèng	zhēng	céng
	ソン	ション	チョン	ツォン	ツォン	ツォン	チョン	チョン	ツォン

漢字	鉦	稱〔称〕	食	植	禝	職	悉	失	疾	質
朝鮮	징	칭	식	〃	직	〃	실	〃	질	〃
	[tʃiŋ]	[tʃʰiŋ]	[ʃiᵏ]	〃	[tʃiᵏ]	〃	[ʃil]	〃	[tʃil]	〃
	チン	チン	シク	〃	チク	〃	シル	〃	チル	〃
日本	しょう	〃	しょく	〃	〃	〃	しつ	〃	〃	〃
歯頭/正歯	正歯	正歯	正歯	正歯	歯頭	正歯	歯頭	正歯	歯頭	正歯
北京	zhēng	chēng	shí	zhí	jì	zhí	xī	shī	jí	zhì
	チョン	チョン	シ	チ	チ	チ	シ	シ	チ	チ

漢字	漆	實〔実〕	日	習	拾	輯	集	十	汁
朝鮮	칠	실	일	습	십	집	〃	십	쥽
	[tɕʰil]	[ʃil]	[il]	[sɯᵖ]	[ʃiᵖ]	[tɕiᵖ]	〃	[ʃiᵖ]	[tɕɯᵖ]
	チル	シル	イル《△》	スプ	シプ	チプ〈즙〉	〃	シプ	チュプ
日本	しつ	じつ	じつ にち	しふ しゅう	〃 〃	〃 〃	〃 〃	じふ じゅう	〃 〃
歯頭/正歯	歯頭	正歯	正歯	歯頭	正歯	歯頭	正歯	正歯	正歯
北京	qī	shí	rì	xí	shí	jí	jí	shí	zhī
	チ	シ	リ	シ	シ	チ	チ	シ	チ

5) 시 [ʃi] シ, 지 [tɕi] チ, 치 [tɕʰi] チ, 이 [i] イ《△》の声母は正歯音である.

漢字	四	詞	師	市	雌	支	此	齒〔歯〕	似	辭〔辞〕	事
朝鮮	사	〃	〃	시	자	지	차	치	사	〃	〃
	[sa]	〃	〃	[ʃi]	[tɕa]	[tɕi]	[tɕʰa]	[tɕʰi]	[sa]	〃	〃
	サ	〃	〃	シ	チャ	チ	チャ	チ	サ	〃	〃
	〈ᄉᆞ〉	〃	〃		〈ᄌᆞ〉		〈ᄎᆞ〉		〈ᄉᆞ〉	〃	〃
日本	し	〃	〃	〃	〃	〃	〃	〃	じ	〃	〃
歯頭/正歯	歯頭	歯頭	正歯	正歯	歯頭	正歯	歯頭	正歯	歯頭	歯頭	正歯
北京	sì	cí	shī	shì	cí	zhī	cǐ	chǐ	sì	cí	shì
	ス	ツ	シ	シ	ツ	チ	ツ	チ	ス	ツ	シ

漢字	時	自	持	次	治	兒〔児〕	耳
朝鮮	시	자	지	차	치	아	이
	[ʃi]	[tɕa]	[tɕi]	[tɕʰa]	[tɕʰi]	[a]	[i]
	シ	チャ	チ	チャ	チ	ア	イ
		〈ᄌᆞ〉		〈ᄎᆞ〉		〈ᄋᆞ〉《△》	《△》
日本	じ	〃	ぢ じ	じ	ぢ じ	じ, に	じ
歯頭/正歯	正歯	歯頭	正歯	歯頭	正歯	正歯	正歯
北京	shí	zì	chí	cì	zhì	ér	ěr
	シ	ツ	チ	ツ	チ	アル	アル

コラム　朝鮮の人名

　朝鮮の人名は少なくとも韓国では今でも基本的に漢字によってつけられている.

　朝鮮人は固有語による幼児名を持つ者がいたが，今ではまれになった. 例えば 갓난이 [kannani] カンナニ (赤ん坊の意味)，이쁜이 [iʔpʰuni] イップニ (かわいい者の意味. なおこの場合の [ʔpʰun] プンの母音は実際は [u] となっていることが多い) など. 後者は「立粉」입분 [ipʔpun] イップンと書かれることもある. ほかに「糞禮」(これは 똥예 [ʔtoŋje] トンイェを漢字で書いたもの.「糞」[pun] プンは 똥 [ʔtoŋ] トンの訓). 幼児名が戸籍に登録されることがたまにあったようだ.

　キリスト教の伝来とともに漢字書きのヨーロッパ名がつけられることもあったが (例えば 요한 [johan] ヨハン)，その場合でも 2 字に限られた. 最近は漢字で書かれない名前が増えた. この場合 2 字 (2音節) が基本だが，もっと多いこともある. 다함 [taham] タハム (「尽くす」の意味) などのほかに，세모들 [semodol] セモドル，한빛나리 [hanbin-nari] ハンビンナリというのまである.

　人名は「姓＋名」からなり，姓の多くは 1 字，たまに 2 字がある. 名は普通 2 字だが，1 字のもある (例えば「許」허 [hɔ] ホ姓の名は 1 字が多い). その結果音節の観点からは朝鮮の人名は次の可能性がある.

1) 1+1 = 2　　　2) 1+2 = 3　　　3) 2+1 = 3　　　4) 2+2 = 4

　2) が一番多く，次が 1) である. 2字姓は極度に少ないから，3) も 4) も非常に少ないが, 4) にお目にかかることは普通はない. 2) と 3) は姓と名の境界が問題となるが，朝鮮の姓は数が限られているからその心配も普通はない. わたくしの知人の「高松茂」고송무 [kosoŋmu] コソンムさんがふざけて「わたくしの名前は日本語でタカマツ・シゲルと読みます」と言っていたが，もちろん姓は「高」，名は「松茂」である.

　姓には中国のものと共通のものも多いが，朝鮮独自のものもある (「朴」박 [pakˀ] パク (ぼく) など). 2字姓は韓国人にとってもめずらしい存在である. わたくしをソウルのある役所で 관야유신씨 [kwanjajuʃinʔʃi] クァニャユシンシと呼んだ係員が首をかしげながら，ひょっとしてあなたは日本人か？ と尋ねたことがある. 彼は最初なじみのない관야 [kwanja] クァニャという姓があるのかも知れないと考えたのだそうだ.

　名のつけかたには 돌림’자 [tollimʔʧa] トルリムチャ (行列字) という漢字を考慮しなければならないとかやっかいな習慣があり，こういうことは特別な本が必要なくらいであるから，ここでは述べない. ただ韓国人は長年の勘で韓国人の名前を漢人やヴェトナム人のそれから容易に区別することができる.

155

漢字を見ないで音を聞いただけでは男の名か女の名か区別できないことが多い．희 [hi] ヒは「熙」か「禧」なら男だが，「姫」なら女である．少しだが片方の名にしか用いない名がある (女の名なら「娥」아 [a] ア (が) とか男の名なら「燮」섭 [sǝp] ソプ (せふ > しょう) のように)．女の名に以前よく用いられた「子」자 [tʃa] チャ (し) は元来日本の名で，今はあまり用いられなくなった．女の名によく出てくる「淑」숙 [suk] スク 〈令〉(しゅく) はたまに男の名にも現れる．

姓と名は別々の形態素と見るべきで，ㄹ[r] で始まる姓と名は朝鮮語の普通の漢字語の場合とまったく同じ扱いを受ける．姓の場合「羅」나 [na] ナ / 北 라 [ra] ラ (ら)；「盧，魯」노 [no] ノ / 北 로 [ro] ロ (ろ)；「柳，劉」유 [ju] ユ / 北 류 [rju] リュ (りゅう 〈りう)；「陸」육 [juk] ユク / 北 륙 [rjuk] リュク (りく)；「李」이 [i] イ / 北 리 [ri] リ (り)；「林」임 [im] イム / 北 림 [rim] リム (りん) がある．名だと例えば「魯春」노춘 [notʃʰun] ノチュン / 北 로ー [rotʃʰun] ロチュン (ろしゅん)；「龍浩」용호 [joŋho] ヨンホ / 北 룡ー [rjoŋho] リョンホ (りゅうこう 〈かう) など．ただし韓国では「柳，劉」氏の一部には自分たちの姓をハングルで書くと「兪」유 [ju] ユ (ゆ) 氏と区別がつかなることを嫌って 류 [rju] リュと書こうという人がいるが，こうしたところでハングルで書けば「柳」も「劉」も区別がつかないのは変わりがない．しかもある本貫の「李」이 [i] イ氏は他の本貫の「李」氏と区別して自分たちは 리 [ri] リと言おうと主張するものさえいるから，いよいよ混迷の度が増す．

姓と名の間ではリエーゾンが起きる場合と起きない場合がある．例えば

韓營均 한영균 [hannjoŋgjun] ハンニョンギュン / [hanjoŋgjun] ハニョンギュン；
申龍浩 신용호 [ʃinnjoŋho] シンニョンホ / [ʃinjoŋho] シニョンホ．

前者は姓と名を切って発音したもの，後者は姓と名を一つながりに続けて発音したものである．

韓国も北朝鮮も一時期姓と名を分かち書きした時もあったが，現在では双方とも続け書きしている．

朝鮮の人名に関してある種の漢字音は特殊な読まれ方をする．

「龍〔竜〕」룡 [rjoŋ] リョンは母音あるいは ㄴ[n] の後ろで 용 [joŋ] ヨンとなり，韓国ではそう書かれる．茂龍 무용 [mujoŋ] ムヨン (ぼうりゅう)；元龍 원용 [wǝnjoŋ] ウォニョン (げんりゅう)．

「寧」녕 [njǝŋ] ニョンは母音の後ろで 령 [rjǝŋ] リョンとなり，そう書かれる．御寧 어령 [ǝrjǝŋ] オリョン (ぎょねい)．

156

なお「寧」は地名でも同じように読まれる. 會寧 회령 [hwerjɔŋ] フェリョン (かい＜くわいねい) (咸鏡北道)；宜寧*의령 [uirjɔŋ] ウイリョン (ぎねい) (慶尚南道). ただし昌寧 창녕 [tɕʰaŋnjɔŋ] チャンニョン (しょう＜しゃうねい) (慶尚南道)；保寧 보령 [porjɔŋ] ポリョン (ほねい) (忠清南道)；寧越 영월 [jɔŋwɔl] ヨンウォル / 北 녕－ [njɔŋwɔl] ニョンウォル (ねいえつ＜ゑつ) (江原道).

　人名につく敬称の類いは人名とは分かち書きされる.
　李崇寧先生 / 博士 / 教授 이승녕 선생님 / 박사 / 교수 [isuŋnjɔŋ sɔnsɛŋnim / pakʔsa / kjosu] イスンニョン ソンセンニム / パクサ / キョス (りすうねい せんせい / はくし / きょう＜けうじゅ).「氏」も分かち書きされる.　李崇寧氏 이승녕 씨 [isuŋnjɔŋʔʃi] イスンニョンシ (りすうねいし).
　朝鮮人は名前をとても大切にするから，名前については特に注意しなければならない.　朝鮮人は一般に人の名前をすぐよく覚える. 姓だけとか名だけでなく，必ず姓と名をいっしょに漢字も含めて間違えずに記憶しないと失礼になる.
　名前について注意すべきことを少し記す.

1) 姓＋名＋「氏」　　2) 名＋「氏」　　3) 姓＋「氏」
例：1) 朴秀吉氏 박수길 씨 [pakʔsugilʔʃi] パクスギルシ；
　　2) 秀吉氏 수길 씨 [sugilʔʃi] スギルシ；
　　3) 朴氏 박 씨 [pakʔʃi] パクシ.

「氏」を日本語の「さん」と同じだと思うととんでもない失礼になることがある.
　1) が望ましい形であり，2) は恋人どうしで用い，3) は相手を見下すことになるから絶対に注意を要する.
　日本人の名前は多音節であり，日本人でさえせいぜい姓しか記憶できない場合が大部分だから，日本人の姓名を韓国人に覚えろという要求は酷であり，かつ無理な話である.　韓国人が日本人を呼ぶのに日本人の姓＋「氏」というのをためらうのは上の 2) の場合と同じである.　そのせいか朝鮮語で話をする時も姓に日本語の「さん」をつけていうことが多い.
　姓名に敬称をつけない形として次のものがある.

1) 박수길	[pakʔsugil]	パクスギル	1) 김수호	[kimsuho]	キムスホ
2) 박수길이	[pakʔsugiri]	パクスギリ	2) 김수호	[kimsuho]	キムスホ
3) 수길이	[sugiri]	スギリ	3) 수호	[suho]	スホ

1) は公的な呼び名で, 2) と 3) は会話で多く用いられる. 左が子音終わり, 右が母音終わりの名前だが, 母音終わりは 1) と 2) の区別がない. この接尾辞 이 [i] イはあくまでも子音で終わる名にのみつく.

兄弟で年長者が年下に対して, 親が子供に対して, 親しい友達に対して一般に 3) を用いる. 2) はただの「姓＋名」より親しさをこめて, あるいは蔑視の気持ちをもって用いる.

コラム　朝鮮の固有名詞とローマ字表記

ヨーロッパ語に朝鮮の固有名詞などを混ぜる際にどうしても朝鮮語をローマ字で表記する必要に迫られる. 具体的には欧米語の新聞や雑誌, 名刺その他のリスト, 鉄道の駅での表示, 道路標識および図書館の図書カードなどでそれが必要となる. 固有名詞とは具体的には人名, 企業名, 地名である.

日本語のローマ字表記もヘボン式だの訓令式だのいろいろとやっかいな問題があるが, 発音や正書法が日本語の複雑どころではない朝鮮語の場合はきわめてやっかいで, まだこの問題は決着がついたとは言えない. 事実ソウル・オリンピックの時にそれまで使ってきた韓国文教部方式 (朝鮮語の正書法を重んじたもの. したがって英語の発音からはだいぶはずれる) ①を捨ててアメリカのマッキューン・ライシャワー (McCune-Reischauer) 方式を一部修正した方式②を採用したが, 2000年に今度は①とよく似ているが, それを一部修正したもの③を採用した. 改定にともなって道路標識は何度も書き換えられてきた. その都度これが最後の改定であるかのように言ったものだが, それはあてにはならず, わたくしは今度の方式もまたそのうち改定されるものと思っている. 韓国できちんとした最終的なローマ字方式が出来てくれないために日本の図書館では韓国図書のカード作成が困っている.

それでも道路標識だけは一定の規則で表記されるものの, 人名と企業名はなんの規制も受けず, 無秩序が蔓延している. その理由の一つは英語を基準にして朝鮮語を表記しようという強い志向が一般にあることがあげられる. 例えば「金」[kim] キム (きん) を Kim と書くのか Gim と書くのか, 「朴」[paᵏ] パク (ぼく) を Pak あるいはもっと英語式に Park と書くのか Bag と書くのかという問題をめぐっては, 김 [kim] キムをもし Kim と書くと김ではなくて 킴 [kʰim] キムになってしまうから Gim と書くべきだという意見やら, わたくしの名は [paᵏ] パクなのであって [bæg] バッグ (袋) ではないから Park と書くべきだとか, 朝鮮語の音韻論的な複雑さ故の混乱が随所に見られる. これを見るとわが日本語のローマ字表記ははるかに単純で問題が少ないことを多としなければならない.

158

その結果は多くの場合自分の名前のローマ字表記は各人が決定し，いろいろな名簿にそれを登録することになる．実際韓国では名前を書く欄はハングルと漢字とローマ字の3種類があることが多い．

人名のローマ字表記は 1) 姓と名を分かち書きすること，2) 姓と名の頭字は大文字とすることぐらいはみな一致しているが，その他はまちまちである．

1) Park Soo-gil；2) Park Soo-kil；3) Park Soo Gil；4) Park Soo Kil 等々．

1) と 2) は名の2字の間にハイフンを入れるが，3) と 4) はそれを入れない．1) と 3) は2字めの頭音は発音通りに有声音の字をあてているが，2) と 4) では無声音の字をあてている．しかし全体として英語の読み方を考慮している点は同じである．こういうこともみな韓国人は各人が自分の好みで決めているのである．

例えば姓のローマ字表記だけでも次のようにさまざまである．
郭 곽 [kwaᵏ] クァク (かく＜くわく)－Kwak, Kuak；具 구 [ku] ク (ぐ)－Koo, Ku；權〔権〕권 [kwɔn] クォン (ごん)－Kwon, Kwŏn；盧 노 [no] ノ／北 로 [ro] ロ (ろ)－Noh, No, Roh；都 도 [to] ト (と)－Toh, Do, Doh；馬 마 [ma] マ (ば)－Ma, Mah；裴 배 [pɛ] ペ (はい)－Bae, Bai, Pai；白 백 [pɛᵏ] ペク (はく)－Pack, Baek, Paik, Pack；徐 서 [sɔ] ソ (じょ)－Seo, Suh；成 성 [sɔŋ] ソン (せい)－Sung, Seong；孫 손 [son] ソン (そん)－Son, Sohn, Shon；安 안 [an] アン (あん)－An, Ahn；嚴*엄 [ɔm] オム (げん)－Um, Aum；延 연 [jɔn] ヨン (えん)－Yurn, Yeon；呉*오 [o] オ (ご)－O, Oh；柳 유 [ju] ユ／北 류 [rju] リュ (りゅう＜りう)－Lyu, Ryu, Yuh, Yoo；劉 유 [ju] ユ／北 류 [rju] リュ (りゅう＜りう)－Yoo, Ryuh, Yu；兪 유 [ju] ユ (ゆ)－Youe, Yoo, Yu；陸 육 [juᵏ] ユク／北 륙 [rjuᵏ] リュク (りく)－Yuk, Yook；尹 윤 [jun] ユン (いん)－Yoon, Youn, Yun；李 이 [i] イ／北 리 [ri] リ (り)－Lee, Rhee, Yi, Li, I；林 임 [im] イム／北 림 [rim] リム (りん)－Im, Lim, Yim；張 장 [tʃaŋ] チャン (ちょう＜ちゃう)－Chang, Jang；田 전 [tʃɔn] チョン (でん)－Jun, Jeon, Chon；全 전 [tʃɔn] チョン (ぜん)－Juhn, Jun, Jeon, Chun；鄭，丁 정 [tʃɔŋ] チョン (てい)－Jung, Jong, Chung, Jeong, Chong, Cheong, Chŏng；朱 주 [tʃu] チュ (しゅ)－Chu, Ju；蔡 채 [tʃʰɛ] チェ (さい)－Chae, Ch'ae；千 천 [tʃʰɔn] チョン (せん)－Chon, Cheon；崔 최 [tʃʰwe] チュウェ (さい)－Choi, Ch'oe, Choe；許 허 [hɔ] ホ (きょ)－Heo, Hur, Huh；黄 황 [hwaŋ] ファン (こう＜くわう)－Hwang, Whang.
次のものは表記が比較的安定しているものである．
姜 강 [kaŋ] カン (きょう＜きゃう)－Kang；高 고 [ko] コ (こう＜かう)－Ko；孔 공 [koŋ]

159

コン（こう）−Kong；金 김 [kim] キム（きん）−Kim；羅 나 [na] ナ／北 라 [ra] ラ（ら）−Na；南 남 [nam] ナム（なん）−Nam；文 문 [mun] ムン（ぶん）−Moon；閔 민 [min] ミン（びん）−Min；朴 박 [paᵏ] パク（ぼく）−Park；蘇 소 [so] ソ（そ）−So；孫 손 [son] ソン（そん）−Sohn；申，辛 신 [ʃin] シン（しん）−Shin；沈 심 [ʃim] シム（しん）−Shim；梁 양 [jaŋ] ヤン／北 량 [rjaŋ] リャン（りょう＜りゃう）−Yang；呂 여 [jɔ] ヨ／北 려 [rjɔ] リョ（ろ）−Yeo；王 왕 [waŋ] ワン（おう＜わう）−Wang；禹 우 [u] ウ（う）−Woo；元*원 [wɔn] ウォン（げん）−Won；魏*위 [wi] ウィ（ぎ）−Wee；趙（ちょう＜てう），曹（そう＜さう）조 [tʃo] チョー−Cho；陳 진 [tʃin] チン（ちん）−Jin；秦 진 [tʃin] チン（しん）−Chin；車 차 [tʃʰa] チャ（しゃ）−Cha；河 하 [ha] ハ（か）−Ha；韓 한 [han] ハン（かん）−Han；玄 현 [hjɔn] ヒョン（げん）−Hyun；洪 홍 [hoŋ] ホン（こう）−Hong.

　どれもができるだけ英語読みが可能なように表記されるのが共通点である．しかしいくらそうしたところで朝鮮語に近く発音してくれるという保証はまったくない．例えば韓国の会社「大宇」대우 [teu] テウ（だいう）−Daewooは [deiuː] デイウー程度には発音してくれるが，別の会社「現代」현대 [hjɔndɛ] ヒョンデ（げんだい）−Hyundai は日本でもしばしば「ヒュンダイ」だと思い込んでいる人がいるし（ロシアでも「ヒュンダイ」と言っている），アメリカでは [haiɔndei] ハイアンデイと発音する人さえいると言う．いずれにせよ人名のローマ字表記が統一される可能性はここ当分はない．

例：꽃	꽃이	강	강이	한국	전라도	신촌	울'진
花	花が	川	川が	韓国	全羅道	新村	鬱珍
[ˀkoᵗ]	[ˀkotʃʰi]	[kaŋ]	[kaŋi]	[hanguᵏ]	[tʃollado]	[ʃintʃʰon]	[ulˀtʃin]
コッ	コッチ	カン	カンイ	ハングク	チョルラド	シンチョン	ウルチン
① ggod	ggochi	gang	gangi	Han-gug	Jeollado	Sincheon	Uljin
③ kkot	kkochi	〃	〃	Han-guk	〃	〃	〃
② kkot	kkoch'i	kang	gangi	Han-guk	Chŏllado	Shinch'ŏn	Ulchin

은평	옥구	정읍	박	김	백	최	정
恩平	沃溝	井邑	朴	金	白	崔	丁，鄭
[unpʰjɔŋ]	[okˀku]	[tʃɔŋɯᵖ]	[paᵏ]	[kim]	[pɛᵏ]	[tʃʰwe]	[tʃɔŋ]
ウンピョン	オック	チョンウプ	パク	キム	ペク	チュウェ	チョン
① Eunpyeong	Oggu	Jeongeub	Bag	Gim	Baeg	Choe	Jeong
③ 〃	Okgu	Jeongeup	Bak	Gim	Baek	〃	〃
② Ŭnp'yŏng	Okku	Chŏng-ŭp	Pak	Kim	Paek	Ch'oe	Chŏng

160

①, ②, ③の対照表を示す. ③は①と似ているので, ①, ③, ②の順序による.

位置	ㅂ 初声中	ㅂ 初声頭	ㅂ 終声	ㄷ 初声中	ㄷ 初声頭	ㄷ 終声	ㄱ 初声中	ㄱ 初声頭	ㄱ 終声	ㅈ 初声中	ㅈ 初声頭	ㅃ 初声	ㄸ 初声	ㄲ 初声	ㅉ 初声	ㅅ 初声	ㅆ 初声
①	b			d			g			j		bb	dd	gg	jj	s	ss
③			p			t			k			pp	tt	kk			
②	b	p		d	t		g	k		j	ch	pp	tt	kk	tch	s	ss

位置	ㅍ 初	ㅌ 初	ㅋ 初	ㅊ 初	ㅎ 初	ㅁ 初終	ㄴ 初終	ㅇ 初終	ㄹ 初	ㄹ 終	ㅏ	ㅑ	ㅓ	ㅕ	ㅗ	ㅛ	ㅜ
① ③	p	t	k	ch	h	m	n	ng	r	l	a	ya	eo	yeo	o	yo	u
②	p'	t'	k'	ch'	h	m	n	ng	r	l	a	ya	ŏ	yŏ	o	yo	u

位置	ㅠ	ㅡ	ㅣ	ㅐ	ㅒ	ㅔ	ㅖ	ㅚ	ㅟ	ㅢ	ㅘ	ㅝ	ㅙ	ㅞ
① ③	yu	eu	i	ae	yae	e	ye	oe	wi	eui / ui	wa	weo	wae	we
②	yu	ŭ	i	ae	yae	e	ye	oe	wi	ŭi	wa	wŏ	wae	we

[注] 頭：語頭あるいは形態素の頭, また口音の後ろで (濃音の場合), また有声音の後ろでも濃音で読まれた平音の場合
中：語中の有声音の後ろで
①, ②, ③を通じて l は l の後ろでも書かれる (初声の位置で).
②では 시 [ʃi], 샤 [ʃa] などは shi, sha のように書かれる.

上の表でわかるように, ①と③との違いは③で平音の終声が激音と同じ文字を用いることである. jip−집 [tɕip] チプ (家), ただし pa−파 [pʰa] パ (ねぎ)；ot 옷 [ot] オッ (服), ただし teol−털 [tʰɔl] トル (毛)；bak−박 [pak̚] パク (瓢箪), ただし kal−칼 [kʰal] カル (刀).

①はほぼ徹底して朝鮮語の音素をそのまま1対1で対応させたものだが, ③はこの点不徹底である. 唯一①で徹底さを欠くのは ㄹ を r と l で書き分けることだけである. この点も③は①を踏襲した. 例えば韓国のソウル大学図書館の図書カードは①によっているが, 当分変更する気はないと言う.

②が①と異なるのは平音を語頭と語中とで書き分けることであるが, これは朝鮮語自体の音韻論とは関係なく欧米語の都合を反映したものである. ちょうど日本語のローマ字表記のうちヘボン式が②に当たり, 訓令式が①に当たると言えよう. ①がマッ

キューン・ライシャワー方式と違うのはマッキューン・ライシャワー方式での시，샤の表記 si，sya を shi，sha に変えたことである．これなどはマッキューン・ライシャワー方式のさらなる改悪と言えよう．朝鮮の本をたくさん持っているアメリカ議会図書館は朝鮮書の図書カードをマッキューン・ライシャワー方式によって作っているが，平音の表記はかなり不統一である．この方式が世界を支配するとも思えない．

　しかし①，②，③を通じてすべて朝鮮語の正書法，特に終声の表記を考慮してはいないから，漢字語の多い図書名のローマ字表記はまだしも，固有語の表記の場合ローマ字からハングルへの転換がほぼ不可能である．例えば 낟 [naⁱ] ナッ (鎌)，낮 [naⁱ] ナッ (昼)，낯 [naⁱ] ナッ (顔) などを一様に①は nad，②，③は nat のように終声の違いを無視して書く．つまり①，②，③はともに "転音" を旨とする．転音はハングルの徹底した "転写" を妨げる結果となる．

　アメリカとロシアには学術用のローマ字 (Yale方式) とロシア字による転写方式があるが，ある場合は転写，ある場合は転音のためにも用いられる．

　朝鮮語は言語学的に言うと形態音素論的に非常に複雑な言語だから，一つの形態素は場合によって形をよく変える．発音通りに書くと形の統一がくずれ，同じ形をなるべく一様に書こうとすると表記と発音の一致がくずれる．この形の上の一致を保つためにローマ字表記は次のように決めている．

충청남도	충청북도	을′지로	세종로	종로
忠清南道	忠清北道	乙支路	世宗路	鍾路
[tʃʰuŋtʃʰɔŋnamdo]	[tʃʰuŋtʃʰɔŋbuᵏˀto]	[ulˀʃiro]	[seʤoŋno]	[tʃoŋno]
チュンチョンナムド	チュンチョンブクト	ウルチロ	セジョンノ	チョンノ
Chungcheong Namdo	Chungcheong Bukdo	Euljiro	Sejongro	Jongro

ただし次のような場合どう表記すべきなのだろうか．

金東里 김동리 [kimdoŋni] キムドンニ　Kim Dongri あるいは Kim Dongni

成石璘 성석린 [sɔŋsɔŋnin] ソンソンニン　Seong Seokrin あるいは Seong Seongnin

なおマッキューン・ライシャワー方式や②の場合それらの表記が英字新聞などでは ŏ，ŭ が o，u と書かれ，p'，t'，k'，ch' がそれぞれ p，t，k，ch と書かれるので，きわめて不正確となる．最近はやりのコンピューターでもこれらの書き分けは難しい．

　北朝鮮のローマ字転写方式についてはほとんど情報がない．南北朝鮮のこの分野での協議が行われたことがあるが，なんらかの一致が得られたわけではない．

　朝鮮語のローマ字表記はまだ完全な解決に至っていない．

第17課　朝鮮の合成母音字は本来二重母音であり,それは日本の二重母音に対応する.

1) ㅐ [ε] エ：あい

　　介在 개재 [kɛʤɛ] ケジェ（かいざい）

　　慨嘆 개탄 [kɛtʰan] ケタン（がいたん）

　　損害 손해 [sonhɛ] ソンヘ（そんがい）

　　大小 대소 [tɛso] テソ〈쇼〉（だいしょう＜せう）

　　敗北 패배 [pʰɛbɛ] ペベ（はいぼく）

　　［注］「北」は普通북 [pukˀ] プクとよまれるが，この漢字語でのみ배 [pɛ] ぺと読まれる. 韓国人でもよく間違える.

　　生涯 생애 *[sɛŋɛ] センエ（しょう＜しゃうがい）

　　邁進 매진 [mɛʤin] メジン（まいしん）

　ㅐ [ε] エ：あい〈.ㅣ〉

　　開國〔国〕개국 [kɛguk] ケグク〈ㄱㅣ〉（かいこく）

　　解放 해방 [hɛbaŋ] ヘバン〈ㅎㅣ〉（かいほう＜はう）

　　愛情 애정 [ɛʤɔŋ] エジョン〈ㅇㅣ정〉（あいじょう＜じゃう）

　　要塞 요새 [josɛ] ヨセ〈ㅅㅣ〉（よう＜えうさい）

　　天才 천재 [tʃʰɔŋnʤɛ] チョンジェ〈텬ㅈㅣ〉（てんさい）

　　存在 존재 [tʃonʤɛ] チョンジェ〈ㅈㅣ〉（そんざい）

　　喝采 갈채 [kaltʃʰɛ] カルチェ〈ㅊㅣ〉（かっさい）

　　對〔対〕立 대립 [teriᵖ] テリプ〈ㄷㅣ〉（たいりつ）

　　代金 대금 [tɛgum] テグム〈ㄷㅣ〉（だいきん）

　　態度 태도 [tʰɛdo] テド〈ㅌㅣ〉（たいど）

　　内容 내용 [nɛjoŋ] ネヨン〈ㄴㅣ〉（ないよう）

　　往來〔来〕왕래［－내］[waŋnɛ] ワンネ /

　　　　北 [waŋrɛ] ワンレ〈리〉（おう＜わうらい）

　　配達 배달 [pɛdal] ペダル〈비〉（はいたつ）

　　倍加 배가 [pɛga] ペガ〈비〉（ばいか）

　　賣〔売〕買 매매 [mɛmɛ] メメ〈매미〉（ばいばい）

163

朝鮮語の合成母音字は本来二重母音を表したものと考えられ，いつと言うことは難しいが，後に現在のように単母音になったものと思われる．ㅐ [ai] > [ɛ]；ㅢ [ʌi] > [ai] > [ɛ].

ㅙ [wɛ] ウェ：わい > あい
　　愉快 유쾌 [jukʰwɛ] ユクェ (ゆかい < くわい) +

朝鮮漢字音で初声のㅋ[kʰ] を持つものはどういうわけかこの 쾌 [kʰwɛ] クェという音節だけである．朝鮮 쾌 [kʰwai] クァイ > [kʰwɛ] クェ；日本くわい [kwai] > かい [kai].

ㅙ [wɛ] ウェ：あい
　　粉碎〔砕〕분쇄 [punswɛ] プンスウェ (ふんさい)

2) ㅔ [e] エ：えい
　　　掲示 게시 [keɕi] ケシ (けいじ)

ㅖ [je] イェ：えい
　　　契約 계약 [kjejak] キェヤク (けいやく)
　　　恩惠〔恵〕은혜 [unhje] ウンヒェ (おんけい)
　　　藝〔芸〕術 *예술 [jesul] イェスル <슐> (げいじゅつ)
　　　〔注〕「芸」という字は実は略字ならぬ正字として存在するから朝鮮では用いない方
　　　　　　がよろしい．李朝の機関「芸閣」운각 [ungak] ウンガク (うんかく) を参照せよ.
　　　用例 용례 [－녜] [joŋnje] ヨンニェ / 北 [joŋrje] ヨンリェ (ようれい)
　　　舊〔旧〕弊 구폐 [kupʰje] クピェ / 北 －페 [kupʰe] クペ (きゅう < きうへい)
　　　〔注〕　韓国の漢字音폐 [pʰje] ピェは北朝鮮では페 [pʰe] ぺと書かれる．弊, 癈〔廃〕

ㅖ [je] イェ：あい
　　　世界 세계 [seɡje] セギェ (せかい)
　　　廢〔廃〕止 폐지 [pʰjeʥi] ピェジ / 北 페－ [pʰjeʥi] ペジ (はいし)

ㅖ [je] イェ：わい
　　　汚穢 오예 [oje] オイェ (おわい)

漢字音 계 [kje] キェ，혜 [hje] ヒェ，례 [rje] リェ，폐 [pʰje] ピェはそれぞれ [ke] ケ，[he] ヘ，[re] レ，[pʰe] ペと発音されることが多い ([pʰe] ぺについては韓国と北朝鮮の違いを参照せよ). 漢字音 게 [ke] ケは「揭」,「偈」という漢字に対応するものであり，それ以外は 계 [kje] キェである. これは韓国人でも間違えやすい.

ㅖ [e] エ：えい〈ㅖ〉

世紀 세기 [segi] セギ〈세긔〉(せいき)

税金 세금 [segum] セグム〈세〉(ぜいきん)

製作 제작 [tʃedʑaᵏ] チェジャク〈졔〉(せいさく)

締結 체결 [tʃʰegjɔl] チェギョル〈톄〉(ていけつ)

ㅖ [e] エ：え〈ㅖ〉

世界 세계 [segje] セギェ〈세〉(せかい)

弟子 제자 [tʃedʑa] チェジャ〈뎨ᄌ〉(でし)

ㅖ [e] エ：あい〈ㅖ〉

細菌 세균 [segjun] セギュン〈세〉(さいきん)

祭祀 제사 [tʃesa] チェサ〈졔ᄉ〉(さいし)

一切 일체 [iltʃʰe] イルチェ〈쳬〉(いっさい)

遅滯〔滞〕지체 [tʃitʃʰe] チチェ〈톄〉(ちたい)

兄弟 형제 [hjɔŋdʑe] ヒョンジェ〈뎨〉(きょう＜きゃうだい)

體〔体〕格 체격 [tʃʰegjɔᵏ] チェギョク〈톄〉(たいかく)

朝鮮語で次のような直音化と口蓋化が生じた.

直音化：셰＞세；졔＞제；쳬＞체.

口蓋化：뎨＞제；톄＞체.

日本漢字音における次のような漢音と呉音に注意せよ.

제 [tʃe] チェ〈뎨〉「弟」てい (漢音)，だい (呉音)，
「帝」てい (漢音)，たい (呉音)

朝鮮語では次のような二重母音の単母音化が起こった. ㅔ [ɔi]＞[e]；ㅖ [jɔi]

> [je].

　現在では多くの韓国人は ㅐ [ɛ] エと ㅔ [e] エとは発音上区別がつかず ([e] だけを発音する)，表記上の区別をしているに過ぎない.

3) ㅚ [we] ウェ：あい
　　犯罪 범죄 [pɔmʤwe] ポムジュウェ (はんざい)
　　退學〔学〕퇴학 [tʰwehaᵏ] トゥウェハク (たいがく)
　　雷雨 뇌우 [nweu] ヌウェウ / 北 뢰－ [rweu] ルウェウ (らいう)
　　催促 최촉 [ʧʰweʧʰoᵏ] チュウェチョク (さいそく)

　ㅚ [we] ウェ：わい > あい
　　金塊 금괴 [kumgwe] クムグウェ (きんかい < くわい)
　　集會〔会〕집회 [ʧiᵖpʰwe] チップウェ (しゅう < しふかい < くわい)
　　外國〔国〕*외국 [weguᵏ] ウェグク (がい < ぐわいこく)

　朝鮮語では次のような二重母音の単母音化が起こった．ㅚ [oi] ＞ [ø] ＞ [we]. 現在では ㅚ と ㅔ [we] ウェとは発音が全く同じ人が多く，さらに ㅙ [wɛ] ウェも [we] ウェと発音する人が多いから，ㅚ, ㅔ, ㅙ は表記上の違いということになる.

4) ㅟ [wi] ウィ：ゐ ＞ い
　　委員 위원 [wiwɔn] ウィウォン (い < ゐいん < ゐん)

　ㅟ [wi] ウィ：い
　　發〔発〕揮 발휘 [parhwi] パルフィ (はっき)

　ㅟ [wi] ウィ：うい 〈ㅟ〉
　　自炊 자취 [ʧaʦʰwi] チャチュイ 〈쉬〉(じすい)
　　麻醉〔酔〕마취 [maʦʰwi] マチュウィ 〈쉬〉(ますい)
　　吹奏 취주 [ʧʰwiʤu] チュウィジュ 〈쉬〉(すいそう)

　日本語では「ゐ ＞ い」wi ＞ i という変化があった (「を ＞ お」wo ＞ o，「ゑ ＞ え」we ＞ e，そして k, g の後での「わ ＞ あ」wa ＞ a 参照).

朝鮮語では次の直音化が起きた. 쉬 > 취.

朝鮮語では次のような音の変化が生じた. ㅟ [ui] > [wi]. [ui] > [y] という変化が生じたところもある.

.ㅣ	あ い		漢音	呉音		ㅚ	わい, あい	ㅟ	ゐ, い
ㅐ		ㅖ	え い	あ い				ㅞ	うい
ㅒ			い						
ㅙ	わい, あい								

まとめ

1) 朝鮮漢字音の次の変化に注意：

세 > 세, 졔 > 제, 쳬 > 체；뎨 > 제, 톄 > 체；쉬 > 취.

ㅒはㅖと.ㅣにさかのぼるものがある.

개　해　애　대　　　　　　　　채　　패　매
긔　희　의　듸　틔　늬　릐　싀　즤　츼　븨　　　믜

2) この課の漢字音をまとめると次の通り：

애　がい	개　かい, がい	해　がい
〈의〉あい	〈긔〉かい, がい	〈희〉かい, がい
대　たい, だい	태　たい	내　ない, だい
〈듸〉たい, だい	〈틔〉たい	〈늬〉ない, だい
		래
		〈릐〉らい
배	패　はい, ばい	매　まい, ばい
〈븨〉はい, ばい		〈믜〉まい, ばい
새	재	채　さい
〈싀〉さい	〈즤〉さい, ざい	〈츼〉さい
쾌　くわい > かい		
쇄　さい		
세	제	체
〈세〉せい, せ, ぜい, さい	〈졔〉せい, さい, ざい	
	〈뎨〉てい, で, だい	〈톄〉てい, たい
	계　けい	

167

예	えい，げい，わい	계	けい，かい	혜	けい
		폐 / 北 페	へい，はい	례	れい，らい
외	ぐわい ＞ がい	괴	くわい ＞ かい	회	くわい ＞ かい
		퇴	たい	뢰	らい
		죄	ざい	최	さい
위	ゐ ＞ い，ぎ	귀	き	휘	き
취					
⟨쉬⟩	すい				

3)　日本漢字音と朝鮮漢字音の次の対応を参照：

あい	애⟨의⟩
かい	개，개⟨기⟩，해⟨히⟩，계
かい ＜ くわい	괴，회，쾌
がい	개，개⟨기⟩，해，해⟨히⟩
がい ＜ ぐわい	외
さい	새⟨시⟩，재⟨지⟩，채，채⟨치⟩，세⟨세⟩，제⟨제⟩，쇠，최
ざい	재⟨지⟩，제⟨제⟩，죄
たい	대，대⟨딕⟩，채⟨톄⟩，퇴
だい	대，대⟨딕⟩，내，내⟨닉⟩
ない	내，내⟨닉⟩
はい	배⟨빅⟩，패，폐 / 北 페
ばい	배⟨빅⟩，패，매，매⟨믹⟩
まい	매，매⟨믹⟩
らい	래⟨릭⟩，례，뢰
わい	예

えい	예
けい	게，계，혜
げい	예
せい	세⟨세⟩
ぜい	세⟨세⟩
てい	채⟨톄⟩
れい	례

い ＜ ゐ	위

168

き	귀, 휘
すい	취〈취〉

練習 17

次に漢字音のうち下線部の漢字を推測してあてはめなさい.

1. 애매 [εmε] エメ〈이〉〈미〉(＿昧＿＿まい)＋

2. 개량 [kɛrjaŋ] ケリャン〈ㄱ〉(＿良＿りょう＜りゃう)

3. 해협 [hɛhjɔᵖ] ヘヒョプ〈히〉(＿峡＿きょう＜けふ)

4. 단*애절벽 [tanɛ ʧɔlbjɔᵏ] タネチョルビョク〈절〉
    (断〔斷〕＿絶壁だん＿＿ぜっ＜ぜつぺき)

5. 재해 [ʧɛhɛ] チェヘ〈지〉(＿害＿＿がい)

6. 채'권 [ʧʰɛʔkwɔn] チェクォン(＿券＿けん)

7. 긴축재정 [kinʧʰuᵏ ʧɛʥɔŋ] キンチュクチェジョン〈축지정〉
    (緊縮＿政きんしゅく＿＿せい)

8. 군대 [kundɛ] クンデ〈디〉(軍＿ぐん＿＿)

9. 태타 [tʰɛtʰa] テタ〈티〉(＿惰＿＿だ)

10. 촉대 [ʧʰoᵏʔtɛ] チョクテ〈촉디〉(燭＿しょく＿＿)

11. 후배 [hubɛ] フベ〈비〉(後＿こう＿＿)

12. 배상 [pɛsaŋ] ペサン〈비상〉(＿償＿しょう＜しゃう)

13. 낭패 [naŋpʰɛ] ナンペ／
    北 랑－ [raŋpʰɛ] ランペ(狼＿ろう＜らう＿＿)

169

14. 매매 [mɛmɛ] メメ〈매미〉(買〔売〕＿ばい＿＿＿)

15. 매몰 [memol] メモル〈미〉(＿没＿＿＿ぼつ)

16. 미래 [mirɛ] ミレ〈리〉(未＿み＿＿＿)

17. 세력 [serjɔᵏ] セリョク〈세〉(＿力＿＿＿りょく)

18. 제도 [tʃedo] チェド〈제〉(＿度＿＿ど)

19. 전국유세 [tʃɔnguᵏ juse] チョングクユセ / [tʃɔnguŋnjuse] チョングンニュセ〈전〉〈세〉(全國〔国〕遊＿ぜんこくゆう＿＿＿)

20. 제국 [tʃeguᵏ] チェグク〈데〉(＿國〔国〕＿＿＿こく)

21. 세입세출 [seiᵖ setʃʰul] セイプセチュル〈세〉《△》〈세출〉(＿入＿出＿＿＿にゅう＜にふ＿＿＿しゅつ)

22. 국제관계 [kuᵏˀtʃe kwangje] ククチェクァンギェ〈제〉(國〔国〕＿關〔関〕係こく＿＿＿かん＜くわんけい)

23. 약제사 [jaᵏˀtʃesa] ヤクチェサ〈제ㅅ〉(藥〔薬〕＿師やく＿＿＿し)

24. 체포 [tʃʰepʰo] チェポ〈톄〉(＿捕＿＿＿ほ)

25. 제목 [tʃemoᵏ] チェモク〈뎨〉(＿目＿＿もく)

26. 예리 [jeri] イェリ(＿利＿＿＿り)+

27. 계략 [kjerjaᵏ] キェリャク(＿略＿＿＿りゃく)

28. 지폐 [tʃipʰje] チピェ / 北 ―폐 [tʃipʰe] チペ(紙＿し＿＿＿)

29. 경례 ［―녜］[kjɔŋnje] キョンニェ / 北 [kjɔŋrje] キョンリェ(敬＿けい＿＿＿)

30. 계단 [kjedan] キェダン（＿段　　　だん）

31. 폐렴 [pʰjerjɔm] ピェリョム / 北 페－ [pʰerjɔm] ペリョム
（＿炎　　　えん）［注］「炎」は本来 염 [rɔm] ヨムである.

32. 예배 [jebɛ] イェベ / 北 례－ [rjebɛ] リェベ（＿拝　　　はい）

33. 유괴 [jugwe] ユグウェ（誘＿ ゆう＜いう　　　＜　　　）

34. 대회 [tɛɦwe] テフェ（大＿ たい　　　＜　　　）

35. 최대최고 [ʧʰwedɛ ʧʰwego] チュウェデチュウェゴ
（＿大＿高＿　　だい　　　こう＜かう）

36. 퇴폐 [tʰwepʰje] トゥウェピェ /
北 －폐 [tʰwepʰe] トゥウェペ（＿廢〔廃〕　　　はい）

37. 괴뢰 [kwerwe] クェルウェ（傀＿ かい＜くわい　　　）

38. 포위 [pʰowi] ポウィ（包＿ ほう＜はう　＜　）

39. 귀국하다 [kwiguᵏkʰada] クィグッカダ（＿國〔国〕＿ こくする）

40. 광휘 [kwaŋhwi] クァンフィ（光＿ こう＜くわう　）

41. 허위 *[hɔwi] ホウィ（虚＿ きょ　）

補足 1

旧字体と新字体　碎－砕 쇄 [swɛ] スウェ（さい）；藝－芸 예 [je] イェ（げい）；舊－旧 구 [ku] ク（きう＞きゅう）；滯－滞 체 [ʧe] チェ〈톄〉（たい）；醉－酔 취 [ʧʰwi] チュウィ〈쵀〉（すい）.

　形声字Ⅰ　放－方 방 [paŋ] パン（はう＞ほう）；愉－兪 유 [ju] ユ（ゆ）；粉－分 분 [pun] プン（ふん）；製－制 제 [ʧe] チェ〈졔〉（せい）；催－崔 최 [ʧʰwe] チュウェ（さい）；癩－麻 마 [ma] マ（ま）；述－術 술 [sul] スル〈숱〉（じゅつ）；曖－愛 애 [ɛ] エ〈이〉（あ

い）；償－賞 상 [saŋ] サン〈샹〉（しゃう ＞ しょう）；政－正 정 [tʃɔŋ] チョン〈정〉（せい）；財（ざい）－才（さい）재 [tʃɛ] チェ〈ᄌᆡ〉；劑〔剤〕（ざい）－濟〔済〕（さい，ざい）제 [tʃe] チェ〈제〉；祭－際 제 [tʃe] チェ〈졔〉（さい）；弊－幣 폐 [pʰje] ピェ／北 페 [pʰe] ペ（へい）；圍〔囲〕－偉 위 [wi] ウィ（ゐ ＞ い）；爲〔為〕－僞〔偽〕*위 [wi] ウィ（ぎ）；捕（ほ）－葡（ぶ）포 [pʰo] ポ.

<u>形声字Ⅱ</u> 帝 제 [tʃe] チェ〈뎨〉（てい）－締 체 [tʃʰe] チェ〈톄〉（てい）；帶〔帯〕대 [tɛ] テ〈ᄃᆡ〉（たい）－滯〔滞〕체 [tʃʰe] チェ〈톄〉（たい）；促 촉 [tʃʰokʰ] チョク（そく）－足 족 [tʃokʰ] チョク（そく）；燭 촉 [tʃʰokʰ] チョク〈쵹〉（しょく）－獨〔独〕독 [tokʰ] トク（どく）－濁 탁 [tʰakʰ] タク（だく）；階 계 [kje] キェ（かい）－皆 개 [kɛ] ケ〈ᄀᆡ〉（かい）；格 격 [kjɔkʰ] キョク（かく）－各 각 [kakʰ] カク（かく）；結 결 [kjɔl] キョル（けつ）－吉 길 [kil] キル（きつ／きち）；良 량 [rjaŋ] リャン（りゃう ＞ りょう）－狼 랑 [raŋ] ラン（らう ＞ ろう）；昧 매 [mɛ] メ〈ᄆᆡ〉（まい）－味 미 [mi] ミ（み）；概 개 [kɛ] ケ（がい）－既 기 [ki] キ（き）；塊傀 괴 [kwe] クェ（くわい ＞ かい）－鬼 귀 [kwi] クィ（き）.

<u>補 足 2</u>

1)「説」は 설 [sɔl] ソル〈셜〉（せつ）（解説 해설 [hɛsɔl] ヘソル〈ᄒᆡ셜〉かいせつ）と [se] セ〈셰〉（ぜい）（遊説 유세 [juse] ユセ〈셰〉ゆう ＜ いうぜい）の2種類の漢字音を持っている．後者の「い」i は中国上古音の d に由来すると推測されている（前者は t：ᄅ[l] ル：つ）．従って上古音の韻尾は t と d ＞ i の違いがあったと推定されている．

次のように形声字の中には t と d ＞ i とが対応するものがある：害 해 [hɛ] ヘ（がい）－轄割 할 [hal] ハル（かつ）；喝 갈 [kal] カル（かつ）－謁 알 [al] アル（えつ）－掲 게 [ke] ケ（けい）；列 렬 [rjɔl] リョル（れつ）－例 레 [rje] リェ（れい）；世 세 [se] セ〈셰〉（せい，せ）－泄 설 [sɔl] ソル〈셜〉（せつ）；發〔発〕발 [pal] パル（はつ）－廢〔廃〕폐 [pʰje] ピェ／北 페 [pʰe] ペ（はい）；卒〔卆〕졸 [tʃol] チョル（そつ）－碎〔砕〕쇄 [swɛ] スウェ（さい）－醉〔酔〕취 [tʃʰwi] チュウィ〈ᄎᆔ〉（すい）；最 최 [tʃʰwe] チュウェ（さい）－撮 촬 [tʃʰwal] チュワル（さつ）；祭 제 [tʃe] チェ〈졔〉（さい）－擦 찰 [tʃʰal] チャル（さつ）；契 계 [kje] キェ（けい）－潔 결 [kjɔl] キョル（けつ）；切 절 [tʃɔl] チョル〈졀〉（せつ）－体 체 [tʃʰe] チェ〈체〉（さい）；殺 살 [sal] サル（さつ）－殺 [swɛ] スウェ（さい）.

また次のように n と d ＞ i とが対応するものがある：萬〔万〕만 [man] マン（まん，ばん）－邁 매 [mɛ] メ（まい）；先 선 [sɔn] ソン〈션〉（せん）－洗 세 [se] セ〈셰〉（せい）[「せん」は慣用音]；軍 군 [kun] クン（ぐん）－揮輝 휘 [hwi] フィ（き）.

さらに n と t とが対応するものもある：産 산 [san] サン（さん）－薩 살 [sal] サル（さつ）.

2)「惡〔悪〕」は [akʰ] アク（あく）と [o] オ（を ＞ お）（惡〔悪〕寒 오한 [ohan] オハン お＜

をかん) という漢字音を持っている. この場合の o は次のような変遷を経たと推定されている. ag ＞ aw ＞ o. 上古音には韻尾に k と g との違いがあったものと推定されている. 形声字には次のように k と g との対応を持つものがある：

락 [ra^k] ラク	：らく	洛駱絡落酪	cf. 각 [ka^k] カク	：かく 各閣
략 [rja^k] リャク	：りゃく	略	격 [kjɔ^k] キョク	：かく 格
로 [ro] ロ	：ろ	路露鷺		
막 [ma^k] マク	：まく	幕膜		
	：ばく	莫漠		
모 [mo] モ	：も	摸模		
	：ぼ	謨募慕募		
묘 [mjo] ミョ	：ぼ	墓		
착 [tʃʰa^k] チャク	：さく	錯		
석 [sɔ^k] ソク〈셕〉	：せき	昔惜		
적 [tʃɔ^k] チョク〈격〉	：せき	籍		
조 [tʃo] チョ	：そ	醋		
삭 [sa^k] サク	：さく	朔		
소 [so] ソ	：そ	溯塑		
작 [tʃa^k] チャク	：さく	作昨		
조 [tʃo] チョ	：そ	祚		

【参 考】

1) 第16課の［参考］4) で歯音の場合を示したように，北京漢字音では声母がさまざまな介母音を伴うことがありうる.

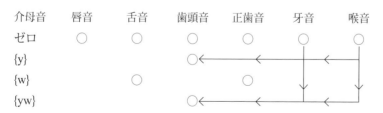

介母音	唇音	舌音	歯頭音	正歯音	牙音	喉音
ゼロ	○	○	○	○	○	○
{y}			○			
{w}		○		○		
{yw}			○			

173

漢字	安	暗	央	肝	看	間	韓	閑	敢	勘	減
朝鮮	안	암	앙	간	〃	〃	한	〃	감	〃	〃
	[an]	[am]	[aŋ]	[kan]	〃	〃	[han]	〃	[kam]	〃	〃
	アン	アム	アン	カン	〃	〃	ハン	〃	カム	〃	〃
日本	あん	〃	あう おう	かん	〃	〃	〃	〃	〃	〃	げん
北京	ān	àn	yāng	gān	kàn	jiān	hán	xián	gǎn	kān	jiǎn
	アン	アン	ヤン	ガン	カン	チエン	ハン	シエン	カン	カン	チエン

漢字	函	岡	康	江	港	抗	杭	降	昂	仰	單〔単〕
朝鮮	함	강	〃	〃	항	〃	〃	〃	*앙	*〃	단
	[ham]	[kaŋ]	〃	〃	[haŋ]	〃	〃	〃	[aŋ]	〃	[tan]
	ハム	カン	〃	〃	ハン	〃	〃	〃	アン	〃	タン
日本	かん	かう こう	〃	〃	〃	〃	〃	〃	〃	ぎゃう ぎょう	たん
北京	hán	gāng	kāng	jiàng	gǎng	kàng	háng	jiāng	áng	yǎng	dān
	ハン	カン	カン	チアン	カン	カン	ハン	チアン	アン	ヤン	タン

漢字	短	誕	炭	淡	譚	耽	探	壇	段	彈〔弾〕
朝鮮	단	탄	〃	담	〃	탐	〃	단	〃	탄
	[tan]	[tʰan]	〃	[tam]	〃	[tʰam]	〃	[tan]	〃	[tʰan]
	タン	タン	〃	タム	〃	タム	〃	タム	〃	タン
日本	たん	〃	〃	〃	〃	〃	〃	だん	〃	〃
北京	duǎn	dàn	tàn	dàn	tán	dān	tàn	tán	duàn	dàn
	トゥワン	タン	タン	タン	タン	タン	タン	タン	トゥワン	タン

漢字	談	暖	男	當〔当〕	唐	湯	難	南	囊	羊
朝鮮	담	난	남	당	〃	탕	난	남	낭	양
	[tam]	[nan]	[nam]	[taŋ]	〃	[tʰaŋ]	[nan]	[nam]	[naŋ]	[jaŋ]
	タム	ナン	ナム	タン	〃	タン	ナン	ナム	ナン	ヤン
日本	だん	〃	〃	たう とう	〃	〃	なん	〃	なう のう	やう よう
北京	tán	nuǎn	nán	dāng	táng	tāng	nán	nán	náng	yáng
	タン	ヌワン	ナン	タン	タン	タン	ナン	ナン	ナン	ヤン

2)　中古音の唇音は重唇音と軽唇音とに分かれ，それらは次のように変わった.

重唇音　→　b, p, m
軽唇音　→　f, w

漢字	般	反	板	販	伴	磐	礬	鰻	萬〔万〕	幫	方
朝鮮	반	〃	판	〃	반	판	〃	만	〃	방	〃
	[pan]	〃	[pʰan]	〃	[pan]	[pʰan]	〃	[man]	〃	[paŋ]	〃
	パン	〃	パン	〃	パン	パン	〃	マン	〃	パン	〃
日本	はん	〃	〃	〃	ばん	〃	〃	ばん	〃	はう	〃
								まん	〃	ほう	〃
北京	bān	fǎn	bǎn	fàn	bàn	pán	fán	mán	wàn	bāng	fāng
	パン	ファン	パン	ファン	パン	パン	ファン	マン	ワン	パン	ファン

漢字	傍	旁	房	忙	忘
朝鮮	방	〃	〃	망	〃
	[paŋ]	〃	〃	[maŋ]	〃
	パン	〃	〃	マン	〃
日本	ばう	〃	〃	〃	〃
	ぼう	〃	〃	〃	〃
北京	bàng	páng	fáng	máng	wàng
	パン	パン	ファン	マン	ワン

鼻音＋朝鮮 ㅣ [i] イ：日本「い」は北京では次のものに対応する.

重唇音	bi,	pi,	mi	bei, pei, mei	
軽唇音				fei,	wei

漢字	秘	婢	批	碑	飛	避	皮	鼻	琵	備	眉	味
朝鮮	비	〃	〃	〃	〃	피	〃	비	〃	〃	미	〃
	[pi]	〃	〃	〃	〃	[pʰi]	〃	[pi]	〃	〃	[mi]	〃
	ピ	〃	〃	〃	〃	ピ	〃	ピ	〃	〃	ミ	〃
日本	ひ	〃	〃	〃	〃	〃	〃	び	〃	〃	〃	み
北京	mì	bèi	pī	bēi	fēi	bì	pí	bí	pí	bèi	méi	wèi
	ミ	ペイ	ピ	ペイ	フェイ	ピ	ピ	ピ	ピ	ペイ	メイ	ウェイ

3)　朝鮮 ㅏ [a] ア：日本「あ」を含む次の音節は北京では次のような対応を持つことが多い.

[a] ア：	あ
$[a^p]$ アプ：	あふ ＞ おう
[al] アル：	あつ
$[a^k]$ アク：	あく

{a} a　{ya} ia (ya)　{wa} ua (wa)
{ə} e *{yə} ie (ye)　{wə} uo (wo)　{ywə} üe (yue)
*唇音の後ろでは o と書かれる.

	阿	亞〔亜〕	惡〔悪〕	握	軋	幹	押	歌	可	家	霞	河	下
朝鮮	아	〃	악	〃	알	〃	압	가	〃	〃	〃	하	〃
	[a]	〃	[a^k]	〃	[al]	〃	[a^p]	[ka]	〃	〃	〃	[ha]	〃
	ア	〃	アク	〃	アル	〃	アプ	カ	〃	〃	〃	ハ	〃
日本	あ	〃	あく	〃	あつ	〃	あふ おう	か	〃	〃	〃	〃	〃
北京	ā	yà	è	wò	yà	wò	yā	gē	kě	jiā	xiá	hé	xià
	ア	ヤ	オ	ウォ	ヤ	ウォ	ヤ	コ	コ	チア	シア	ホ	シア

	駕	賀	餓	我	各	鶴	甲	閣	合	索	朔	削
朝鮮	가	하	*아	*〃	각	학	갑	합	〃	삭	〃	〃
	[ka]	[ha]	[a]	〃	[ka^k]	[ha^k]	[ka^p]	[ha^p]	〃	[sa^k]	〃	〃
	カ	ハ	ガ	〃	カク	ハク	カプ	ハプ	〃	サク	〃	〃
												〈샥〉
日本	が	〃	〃	〃	かく	〃	かふ こう	〃	がふ ごう	さく	〃	〃
北京	jià	hè	è	wǒ	gè	hè	jiǎ	gé	hé	suǒ	shuò	xiāo
	チア	ホ	オ	ウォ	コ	ホ	チア	コ	ホ	スオ	シュオ	シアオ

	搾	錯	作	殺	薩	察	擦	絷	插	雜〔雑〕	社
朝鮮	착	〃	작	살	〃	찰	〃	〃	삽	잡	사
	[tʃʰa^k]	〃	[tʃa^k]	[sal]	〃	[tʃʰal]	〃	〃	[sa^p]	[tʃa^p]	[sa]
	チャク	〃	チャク	サル	〃	チャル	〃	〃	サプ	チプ	サ
											〈샤〉
日本	さく	〃	〃	さつ	〃	〃	〃	〃	さふ そう	ざふ ぞう	しゃ
北京	zhà	cuò	zuò	shā	sà	chá	cā	zhá	chā	zá	shè
	チャ	ツオ	ツオ	シャ	サ	チャ	ツァ	チャ	チャ	ツァ	ショ

	寫〔写〕	者	車	遮	蛇	邪	爵	雀	多	他	打
朝鮮	사	자	차	〃	사	〃	삭	작	다	타	〃
	[sa]	[tʃa]	[tʃʰa]	〃	[sa]	〃	[sa^k]	[tʃa^k]	[ta]	[t^{h}a]	〃
	サ	チャ	チャ	〃	サ	〃	サク	チャク	タ	タ	〃
	〈샤〉	〈쟈〉	〈챠〉	〃	〈샤〉	〃	〈삭〉	〈쟉〉			
日本	しゃ	〃	〃	〃	じゃ	〃	しゃく	じゃく	た	〃	だ

北京	xiě	zhě	chē	zhē	shé	xié	jué	què	duō	tā	dǎ
	シエ	チョ	チョ	チョ	ショ	シエ	チュエ	チュエ	トゥオ	タ	タ

漢字	駝	託	卓	濁	諾	達	轍	奪	脱	答
朝鮮	타	탁	〃	〃	낙	달	〃	탈	〃	답
	[tʰa]	[tʰak]	〃	〃	[nak]	[tal]	〃	[tʰal]	〃	[tap]
	タ	タク	〃	〃	ナク	タル	〃	タル	〃	タプ
日本	だ	たく	〃	だく	〃	たつ	だつ	〃	〃	たふ とう
北京	tuó	tuō	zhuō	zhuó	nuò	dá	dá	duó	tuō	dá
	トゥオ	トゥオ	チュオ	チュオ	ヌオ	タ	タ	トゥオ	トゥオ	タ

漢字	着	那	捺	納	把	波	破	婆	馬	博	迫	駁	發〔発〕
朝鮮	착	나	날	납	파	〃	〃	〃	마	박	〃	〃	발
	[tʃʰak]	[na]	[nal]	[nap]	[pʰa]	〃	〃	〃	[ma]	[pak]	〃	〃	[pal]
	チャク	ナ	ナル	ナプ	パ	〃	〃	〃	マ	パク	〃	〃	パル
	<챡>												
日本	ちゃく	な	なつ	なふ のう	は	〃	〃	ば	〃	はく	〃	ばく	はつ
北京	zhuó	nà	nà	nà	bǎ	bō	pò	pó	mǎ	bó	pò	bó	fā
	チュオ	ナ	ナ	ナ	パ	ポ	ポ	ポ	マ	ポ	ポ	ポ	ファ

漢字	撥	拔	麻	摩	膜	末	約	羅	落	樂〔楽〕	辣	蠟	窪
朝鮮	발	〃	마	〃	막	말	약	라	락	〃	랄	랍	와
	[pal]	〃	[ma]	〃	[mak]	[mal]	[jak]	[ra]	[rak]	〃	[ral]	[rap]	[wa]
	パル	〃	マ	〃	マク	マル	ヤク	ラ	ラク	〃	ラル	ラプ	わ
日本	はつ	ばつ	ま	〃	まく	まつ	やく	ら	らく	〃	らつ	らふ ろう	わ
北京	bō	bá	má	mó	mó	mò	yuē	luó	luò	lè	là	là	wā
	ポ	パ	マ	モ	モ	モ	ユエ	ルオ	ルオ	ロ	ラ	ラ	ワ

4) 唇音を声母とする朝鮮漢字音は次のような分布をなす.

①		[pal] パル	[paᵏ] パク	[pan] パン	[paŋ] パン
	[pʰa] パ	[pʰal] パル		[pʰan] パン	
②		[pɔl] ポル	[pɔᵖ] ポプ	[pɔn] ポン	[pɔm] ポム

②は①と同じく次のような音となる（上記［参考］の 2) と 3) を参照).

漢字	筏	法	繁	番	汎
朝鮮	벌	법	번	번	범
	[pɔl]	[pɔᵖ]	[pɔn]	[pɔn]	[pɔm]
	ポル	ポプ	ポン	ポン	ポム
日本	ばつ	はふ	はん	ばん	はん
		ほう			
北京	fá	fǎ	fán	fān	fàn
	ファ	ファ	ファン	ファン	ファン

5) 北京漢字音の「介母音＋主母音」は第16課の［参考］3) 以外に次のものがある.

{ay} ai　　　　アイ	{aw} ao　　　　アオ　(cf. 第13課 1)［参考］)
	{yaw} iao (yao)　イアオ (cf. 第13課 2)［参考1］)
{way} uai (wai)　ウワイ	
{əy} ei　　　　エイ	{əw}　ou　　　　オウ　(cf. 第13課 2)［参考2］)
	{yəw} iu (you)　イウ　(　　　　〃　　　　)
{wəy} ui (wei)　ウイ	

｛　｝の中の末尾の y と w は n, ng と同じく韻尾と考えてよい.

　第17課に現れる朝鮮語の合成母音（本来の二重母音）と上の表の左欄の母音との関係は次の通りである.

北京 朝鮮	{ay} ai アイ	{əy} ei エイ	{yi} i イ	{yə} ie イエ	{way} uai ウアイ	{wəy} ui ウイ
ㅐ [ɛ] エ	○	○		○		○
ㅙ [wɛ] ウェ					○	
ㅔ [e] エ			○			
ㅖ [je] イェ			○	○		○

178

ㅚ [we] ウェ					○	○
ㅟ [wi] ウィ						○

漢字	艾	愛	芥	改	開	皆	海	楷	諧	解	界
朝鮮	*애	〃	개	〃	〃	〃	해	〃	〃	〃	계
	[ɛ]	〃	[kɛ]	〃	〃	〃	[hɛ]	〃	〃	〃	[kje]
	エ	〃	ケ	〃	〃	〃	ヘ	〃	〃	〃	キェ
	〈이〉	〈키〉	〃	〃	〃	〈히〉	〃	〃	〃		
日本	がい	あい	かい	〃	〃	〃	〃	〃	〃	〃	〃
北京	ài	ài	jiè	gǎi	kāi	jiē	hǎi	kǎi	xié	jiě	jiè
	アイ	アイ	チエ	カイ	カイ	チエ	ハイ	カイ	シエ	チエ	チエ

漢字	械	拐	快	塊	壞〔壊〕	膾	懷〔懐〕	灰	蓋	凱
朝鮮	계	괴	쾌	괴	〃	회	〃	〃	개	〃
	[kje]	[kwe]	[kʰwɛ]	[kwe]	〃	[hwe]	〃	〃	[kɛ]	〃
	キェ	クェ	クウェ	クェ	〃	フェ	〃	〃	ケ	〃
日本	かい	〃	くわい	〃	〃	〃	〃	〃	がい	〃
			かい	〃	〃	〃	〃	〃		
北京	xiè	guǎi	kuài	kuài	huài	kuài	huái	huī	gài	kǎi
	シエ	クワイ	クワイ	クワイ	フワイ	クワイ	フワイ	フイ	カイ	カイ

漢字	害	該	賽	災	才	齋〔斎〕	債	彩	碎〔砕〕	歲
朝鮮	해	〃	새	재	〃	〃	채	〃	쇄	세
	[hɛ]	〃	[sɛ]	[tʃɛ]	〃	〃	[tʃʰɛ]	〃	[swɛ]	[se]
	ヘ	〃	セ	チェ	〃	〃	チェ	〃	スウェ	セ
	〈히〉	〈싀〉	〈키〉	〃	〃		〈칙〉	〃		〈셰〉
日本	がい	〃	さい	〃	〃	〃	〃	〃	〃	〃
北京	hài	gāi	sài	zāi	cái	zhāi	zhài	cǎi	suì	suì
	ハイ	カイ	サイ	ツァイ	ツァイ	チャイ	チャイ	ツァイ	スイ	スイ

漢字	細	祭	切	在	材	劑〔剤〕	罪	袋	撻	對〔対〕
朝鮮	세	제	체	재	〃	제	죄	대	〃	〃
	[se]	[tʃe]	[tʃʰe]	[tʃɛ]	〃	[tʃe]	[tʃwe]	[tɛ]	〃	〃
	セ	チェ	チェ	チェ	〃	チェ	チュウェ	テ	〃	〃

179

朝鮮	〈세〉	〈제〉	〈체〉	〈짗〉	//	〈제〉		〈디〉	//	//
日本	さい	//	//	ざい	//	//	//	たい	//	//
北京	xì	jì	qiē	zài	cái	jì	zuì	dài	tái	duì
	シ	チ	チエ	ツァイ	ツァイ	チ	ツイ	タイ	タイ	トゥイ

漢字	泰	怠	態	堆	頹	滯〔滞〕	替	逮	代	臺〔台〕	第
朝鮮	태	//	//	퇴	//	체	//	//	대	//	제
	[tʰɛ]	//	//	[tʰwe]	//	[tʃʰe]	//	//	[tɛ]	//	[tʃe]
	テ	//	//	トゥエ	//	チェ	//	//	テ	//	チェ
	〈티〉	//	//			〈체〉	〈톄〉	//	〈디〉	//	〈뎨〉
日本	たい	//	//	//	//	//	//	//	だい	//	//
北京	tài	dài	tài	duī	tuí	zhì	tì	dài	dài	tái	dì
	タイ	タイ	タイ	トゥイ	トゥイ	チ	ティ	タイ	タイ	タイ	ティ

漢字	題	內	拜〔拝〕	排	盃	裴	敗	牌	悖	肺	邁	埋
朝鮮	제	내	배	//	//	//	패	//	//	폐	매	//
	[tʃe]	[nɛ]	[pɛ]	//	//	//	[pʰɛ]	//	//	[pʰje]	[mɛ]	//
	チェ	ネ	ネ	//	//	//	ペ	//	//	ピェ	メ	//
	〈뎨〉	〈닉〉	〈비〉	//	//	//				北 폐		〈미〉
日本	だい	ない	はい	//	//		//	//			まい	//
北京	tí	nèi	bài	pái	bēi	péi	bài	pái	bèi	fèi	mài	mái
	ティ	ネイ	パイ	パイ	ペイ	ペイ	パイ	パイ	ペイ	フェイ	マイ	マイ

漢字	每	來〔来〕	賴	雷	歪	猥	銳	衛	揭	鷄〔鶏〕	啓
朝鮮	매	래	뢰	//	왜	외	예	위	게	계	//
	[mɛ]	[rɛ]	[rwe]	//	[wɛ]	[we]	[je]	[wi]	[ke]	[kje]	//
	メ	レ	ルウェ	//	ウェ	ウェ	イェ	ウィ	ケ	キェ	//
	〈미〉	〈리〉									
日本	まい	らい	//	//	わい	//	えい	ゑい / えい	けい	//	
北京	měi	lái	lài	léi	wāi	wěi	ruì	wèi	jiē	jī	qǐ
	メイ	ライ	ライ	レイ	ワイ	ウェイ	ルイ	ウェイ	チエ	チ	チ

漢字	系	惠〔恵〕	詣	世	制	齊〔斉〕	稅	帝	提	締	閉

朝鮮	계	혜	예	세	제	//	세	제	//	체	폐
	[kje]	[hje]	[je]	[se]	[tɕe]	//	[se]	[tɕe]	//	[tɕʰe]	[pʰje]
	キェ	ヒェ	イェ	セ	チェ	//	セ	チェ	//	チェ	ピェ
				〈세〉	〈제〉		〈세〉	〈뎨〉		〈톄〉	北 폐
日本	けい	//	//	せい	//	//	ぜい	てい	//	//	へい
北京	xì	huì	yì	shì	zhì	qí	shuì	dì	tí	dì	bì
	シ	フイ	イ	シ	チ	チ	シュイ	ティ	ティ	ティ	ピ

漢字	禮〔礼〕	醉〔酔〕	翠	吹	威	畏	彙	歸〔帰〕	揮	僞〔偽〕
朝鮮	례	취	//	//	위	외	휘	귀	휘	*위
	[rje]	[tɕʰwi]	//	//	[wi]	[we]	[hwi]	[kwi]	[hwi]	[wi]
	リェ	チュウィ	//	//	ウィ	ウェ	フィ	クィ	フィ	ウィ
		〈쥐〉	//	//						
日本	れい	すい	//	//	ゐ	//	//	き	//	ぎ
					い	//	//			
北京	lǐ	zuì	cuì	chuī	wēi	wèi	huì	guī	huī	wěi
	リ	ツイ	ツイ	チュイ	ウェイ	ウェイ	フイ	クイ	フイ	ウェイ

コラム　朝鮮の固有名詞のカタカナ表記

　漢字を使用し，分かち書きをしない日本が過去に行った国家レヴェルの国語国字政策とは現代かな遣い，当用漢字 (後に常用漢字と改称)，その新字体の制定などがすべてであり，きちんとした句読法や外国の固有名詞等のカタカナ表記はほとんど手付かずだと言ってよい．実際に実行されているかどうかは別としてそれらのすべてについて国家レヴェルで取り組んでいる韓国と比べても日本はこの点たいそうな後進国である．

　朝鮮の固有名詞が漢字で書かれる以上，音しか持たない朝鮮の固有名詞に関しては，中国の固有名詞と同じく，日本漢字音で読んでかまわないはずだし，従来そうしてきたのだが，NHKがいつの間にかなしくずしにまず朝鮮の人名から，その後地名をいわゆる"現地音"で表記，発音するようになったことは，いかにも日本的な現象ではある．これは本来日本語自体の問題であるから，政治的な考慮も外国からの圧力も一切関係ないはずである．朝鮮の固有名詞を日本漢字音で読むことは決して第二の創氏改名ではない．同様に日本の固有名詞を朝鮮側でどう扱うかはあくまでも朝鮮側の問題であって，日本側の干渉すべきことではない．

20年以上も前，ある新聞のある欄が朝鮮の人名は現地音よりも日本の漢字音で読んだ方が威厳を感じるというようなことを書いたら，こともあろうに日本のある新聞がそれは差別であると書いたことがある．これは非常におかしい．朝鮮漢字音に多く現れる ㅂ[p]，ㅍ[pʰ] とか ㅈ[ʧ]，ㅊ[ʧʰ] という音は日本漢字音にはあまり現れないだけでなく (その代わりハ行とかサ行が多く現れることは本書をよく読んでくれた読者なら理解するはずである)，それらは多く擬声擬態語に現れるから (パンパン，チュンチュン 等々を参照)，日本人は多くの場合それらの音にある種の軽さを感じ，逆に漢字語が一般に文化的な，“難しい” 単語であることから，そこに一種の荘厳ささえ感ずることは十分ありうることなのである．「堤川」ていせん / チェチョン 제천 [ʧeʧʰɔn] (忠清北道の都市)；「朴正煕」ぼくせいき/ パクチョンヒ 박정희 [paᵏ²ʧɔŋhi] (韓国の大統領)．

　さりとて朝鮮の固有名詞をカタカナで書く場合に各人がてんでんばらばらにやるものだから，その混乱ぶりはおびただしい．さらに「金」김 [kim] キムは「ギム」，「釜山」부산 [pusan] プサンは「ブサン」と書くべきだという韓国人まで現れるから，余計に混乱する．

　本書のカタカナ表記はあくまでも発音記号としてのローマ字の補助符号でしかないから (カタカナは音節文字だから朝鮮語の発音表記にはまったく適さない)，もちろんこれをもって朝鮮の固有名詞のカタカナ表記のモデルにしろと主張するものではさらさらない．「チョェ」などと書かれても日本人が 최 [ʧʰwe] と発音できないのはもちろんだが (同時に日本語の「つ」をいくら ㅉ [ʔsɯ] と書こうとも絶対にそれは「つ」にはならない)，채 [ʧʰɛ] チェも 최 [ʧʰwe] チュウェも日本人が区別することはまず不可能だからこれらは等しく「チェ」とでもするしかあるまい．

　つまり朝鮮語のカタカナ表記はローマ字の場合なら，マッキューン・ライシャワー方式に似て，日本語にとっての転音の原則にもとづかなければならない．朝鮮語自体の音韻論にもとづいた朝鮮語のローマ字転写方式が望ましいものだとしても (つまり「金」は Gim，「釜山」は Busan とするのが朝鮮語としては適当であっても)，日本で通用するカタカナ表記としては「ギム」，「ブサン」は不適当である．

　この際マッキューン・ライシャワー方式に似て次の場合が問題となろう．

　姓と名をひとつながりのものとして把握するのかどうか，漢字2字からなる単位はみな独立したものとして扱うのかどうか？

　慶尚北道 경상북도 [kjɔŋsaŋbuᵏ²to] キョンサンブクト (けいしょう＜しゃうほくどう＜だう)
　　── キョンサン・ブクトか？　キョンサンブクトか？

金正喜 김정희 [kimʤɔŋhi] キムジョンヒ (きんせいき)
── キム・チョンヒか？　キムジョンヒか？

朴殷植 박은식 [paguɯnʃiᵏ] パグンシク (ぼくいんしょく)
── パク・ウンシクか？　パグンシクか？

　朝鮮語のカタカナ表記に際して平音 (語頭)，激音，濃音の区別，母音 [e] と [ɛ], [o] と [ɔ], [u] と [ɯ] の区別がつかないことはマッキューン・ライシャワー方式と似ている.

コラム　平安中期以前の日本漢字音

　平安中期以前の日本漢字音は次の点がその後のものとは異なった.

1)　韻尾の m は「む」に対応した.

漢　字		敢	談	巖	金	陰	任	潛	念	染
日本	平安中期以前	かむ	たむ	がむ	きむ	いむ	じむ	せむ	ねむ	ぜむ
	平安中期以後	かん	だん	がん	きん	いん	にん	せん	ねん	ぜん
朝　鮮		감	담	암	김	음	임	잠	념	염
		[kam]	[tam]	[am]	[kim]	[ɯm]	[im]	[ʧam]	[njɔm]	[jɔm]
		カム	タム	アム	キム	ウム	イム	チャム	ニョム	ヨム
							《ᅀ》			《ᅀ》

2)　「くゐ」，「ぐゐ」は後に「き」，「ぎ」となった.

漢　字		貴	規	毀	魏
日本	平安中期以前	くゐ	くゐ	くゐ	ぐゐ
	平安中期以後	き	き	き	ぎ
朝　鮮		귀	규	훼	위
		[kwi]	[kju]	[hwe]	[wi]
		クィ	キュ	フェ	ウィ

　これでわかるように平安中期以前の日本漢字音はいっそう朝鮮漢字音と似ていたことになる.

183

第**18**課　朝鮮漢字音のさらなる「中声＋終声」の場合.

1) 객 [εᵏ] エク：あく〈ᅥ〉

原子核 *원자핵 [wonʥahεᵏ] ウォンジャヘク〈ㅈ획〉(げんしかく)

金額 금액 *[kumεᵏ] クメク〈읙〉(きんがく)

探索 탐색 [tʰamsεᵏ] タムセク〈쉭〉(たんさく)

策動 책동 [ʧʰεᵏˀtoŋ] チェクトン〈칰〉(さくどう)

潤澤〔沢〕윤택 [juntʰεᵏ] ユンテク《ᅀ》〈퇵〉(じゅんたく)＋

白人 백인 [pεgin] ペギン〈븩〉《ᅀ》(はくじん)

麥〔麦〕芽 맥아 *[mεga] メガ〈믹〉(ばくが)

객 [εᵏ] エク：やく〈ᅥ〉

乘〔乗〕客 승객 [suŋgεᵏ] スンゲク〈긱〉(じょうきゃく)

厄運 액운 [εgun] エグン〈읙〉(やくうん)

百萬〔万〕백만〔뱅―〕[pεŋman] ペンマン〈빅〉(ひゃくまん)

山脈 산맥 [sanmεᵏ] サンメク〈믹〉(さんみゃく)

객 [εᵏ] エク：えき〈ᅥ〉

液體〔体〕액체 [εᵏʧʰe] エクチェ〈읙톄〉(えきたい)

責任 책임 [ʧʰεgim] チェギム〈칰〉《ᅀ》(せきにん)

잉 [εŋ] エン：あう＞おう〈ᅥ〉

更生 갱생 [kεŋsεŋ] ケンセン〈깅싱〉(こう＜かうせい)

行進 행진 [hεŋʥin] ヘンジン〈힝〉(こう＜かうしん)

鸚鵡 앵무 [εŋmu] エンム〈잉〉(おう＜あうむ)

戰〔戦〕爭〔争〕전쟁 [ʧʰonʥεŋ] チョンジェン〈젼징〉(せんそう＜さう)

膨脹〔張〕팽창 [pʰεŋʧʰaŋ] ペンチャン〈핑챵〉(ぼう＜ばうちょう＜ちゃう)

　(脹と張は別字, 発音も異なる.)

盲啞 맹아 [mεŋa] メンア〈밍〉(もう＜まうあ)

잉 [εŋ] エン：やう＞やう〈ᅥ〉

生涯 생애 *[sεŋε] センエ〈싱〉(しょう＜しゃうがい)

行列 행렬［―녈］[heŋnjʌl] ヘンニョル /

　　北 [henrjʌl] ヘンリョル〈힁〉(ぎょう < ぎゃうれつ)

ㅒ [eŋ] エン：えい〈ㅇ〉

　生活 생활 [seŋhwal] センファル〈싱〉(せいかつ < くわつ)

　同盟 동맹 [toŋmeŋ] トンメン〈밍〉(どうめい)

　寒冷 한랭［할―］[halleŋ] ハルレン〈링〉(かんれい)＋

　朝鮮漢字音のㅒ [ɛ^k] エク，ㅒ [eŋ] エンに対応する日本漢字音のうち「あく」，「あう > おう」および「えき」，「えい」は漢音であり，「やく」，「やう > よう」は呉音である.

　白 백 [pɛ^k]　ペク〈빅〉：はく (漢音)；びゃく (呉音)

　生 생 [seŋ]　セン〈싱〉：せい (漢音)；しゃう > しょう (呉音)

　省 생 [seŋ]　セン〈싱〉：せい (漢音)；しゃう > しょう (呉音)

　行 행 [heŋ]　ヘン〈힁〉：かう > こう (漢音)；ぎゃう > ぎょう (呉音)

【 参 考 】

　朝鮮漢字音ㅒ [ɛ^k] エク，ㅒ [eŋ] エンにおける母音字ㅣ[i] は本来韻尾が前よりの k', ŋ' であることを示すものだと言われる.

2) ㅕ [jɔ^k] ヨク：やく

　　役員 역원 [jʌgwʌn] (やくいん < ゐん)

　　逆流 *역류［영뉴］[jʌŋnju] ヨンニュ /

　　　北 [jʌŋrju] ヨンリュ (ぎゃくりゅう < りう)

　ㅕ [jɔ^k] ヨク：あく

　　格式 격식 [kjʌkʔʃi^k] キョクシク (かくしき)

　　革命 혁명［형―］[hjʌŋmjʌŋ] ヒョンミョン (かくめい)

　ㅕ [ɔ^k] オク：やく〈ㅕ〉

　　解釋〔釈〕해석 [hesɔ^k] ヘソク〈히셕〉(かいしゃく)

　　嫡子 적자 [ʧɔ^kʔʧa] チョクチャ〈젹ᄌ〉(ちゃくし)

尺度 척도 [tɕʰɔkʔto] チョクト〈쳑〉(しゃくど)

ᄝ [jɔŋ] ヨン：やう ＞ よう
兄弟 형제 [hjɔŋdʑe] ヒョンジェ〈뎨〉(きょう ＜ きゃうだい)
明日 명일 [mjɔŋil] ミョンイル《△》(みょう ＜ みゃうにち)

ᄝ [jɔŋ] ヨン：あう ＞ おう
強硬 강경 [kaŋgjɔŋ] カンギョン (きょう ＜ きゃうこう ＜ かう)＋

ᄝ [ɔŋ] オン：やう ＞ よう〈ᄝ〉
宮城 궁성 [kuŋsɔŋ] クンソン〈셩〉(きゅうじょう ＜ じゃう)
正直 정직 [tɕɔŋdʑiᵏ] チョンジク〈졍딕〉(しょう ＜ しゃうじき ＜ ぢき)＋
感情 감정 [kamdʑɔŋ] カムジョン〈졍〉(かんじょう ＜ じゃう)
廳〔庁〕舎 청사 [tɕʰɔŋsa] チョンサ〈텽샤〉(ちょう ＜ ちゃうしゃ)

ᄏ [jɔᵏ] ヨク，ᄏ [ɔᵏ] オク〈ᄏ〉；ᄝ [jɔŋ] ヨン，ᄝ [ɔŋ] オン〈ᄝ〉に対応する日本漢字音は次の通りである．（第7課参照）.

役 역 [jɔᵏ] ヨク：えき (漢音)；やく (呉音)
逆 역 [jɔᵏ] ヨク＊：げき (漢音)；ぎゃく (呉音)
赤 적 [tɕɔᵏ] チョク〈젹〉：せき (漢音)；しゃく (呉音)
明 명 [mjɔŋ] ミョン：めい (漢音)；みゃう ＞ みょう (呉音)
京 경 [kjɔŋ] キョン：けい (漢音)；きゃう ＞ きょう (呉音)
正 졍 [tɕɔŋ] チョン〈졍〉：せい (漢音)；しゃう ＞ しょう (呉音)
城 셩 [sɔŋ] ソン〈셩〉：せい (漢音)；じゃう ＞ じょう (呉音)

3) ᅫ [weᵏ] ウェク：わく ＞ あく
馘首 괵수 [kwekʔsu] クェクス〈슈〉(かく ＜ くわくしゅ)
獲得 획득 [hweᵏʔtuᵏ] フェクトゥク (かく ＜ くわくとく)

ᅫ [weŋ] ウェン：わう ＞ おう
宏大 굉대 [kweŋdɛ] クェンデ (こう ＜ くわうだい)＋
轟沈 굉침 [kweŋtɕʰim] クェンチム (ごう ＜ ぐわうちん)

186

4) 육 [juᵏ] ユク：いく

教育 교육 [kjojuᵏ] キョユク（きょう＜けういく）

육 [juᵏ] ユク：いく

血肉 혈육 [hjɔrjuᵏ] ヒョリュク《△》（けつにく）
大陸 대륙 [tɛrjuᵏ] テリュク（たいりく）

죽 [uᵏ] ウク：いく〈육〉

竹馬 죽마 [중一] [tʃuŋma] チュンマ〈쥭〉（ちくば）
家畜 가축 [katʃʰuᵏ] カチュク〈츅〉（かちく）

日本漢字音が「いき」ではなく「いく」であることに注意されたい.

5) 운 [un] ウン：ゐん＞いん

音韻 음운 [umun] ウムン（おんいん＜ゐん）

균 [jun] ユン：いん

平均 평균 [pʰjɔŋgjun] ピョンギュン（へいきん）
車輪 차륜 [tʃʰarjun] チャリュン〈챠〉（しゃりん）

율 [jul] ユル：いつ

規律 규율 [kjujul] キュユル / 北 一률 [kjurjul] キュリュル（きりつ）

まとめると次の通りである（歯音とは ㅅ [s], ㅈ [tʃ], ㅊ [tʃʰ] を指す）.

朝鮮	日本			朝鮮		日本		
	漢音		呉音		歯音の後	漢音		呉音
ㅕㄱ	あく	えき	やく	ㅕㄱ	ㅕㄱ	あく	えき	やく
ㅕㅇ	あう＞おう	えい	やう＞よう	ㅕㅇ	ㅕㅇ	あう＞おう	えい	やう＞よう

朝鮮	日本		朝鮮	日本		朝鮮	日本		朝鮮	日本	朝鮮	日本
		歯音の後	子音ゼロ	子音の後		子音 ゼロ		歯音の後				
ㅢ	わく		육	육	いく	いく	운	ゐん＞いん	균	균	いん	율	いつ
ㅇ	わう＞おう												

187

まとめ

액〈익〉がく やく, えき	객〈긱〉きゃく	핵〈힉〉かく
색〈식〉さく	책〈칙〉さく, せき	
택〈틱〉たく	맥〈믹〉ばく, みゃく	백〈빅〉かく, ひゃく
앵〈잉〉あう ＞ おう	갱〈깅〉かう ＞ こう	행〈힝〉かう ＞ こう ぎゃう ＞ ぎょう
생〈싱〉しゃう ＞ しょう せい	쟁〈징〉さう ＞ そう	
랭〈링〉れい	맹〈밍〉まう ＞ もう, めい	팽〈핑〉ばう ＞ ぼう

역　ぎゃく やく	격　かく	혁　かく
	경　かう ＞ こう きゃう ＞ きょう	형　かう ＞ こう きゃく ＞ きょう
석〈석〉しゃく	적〈격〉しゃく, じゃく	척〈척〉しゃく
성〈성〉 じゃう ＞ じょう	정〈정〉しょう ＞ じょう ぢょう ＞ じょう	
령　りゃう ＞ りょう	〈녕〉ちゃう ＞ ちょう	청〈텽〉ちゃう ＞ ちょう
병　ひゃう ＞ ひょう	평　ひゃう ＞ ひょう	명　みゃう ＞ みょう

괵　くわく ＞ かく	획　くわく ＞ かく	굉　くわう ＞ こう ぐわう ＞ ごう
육　いく 《△》にく	륙　りく	
죽〈쥭〉ちく	축〈츅〉ちく じく	

윤　ゐん ＞ いん	

	균　きん	륜　りん
순〈슌〉しん	귤　きつ	률　りつ

🖊 **練習18**

次の漢字音のうち下線部の漢字を推量してあてはめなさい.

1. 책봉 [ʧʰɛkʔpoŋ] チェクポン〈칙〉(＿封＿＿ほう)

2. 자택 [ʧatʰɛk] チャテク〈ㅈ튁〉(自＿じ＿＿＿)

3. 맥진 [mɛkʔʧin] メクチン〈믹〉(＿進＿＿＿しん)

4. 앵두 [ɛŋdu] エンドゥ〈잉〉(＿桃＿＿＿とう)

5. 행복 [hɛŋbokᵏ] ヘンボク〈힁〉(＿福＿＿＿ふく)

6. 맹렬 [－녈] [mɛŋnjɔl] メンニョル /
   北 [mɛŋrjɔl] メンリョル〈밍〉(＿烈＿＿れつ)+

7. 생략 [－냑] [sɛŋnjakᵏ] センニャク /
   北 [sɛŋrjakᵏ] センリャク〈싱〉(＿略＿＿＿りゃく)

8. 적동 [ʧɔkʔtoŋ] チョクトン〈적〉(＿銅＿＿＿どう)

9. 정적 [ʧɔŋʤɔkᵏ] チョンジョク〈정적〉(静＿せい＿＿＿)+

10. 격*월간 [kjɔgwɔlgan] キョグォルガン(＿月刊＿＿げつかん)

11. 수정 [suʤɔŋ] スジョン〈슈졍〉(水＿すい＿＿＿)

12. 정수장 [ʧɔŋsuʤaŋ] チョンスジャン〈정슈쟝〉
   (＿水場＿＿＿すいじょう＜ぢゃう)

13. 정상 [ʧɔŋsaŋ] チョンサン〈정샹〉(＿上＿＿＿じょう＜じゃう)

14. 관청 [kwanʧʰɔŋ] クァンチョン〈텽〉(官＿かん＜くわん＿＿＿)

15. 경쟁 [kjɔŋʤɛŋ] キョンジェン〈징〉(＿爭〔争〕＿＿そう＜さう)

16. 비평 [pipʰjɔŋ] ピピョン(批＿ひ＿＿＿)

17. 병환 [pjɔŋhwan] ピョンファン(＿患＿＿＿かん＜くわん)

189

18. 평등 [pʰjɔŋdɯŋ] ピョンドゥン（＿等＿＿＿どう）

19. 수명 [sumjɔŋ] スミョン〈슈〉（壽〔寿〕＿じゅ＿＿＿）

20. 영토 [jɔŋtʰo] ヨント／北 령－[rjɔŋtʰo] リョント（＿土＿＿＿ど）

21. 농경 [noŋgjɔŋ] ノンギョン（農＿のう＿＿）

22. 균형 [kjunhjɔŋ] キュンヒョン（均＿きん＿＿）

23. 차축 [tɕʰatɕʰuᵏ] チャチュク〈챠축〉（車＿しゃ＿＿）

24. 건축 [kɔntɕʰuᵏ] コンチュク〈츅〉（建＿けん＿＿）

25. 살륙 [salljuᵏ] サルリュク（殺＿さつ＿＿）

26. 세균 [segjun] セギュン〈셰〉（細＿さい＿＿）

27. 양순음 [jaŋsunɯm] ヤンスヌム／北 량－[rjaŋsunɯm] リャンスヌム
〈슌〉（兩〔両〕＿音 りょう＜りゃう＿＿＿おん）

> **補足**

　旧字体と新字体　麥－麦 맥 [mɛᵏ] メク〈믹〉（ばく）；戰－戦 전 [tɕɔn] チョン〈젼〉（せん）；歸－帰 귀 [kwi] クィ（き）；禮－礼 례 [rje] リェ（れい）；臺－台 대 [tɛ] テ〈디〉（だい）；爭－争 쟁 [tɕɛŋ] チェン〈징〉（さう＞そう）；兩－両 량 [rjaŋ] リャン（りゃう＞りょう）.

　形声字Ⅰ　白（はく）－百（ひゃく）백 [pɛᵏ] ペク〈빅〉；鸎－櫻〔桜〕앵 [ɛŋ] エン〈잉〉（あう＞おう）；鵡（む）－武（ぶ）무 [mu] ム；城（じゃう＞じょう）－成（せい）성 [sɔŋ] ソン〈셩〉；廳〔庁〕－聽〔聴〕청 [tɕʰɔŋ] チョン〈텽〉（ちゃう＞ちょう）；頂－丁 정 [tɕɔŋ] チョン〈뎡〉（ちゃう＞ちょう）；平（へい）－評（ひゃう＞ひょう）평 [pʰjɔŋ] ピョン；病（びゃう＞びょう）－丙（へい）병 [pjɔŋ] ピョン；領（りゃう＞りょう）－令（れい）령 [rjɔŋ] リョン.

　形声字Ⅱ　運 운 [un] ウン（うん）－軍 군 [kun] クン（ぐん）；脹 창 [tɕʰaŋ] チャン〈챵〉（ちゃう＞ちょう）－長 장 [tɕaŋ] チャン〈쟝〉（ちゃう＞ちょう）；活 활 [hwal] ファル（くわつ＞かつ）－括 괄 [kwal] クァル（くわつ＞かつ）；情 정 [tɕɔŋ] チョン〈졍〉－青

청 [tɕʰɔŋ] チョン〈청〉(せい)；額 *액 [ɛᵏ] エク (がく)－客 객 [kɛᵏ] ケク〈킥〉(きゃく)；盲 맹 [mɛŋ] メン〈밍〉(まう＞もう)－亡 망 [maŋ] マン (ばう＞ぼう)；冷 랭 [rɛŋ] レン〈링〉(れい)－令 령 [rjɔŋ] リョン (れい)；生 생 [sɛŋ] セン〈싱〉(せい)－性 성 [sɔŋ] ソン〈셩〉(せい)；更 갱 [kɛŋ] ケン〈깅〉(かう＞こう)－硬 경 [kjɔŋ] キョン (かう＞こう)；淨〔浄〕정 [tɕɔŋ] チョン〈졍〉(じゃう＞じょう)－爭〔争〕쟁 [tɕɛŋ] チェン〈징〉(さう＞そう)；盟 맹 [mɛŋ] メン〈밍〉(めい)－明 명 [mjɔŋ] ミョン (めい)；驀 맥 [mɛᵏ] メク〈믹〉(ばく)－莫 막 [maᵏ] マク (ばく)－幕 막 [maᵏ] マク (まく)；輪 륜 [rjun] リュン (りん)－論 론 [ron] ロン；員 원 [wɔn] ウォン (ゐん＞いん)－韻 운 [un] ウン (ゐん＞いん)；獲 획 [hwɛᵏ] フェク (くわく＞かく)－穫 확 [hwaᵏ] ファク (くわく＞かく)；澤〔沢〕택 [tʰɛᵏ] テク〈튁〉(たく)－釋〔釈〕석 [sɔᵏ] ソク〈셕〉(しゃく)－譯〔訳〕역 [jɔᵏ] ヨク (やく)；馘 괵 [kwɛᵏ] クェク (くわく＞かく)－或 혹 [hoᵏ] ホク (わく)；軸 축 [tɕʰuᵏ] チュク〈츅〉(ぢく＞じく)－由 유 [ju] ユ (いう＞ゆう).

参 考

1) 朝鮮の ᅢ[ɛᵏ] エク，ᅥᆼ[ɛŋ] エンに対応する北京漢字音はほぼ次の如くである.

ᅢ [ɛᵏ] エク：{ə} e, o (唇音の後で) オ；{yə} ie (ye) イエ；{wə} uo (wo) ウオ

ᅥᆼ [ɛŋ] エン：{əŋ} eng オン

ᅬ [weᵏ] ウェク：{wə} uo ウオ

ᅯᆼ [weŋ] ウェン：{wə} ong オン

漢字	額	厄	液	客	核	索	策	白	生	爭〔争〕	猛
朝鮮	액	〃	〃	객	핵	색	책	백	생	쟁	맹
	[ɛᵏ]	〃	〃	[kɛᵏ]	[hɛᵏ]	[sɛᵏ]	[tɕʰɛᵏ]	[pɛᵏ]	[sɛŋ]	[tɕɛŋ]	[mɛŋ]
	エク	〃	〃	ケク	ヘク	セク	チェク	ペク	セン	チェン	メン
	〈익〉	〃	〃	〈킥〉	〈획〉	〈싴〉	〈칙〉	〈빅〉	〈싱〉	〈징〉	〈밍〉
日本	がく	やく	えき	きゃく	かく	さく	〃	はく	せい	さう	まう
										そう	もう
北京	é	è	yè	kè	hé	suǒ	cè	bó	shēng	zhēng	měng
	オ	オ	イエ	コ	ホ	スオ	ツォ	ポ	ション	チョン	モン

獲 획 [hwɛᵏ] フェク　　　くわく＞かく　huò フオ
宏 굉 [kweŋ] クェン　　　くわう＞かう　hóng ホン
轟 굉 [kweŋ] クェン　　　ぐわう＞がう　hōng ホン

2) 次のような対応がある (第12課参照).

꼰 [on] オン ⎫
꾼 [un] ウン ⎬ ⎰ {wən} un (wen) ウン
꾼 [jun] ユン ⎭ ⎱ {ywən} ün (yun) ユン
　　　　　　　 *{ən} en エン *唇音の後で

ㆁ [oŋ] オン ⎫
ㆁ [uŋ] ウン ⎬ ⎰ {wəŋ} ong (weng) オン
ㆁ [juŋ] ユン ⎭ ⎱ {ywəŋ} iong (yong) イオン
　　　　　　　 *{əŋ} eng オン *唇音の後で

漢字	雲	温	君	軍	群	困	混	寸	孫	尊
朝鮮	운	온	군	〃	〃	곤	혼	촌	손	존
	[un]	[on]	[kun]	〃	〃	[kon]	[hon]	[tʃʰon]	[son]	[tʃon]
	ウン	オン	クン	〃	〃	コン	ホン	チョン	ソン	チョン
日本	うん	をん おん	くん	ぐん	〃	こん	〃	すん	そん	〃
北京	yún	wēn	jūn	jūn	qún	kùn	hùn	cùn	sūn	zūn
	ユン	ウェン	チュン	チュン	チュン	クン	フン	ツン	スン	ツン

漢字	存	村	瞬	俊	春	順	淳	旬	遵
朝鮮	존	촌	순	준	춘	순	〃	〃	준
	[tʃon]	[tʃʰon]	[sun]	[tʃun]	[tʃʰun]	[sun]	〃	〃	[tʃun]
	チョン	チョン	スン 〈순〉	チュン 〈쥰〉	チュン 〈츈〉	スン 〈슌〉	〃	〃	チュン
日本	そん	〃	しゅん	〃	〃	じゅん	〃	〃	〃
北京	cún	cūn	shùn	jùn	chūn	shùn	chún	xún	zūn
	ツン	ツン	シュン	チュン	チュン	シュン	チュン	シュン	ツン

漢字	準	潤	惇	豚	遁	鈍	論	噴	分	文
朝鮮	준	윤	돈	〃	둔	〃	론	분	〃	문
	[tʃun]	[jun]	[ton]	〃	[tun]	〃	[ron]	[pun]	〃	[mun]
	チュン 〈쥰〉	ユン 《△》	トン	〃	トゥン	〃	ロン	プン	〃	ムン
日本	じゅん	〃	とん	〃	〃	どん	ろん	ふん	〃	ぶん
北京	zhǔn	rùn	dūn	tún	dùn	dùn	lùn	pēn	fēn	wén
	チュン	ルン	トゥン	トゥン	トゥン	トゥン	ルン	ペン	フェン	ウェン

192

漢字	本	盆	門	翁	空	公	孔	洪	宮	窮	共
朝鮮	본	분	문	옹	공	〃	〃	홍	궁	〃	공
	[pon]	[pun]	[mun]	[oŋ]	[koŋ]	〃	〃	[hoŋ]	[kuŋ]	〃	[koŋ]
	ポン	プン	ムン	オン	コン	〃	〃	ホン	クン	〃	コン
日本	ほん	ぼん	もん	をう おう	くう	こう	〃	〃	きゅう	〃	きょう
北京	běn	pén	mén	wēng	kōng	gōng	kǒng	hóng	gōng	qióng	gòng
	ペン	ペン	メン	ウォン	コン	コン	コン	ホン	コン	チオン	コン

漢字	恐	凶	崇	宗	總〔総〕	聰〔聡〕	終	衆	從〔従〕
朝鮮	공	흉	숭	종	총	〃	종	중	종
	[koŋ]	[hjuŋ]	[suŋ]	[tʃoŋ]	[tʃʰoŋ]	〃	[tʃoŋ]	[tʃuŋ]	[tʃoŋ]
	コン	ヒュン	スン	チョン	チョン	〃	チョン ‹죵›	チュン ‹즁›	チョン ‹죵›
日本	きょう	〃	すう	そう	〃	〃	しゅう	〃	じゅう
北京	kǒng	xiōng	chóng	zōng	zǒng	cōng	zhōng	zhòng	cóng
	コン	シオン	チョン	ツォン	ツォン	ツォン	チョン	チョン	ツォン

漢字	銃	充	絨	農	用	容	擁	聾	隆	龍〔竜〕
朝鮮	총	충	융	농	용	〃	옹	롱	륭	룡
	[tʃʰoŋ]	[tʃʰuŋ]	[juŋ]	[noŋ]	[joŋ]	〃	[oŋ]	[roŋ]	[rjuŋ]	[rjoŋ]
	チョン ‹춍›	チュン ‹츙›	ユン 《△》	ノン	ヨン	〃	オン	ロン	リュン	リョン
日本	じゅう	〃	〃	のう	よう	〃	〃	ろう	りゅう	〃
北京	chòng	chōng	róng	nóng	yòng	róng	yōng	lóng	lóng	lóng
	チョン	チョン	ロン	ノン	イオン	ロン	イオン	ロン	ロン	ロン

漢字	中	忠	東	統	動	同
朝鮮	중	충	동	통	동	〃
	[tʃuŋ]	[tʃʰuŋ]	[toŋ]	[tʃʰoŋ]	[toŋ]	〃
	チュン ‹즁›	チュン ‹츙›	トン	トン	トン	〃
日本	ちゅう	〃	とう	〃	どう	〃
北京	zhōng	zhōng	dōng	tǒng	dòng	tóng
	チョン	チョン	トン	トン	トン	トン

193

漢字	封	風	奉	崩	朋	豐〔豊〕	蒙	韻	允	均	輪
朝鮮	봉	풍	봉	붕	〃	풍	몽	운	윤	균	륜
	[poŋ]	[pʰuŋ]	[poŋ]	[puŋ]	〃	[pʰuŋ]	[moŋ]	[un]	[jun]	[kjun]	[rjun]
	ポン	プン	ポン	プン	〃	プン	モン	ウン	ユン	キュン	リュン
日本	ふう ほう	〃	ほう	〃	〃	〃	もう	ゐん いん	いん	きん	りん
北京	fēng	fēng	fèng	bēng	péng	fēng	měng	yùn	yǔn	jūn	lún
	フォン	フォン	フォン	ポン	ポン	フォン	モン	ユン	ユン	チュン	ルン

3)　次のような対応がある (第12課参照).　　　　　　　北京の次のものも参照：

ᄋᆞᆯ [ol] オル	ᄋᆞᆨ [ok] オク	{wi} u (wu) ウ
ᅮᆯ [ul] ウル	ᅮᆨ [uk] ウク	{ywi} ü (yu) ユ
ᅲᆯ [jul] ユル	ᅲᆨ [juk] ユク	

{i}	i	[ï] ウ
{yi}	i (yi)	[i] イ
{wi}	u (wu)	[u] ウ
{ywi}	ü (yu)	[y] ユ

漢字	鬱	屋	屈	窟	谷	哭	酷	獄	骨	忽	兀	橘
朝鮮	울	옥	굴	〃	곡	〃	혹	*옥	골	홀	*올	귤
	[ul]	[ok]	[kul]	〃	[kok]	〃	[hok]	[ok]	[kol]	[hol]	[ol]	[kjul]
	ウル	オク	クル	〃	コク	〃	ホク	オク	コル	ホル	オル	キュル
日本	うつ	をく おく	くつ	〃	こく	〃	〃	ごく	こつ	〃	ごつ	きつ
北京	yù	wū	qū	kū	gǔ	kū	kù	yù	gǔ	hū	wù	jú
	ユ	ウ	チュ	ク	ク	ク	ク	ユ	ク	フ	ウ	チュ

漢字	速	束	足	促	粟	俗	續〔続〕	屬〔属〕	族	卒	叔
朝鮮	속	〃	족	촉	속	〃	〃	〃	족	졸	숙
	[sok]	〃	[tʃok]	[tʃʰok]	[sok]	〃	〃	〃	[tʃok]	[tʃol]	[suk]
	ソク	〃	チョク	チョク	ソク	〃	〃	〃	チョク	チョル	スク
					〈쇽〉						〈슉〉
日本	そく	〃	〃	〃	ぞく	〃	〃	〃	〃	そつ	しゅく
北京	sù	shù	zú	cù	sù	sú	xù	shǔ	zú	zú	shū
	ス	シュ	ツ	ツ	ス	ス	シュ	シュ	ツ	ツ	シュ

漢字	祝	熟	出	術	贖	蜀	燭	觸〔触〕	辱	唇
朝鮮	축	슉	츌	슐	쇽	쵹	〃	〃	욕	순
	[tɕʰukᵏ]	[sukᵏ]	[tɕʰul]	[sul]	[sokᵏ]	[tɕʰokᵏ]	〃	〃	[jokᵏ]	[sun]
	チュク	スク	チュル	スル	ソク	チョク	〃	〃	ヨク	スン
	〈츅〉	〈슉〉	〈츌〉	〈슐〉	〈쇽〉	〈쵹〉	〃	〃	《△》	〈쓘〉
日本	しゅく	じゅく	しゅつ	じゅつ	しょく	〃	〃	〃	じょく	しん
北京	zhù	shú	chū	shù	shú	shǔ	zhú	chù	rǔ	chún
	チュ	シュ	チュ	シュ	シュ	シュ	チュ	チュ	ル	チュン

漢字	督	禿	毒	突	福	拂〔払〕	物	卜	僕	木	欲	録
朝鮮	독	〃	〃	돌	복	불	물	복	〃	목	욕	록
	[tokᵏ]	〃	〃	[tol]	[pokᵏ]	[pul]	[mul]	[pokᵏ]	〃	[mokᵏ]	[jokᵏ]	[rokᵏ]
	トク	〃	〃	トル	ポク	プル	ムル	ポク	〃	モク	ヨク	ロク
日本	とく	〃	どく	とつ	ふく	ふつ	ぶつ	ぼく	〃	もく	よく	ろく
北京	dū	tū	dú	tū	fú	fú	wù	bǔ	pú	mù	yù	lù
	トゥ	トゥ	トゥ	トゥ	フ	フ	ウ	プ	プ	ム	ユ	ル

律 㠚 [rjul] リュル りつ lü リュ

4)　次のような対応がある (第12課, 第9課参照).

| ㅓ [ɔ] オ | {ywi} ü (yu) ユ | ㅗ [o] オ | {wi} u (wu) ウ |
| ㅕ [jɔ] ヨ | | ㅛ [u] ウ | {ywi} ü (yu) ユ |

漢字	雨	烏	於	汚	居	去	許	魚	苦	矩	區〔区〕	具	愚	古	庫
朝鮮	우	오	어	오	거	〃	허	*어	고	구	〃	〃	*우	고	〃
	[u]	[o]	[ɔ]	[o]	[kɔ]	〃	[hɔ]	[ɔ]	[ko]	[ku]	〃	〃	[u]	[ku]	〃
	ウ	オ	オ	オ	コ	〃	ホ	オ	コ	ク	〃	〃	ウ	ク	〃
日本	う	〃	お	〃	きょ	〃	ぎょく	〃	〃	ぐ	〃	こ	〃		
北京	yǔ	wū	yú	wū	jū	qù	xǔ	yú	kǔ	jǔ	qū	jù	yú	gǔ	kù
	ユ	ウ	ユ	ウ	チュ	チュ	シュ	ユ	ク	チュ	チュ	チュ	ユ	ク	ク

漢字	湖	互	五	語	須	素	祖	礎	著	躇	都	徒	杜	吐
朝鮮	호	〃	*오	*어	수	소	조	초	저	〃	도	〃	두	토

195

	[ho]	〃	[o]	[ɔ]	[su]	[so]	[tʃo]	[tʃʰo]	[tʃɔ]	〃	[to]	〃	[tu]	[tʰo]
	ホ	〃	オ	オ	ス	ソ	チョ	チョ	チョ <져>〃		ト	〃	トゥ	ト
日本	こ	ご	〃	〃	す	そ	〃	〃	ちょ	〃	と	〃	〃	〃
北京	hú	hù	wǔ	yǔ	xū	sù	zǔ	chǔ	zhù	chú	dū	tú	dù	tǔ
	フ	フ	ウ	ユ	シュ	ス	ツ	チュ	チュ	チュ	トゥ	トゥ	トゥ	トゥ

漢字	妬	度	土	奴	父	溥	普	布	巫	部	葡	武	步	輔	舖
朝鮮	투	도	토	노	부	〃	보	포	무	부	포	무	보	〃	포
	[tʰu]	[to]	[tʰo]	[no]	[pu]		[po]	[pʰo]	[mu]	[pu]	[pʰo]	[mu]	[po]		[pʰo]
	トゥ	ト	ト	ノ	プ	〃	ポ	ポ	ム	プ	ポ	ム	ポ	〃	ポ
日本	と	ど	〃	〃	ふ	〃	〃	〃	〃	ぶ	〃	〃	ほ	〃	〃
北京	dù	dù	tǔ	nú	fù	pǔ	pǔ	bù	wū	bù	pú	wǔ	bù	fǔ	pū
	トゥ	トゥ	トゥ	ヌ	フ	プ	プ	プ	ウ	プ	プ	ウ	プ	フ	プ

漢字	捕	菩	簿	母	墓	務	愉	餘 〔余〕	路	旅	虜	書	處 〔処〕	初	序
朝鮮	포	보	부	모	묘	무	유	여	로	려	로	서	처	초	서
	[pʰo]	[po]	[pu]	[mo]	[mjo]	[mu]	[ju]	[jɔ]	[ro]	[rjɔ]	[ro]	[sɔ]	[tʃʰɔ]	[tʃʰo]	[sɔ]
	ポ	ポ	プ	モ	ミョ	ム	ユ	ヨ	ロ	リョ	ロ	ソ <셔>	チョ <쳐>	チョ	ソ <셔>
日本	ほ	ぼ	〃	〃	〃	む	ゆ	よ	ろ	りょ	〃	しょ	〃	〃	じょ
北京	bǔ	pú	bù	mǔ	mù	wù	yú	yú	lù	lǚ	lǚ	shū	chǔ	chū	xù
	プ	プ	プ	ム	ム	ウ	ユ	ユ	ル	リュ	リュ	シュ	チュ	チュ	シュ

助 조 [tʃo] チョ じょ zhù チュ

女 녀 [njɔ] ニョ ぢょ＞じょ, にょ nǔ ニュ

コラム **漢字語用言の文法**

1)　すでに漢字語＋하다 [hada] ハダという用言については述べたが，漢字語を含む用言にはその外に次のものもある.

A.　2字漢字語用言

(1) 動詞

　　1. 건설하다 [kɔnsɔrhada] コンソルハダ［建設−］(建設する)

　　2. 건설시키다 [kɔnsɔlʃikʰida] コンソルシキダ［建設−］(建設させる)

3. 건설되다 [kɔnsɔldweda] コンソルドゥウェダ [建設－] (建設される)

　　4. 공격받다 [koŋgjɔᵏˀpaˡˀta] コンギョクパッタ [攻撃－] (攻撃される)

　　5. 공격당하다 [koŋgjɔᵏˀtaŋhada] コンギョクタンハダ [攻撃－] (攻撃される)

(2) 形容詞

　　6. 행복하다 [hɛŋboᵏkʰada] ヘンボッカダ [幸福－] (幸福だ)

　　7. 행복스럽다 [hɛŋbokˀsurɔpˀta] ヘンボクスロプタ [幸福－] (幸福だ)

B.　1字漢字語用言

(1) 動詞

　　8. 가하다 [kahada] カハダ [加－] (加える)

(2) 形容詞

　　9. 심하다 [ʃimhada] シムハダ [甚－] (甚だしい)

以上のうち 1, 6, 8, 9 は 하다 [hada] ハダ という要素を持つ.

　B. 1字漢字語用言では漢字語と次の要素とが絶対に分離しないが, A. 2字漢字語用言では漢字語と次の要素とが分離することがある. 分離しうるものを分離用言と呼び, 分離しえない非分離用言から区別しよう. 分離用言は分離動詞と分離形容詞に分かれる.

2)　分離動詞は漢字語要素の次に格助詞が入りうる.

a.　他動詞 (－를 [rɯl] ルル / －을 [ɯl] ウル)

　　1. 건설을 하다 [kɔnsɔrɯl hada] コンソルル ハダ　建設をする

　　2. 건설을 시키다 [kɔnsɔrɯl ʃikʰida] コンソルル シキダ　建設をさせる

　　4. 공격을 받다 [koŋgjɔgɯl paˡˀta] コンギョグル パッタ　攻撃をされる (受ける)

　　5. 공격을 당하다 [koŋgjɔgɯl taŋhada] コンギョグル タンハダ　攻撃をされる (被る)

b.　自動詞 (－가 [ga] ガ / －이 [i] イ)

　　3. 건설이 되다 [kɔnsɔri tweda] コンソリ トゥウェダ　建設がされる / 建設ができる

分離形容詞で漢字語要素の次に格助詞が入ることはない.

3)　ただし分離用言では漢字語要素の次に副助詞は入りうる.

　　1. 건설은 하다 [kɔnsɔrɯn hada] コンソルンハダ　建設はする

　　　 건설도 하다 [kɔnsɔldo hada] コンソルド ハダ　建設もする

　　　 건설만 하다 [kɔnsɔlman hada] コンソルマン ハダ　建設だけする

　　　 건설조차 하다 [kɔnsɔldʑotɕʰa hada] コンソルジョチャハダ　建設さえする

外の他動詞も同じである．また次のものを参照せよ．

3. 건설은 되다 [kɔnsɔɾuun tweda] コンソルン トゥウェダ　建設はされる

　건설도 되다 [kɔnsɔldo tweda] コンソルド トゥウェダ　建設もされる

　건설만 되다 [kɔnsɔlman tweda] コンソルマン トゥウェダ　建設だけされる

　건설조차 되다 [kɔnsɔldʑotʃʰa tweda] コンソルジョチャ トゥウェダ　建設さえされる

また分離形容詞でも漢字語要素の次には一部の副助詞が入りうる．

6. 행복은 하다 [heŋboɡuun hada] ヘンボグン ハダ　幸福ではある

　행복도 하다 [heŋboᵏʔto hada] ヘンボクト ハダ　幸福でもある

　행복만 하면 [heŋboŋman hamjɔn] ヘンボンマン ハミョン　幸福でさえあれば

　안녕들 하십니까 [annjɔŋduul haʃimniʔka] アンニョンドゥル ハシムニカ

　（みなさん）ご機嫌いかがですか．

7. 행복은 스럽지만 [heŋboɡuun suurɔᵖʔtʃiman] ヘンボグン スロプチマン

　幸福ではあるが（こうは言わないという人もいる．）

4)　韓国の辞典には普通漢字語用言は1，6，8，9の形だけが記載されている．7の形は抜けていることが多い．北朝鮮の辞典には1，3の形の載っているものがある．

　　1の形が2−5のすべての形を持つとは限らない．例えば건설하다 [kɔnsɔrhada] コンソルハダ（建設する）は4，5を持たず，공격하다 [koŋjɔᵏkʰada] コンギョッカダ（攻撃する）は3の形を持たない．また존경하다 [tʃoŋjɔŋhada] チョンギョンハダ（尊敬する）は2，3，5の形を持たない．このようなことを『コスモス朝和辞典』，1988，東京，白水社は記載しようと努力したが，なおも不完全である．このようなことは個人差もあるが，もっと確実な情報を盛り込んだ辞典の出ることが待たれる．

　　さらに韓国の辞典には次のような漢字語動詞が하다 [hada] ハダを伴って見出し語として登録されているが，実はこれらは1の形はなく3の形しかない．

　　피살되다 [pʰisaldweda] ピサルドゥウェダ［被殺−］　殺される

　　피선되다 [pʰisɔndweda] ピソンドゥウェダ［被選−］　選ばれる

5)　分離動詞のうち1の否定形は次のような形を持ちうる．

　　건설하지 않다 [kɔnsɔrhadʑi antʰa] コンソルハジ アンタ　建設しない

　　　−건설 않다 [kɔnsɔl antʰa] コンソル アンタ

　　　−건설 안하다 [kɔnsɔl anhada] コンソル アンハダ

　　건설하지 못하다 [kɔnsɔrhadʑi moˈtʰada] コンソルハジ モッタダ　建設できない

　　　−건설 못하다 [kɔnsɔl moˈtʰada] コンソル モッタダ

건설하지 말다 [kɔnsɔrhadʑi malda] コンソルハジ マルダ　建設するのをやめる

－건설 말다 [kɔnsɔl malda] コンソル マルダ

6)　ほかに分離動詞のうち1は終止形と接続形の省略形 (漢字語要素のみ) があるが，102ページの 4) を参照せよ.

7)　漢字語動詞のうち1は他動詞と自動詞がありうる.

他動詞　건설하다 [kɔnsɔrhada] コンソルハダ [建設－] (建設する)

－국가를 건설한다 [kukᵏʰaruɪl kɔnsɔrhanda] クッカルル コンソルハンダ

(国家を建設する)

自動詞　발ʼ전하다 [palʔtʃɔnhada] パルチョンハダ [發展－] (発展する)

－경제가 발ʼ전한다 [kjɔŋdʑega palʔtʃɔnhanda] キョンジェガ パルチョンハンダ

(経済が発展する)

漢字語動詞のうち3はいろいろの意味を持つ.

①他動詞 → 受け身　건설하다 [kɔnsɔrhada] コンソルハダ [建設－] (建設する)

－건설되다 [kɔnsɔldweda] コンソルドゥウェダ [建設－]

(建設される)

②他動詞 → 可能　건설하다 [kɔnsɔrhada] コンソルハダ [建設－] (建設する)

－건설되다 [kɔnsɔldweda] コンソルドゥウェダ [建設－]

(建設できる)

③他動詞 → 自動詞　시작하다 [ʃidʑakᵏʰada] シジャッカダ [始作－] (始める)

－시작되다 [ʃidʑakʔtweda] シジャクトゥウェダ [始作－]

(始まる)

厳密に言うと③と①が異なるものかどうかはよくわからない.

④自動詞 → 自動詞　발ʼ전하다 [palʔtʃɔnhada] パルチョンハダ [發展－] (発展する)

－발ʼ전되다 [palʔtʃɔndweda] パルチョンドゥウェダ [發展－]

(発展する)

경제가 발ʼ전한다 / 발ʼ전된다 [kjɔŋdʑega palʔtʃɔnhanda / palʔtʃɔndwenda]

キョンジェガ パルチョンハンダ / パルチョンドゥウェンダ (経済が発展する)

この場合二つの自動詞の意味はニュアンス的な違いしかない.

8)　漢字語動詞のうち3，4，5は受け身の形だが，3は自動詞であり，4と5は他動詞である.　次を参照せよ.

3. 국가가 건설된다 [kukᵏᵊkaga kɔnsɔldwenda] クッカガ コンソルドゥウェンダ
   (国家が建設される)

4. 발을 수술받는다 [paruɯl susulbannɯnda] パルル ススルバンヌンダ
   (足を手術される)

5. 기지를 공격당한다 [kiʥirɯl koŋgjɔᵏᵊtaŋhanda] キジルル コンギョクタンハンダ
   (基地を攻撃される)

従ってこれらのアスペクト形は次のようになる.

3. ①건설되고 있다 [kɔnsɔldwego iʔta] コンソルドゥウェゴ イッタ
   (建設されている－建設されつつある)

   ②건설되어 있다 [kɔnsɔldweɔ iʔta] コンソルドゥウェオ イッタ /
   北 건설되여 있다 [kɔnsɔldwejɔ iʔta] コンソルドゥウェヨ イッタ
   (建設されている－建設されてしまっている)

4. ①수술받고 있다 [susulbaᶜʔko iʔta] ススルバッコ イッタ　(手術されている)

5. ①공격당하고 있다 [koŋgjɔᵏᵊtaŋhago iʔta] コンギョクタンハゴ イッタ
   (攻撃されている)

自動詞にしか①と②がそろっていないことに注意されたい. 一般に他動詞は②の形を持たない.

9)　使役の形は次のものがある.

①건설시키다 [kɔnsɔlʃikʰida] コンソルシキダ (建設させる)

②건설하게 하다 [kɔnsɔrhage hada] コンソルハゲ ハダ (建設させる / 建設するようにする)

공격하다 [koŋgjɔᵏkʰada] コンギョッカダ (攻撃する) も①と②の形を持つ. ただし尊敬하다 [tʃoŋgjoŋhada] チョンギョンハダ (尊敬する) は②しか持たない (上記の 4) を参照).

また非分離用言 (上記 1) の 8と9) は②の形だけを持つ.

8. 가하게 하다 [kahage hada] カハゲ ハダ (加えさせる)

9. 심하게 하다 [ʃimhage hada] シムハゲ ハダ (甚だしくさせる)

さらに②の形は受け身の形にさえ付きうる.

3. 건설되게 하다 [kɔnsɔldwege hada] コンソルドゥウェゲ ハダ (建設されるようにする)

4, 5 も②の形を持ちうる. さらには次の形さえある (このコラムの 4) 参照).

피살되게 하다 [pʰisaldwege hada] ピサルドゥウェゲ ハダ (殺されるようにする)

10)　非分離動詞のうち他動詞からは次の方法で受け身の形ができる.

第Ⅲ語基（-아[a] ア/-어 [ɔ] オ ＋지다 [ʥida] ジダ）

8. 가하다 [kahada] カハダ (加える)－가해지다 [kahɛʥida] カヘジダ (加えられる)
   この形は形容詞 (上記の 6，7，9) にも付きうる．

9. 심하다 [ʃimhada] シムハダ (甚だしい)－심해지다 [ʃimhɛʥida] シムヘジダ
   (甚だしくなる)

さらにこの形は自動詞 (발'전하다 [palˀʦɔnhada] パルチョンハダ / 발'전되다 [palˀʦɔn-dweda] パルチョンドゥウェダ (発展する) 等) そして受け身の形のすべて (건설되다 [kɔn-sɔldweda] コンソルドゥウェダ (建設される)，공격받다 [koŋɡjɔkˀpatˀa] コンギョクパッタ (攻撃される)，공격당하다 [koŋɡjɔkˀtaŋhada] コンギョクタンハダ (攻撃される)，피살되다 [pʰisaldweda] ピサルドゥウェダ (殺される) 等) にも付きうる．この場合上記の9のように「するようになる / することになる」の意味になる．一般にこの形は固有語の自動詞や形容詞にも付くものである．가지다 [kaʥida] カジダ (行くようになる)，따뜻해지다 [ˀtaˀtɯˀtʰɛʥida] タットゥッテジダ (暖かくなる)

11)　上記10) のⅢ-지다 [ʥida] ジダを Ⅰ-게 되다に変えると「するようになる」を意味し，가하다 [kahada] カハダ (加える) のこの形以外は上記の10) にあげられたものと意味が似てくる．

　なお本書の直接のテーマではないが，固有語用言に付くヴォイス接尾辞によっても使役とか受け身とかは表される．

12)　分離動詞のほとんどは次のような分離のしかたをすることがある．それぞれの項のうちの各々はもちろん若干のニュアンスの違いがある)．

1. 국가를 건설한다 [kukˀkarul kɔnsɔrhanda] クッカルル コンソルハンダ
   국가 건설을 한다 [kukˀka kɔnsɔrɯl handa] クッカ コンソルルル ハンダ
   (国家を建設する－国家建設をする)

2. 국가를 건설시킨다 [kukˀkarul kɔnsɔlʃikʰinda] クッカルル コンソルシキンダ
   국가 건설을 시킨다 [kukˀka kɔnsɔrɯl ʃikʰinda] クッカ コンソルルル シキンダ
   (国家を建設させる－国家建設をさせる)

3. 국가가 건설된다 [kukˀkaga kɔnsɔldwenda] クッカガ コンソルドゥウェンダ
   국가 건설이 된다 [kukˀka kɔnsɔri twenda] クッカ コンソリ トゥウェンダ
   (国家が建設される / 建設できる－国家建設がなされる / できる)

4. 발을 수술받는다 [parul susulbannɯnda] パルル ススルバンヌンダ
   발 수술을 받는다 [pal susurɯl pannɯnda] パル ススルル パンヌンダ
   (足を手術される－足の手術を受ける / 足の手術がなされる)

5. 당하다 [taŋhada] タンハダは上記のような表現はしないようである. 例えば
   기지 공격을 당한다 [kidʑi koŋgjɔgɯl taŋhanda] キジ コンギョグル タンハンダ
   (基地攻撃を受ける) とは言わないようである.

13) 上記の 1)−12) をまとめると次のようになる.

a. 漢字語用言と接尾辞との結合の可能性
（数字は1) 参照）

				하다	시키다	되다	받다	당하다	스럽다
				1	2	3	4	5	
2字漢字語	分離用言	動詞	건설 [kɔnsɔl] コンソル (建設)	○	○	○			
			발'전 [palˀtʃɔn] パルチョン (發展)	○	○	○			
			피살 [pʰisal] ピサル (被殺)		○	○			
			공격 [koŋgjɔk] コンギョク (こうげき)	○	○			○	○
			존경 [tʃoŋgjɔŋ] チョンギョン (尊敬)	○				○	
			해산 [hɛsan] ヘサン (解散)	○	○			○	
		形容詞	행복 [hɛŋbok] ヘンボク (幸福)	○					○
			용감 [joŋgam] ヨンガム (勇敢)	○					
1字漢字語	非分離用言	動詞	가 [ka] カ (加)	○					
			굴 [kul] クル (屈)	○					
		形容詞	심 [ʃim] シム (甚)	○					

b. 漢字語動詞の分離様式とヴォイスと転移性 (自他動性)
（数字は1) 参照）

				分離様式				ヴォイス			転移性 (自他動性)	
				格助詞	副助詞	否定形	言い換え	基本	受動	使役	自動詞	他動詞
				2)	3)	5)	11)					
分離動詞	1	건설하다 (建設する)	cf.1	○	○	○	○	○				○
		발'전하다 (発展する)	cf.7	○	○		○	○			○	
	2	건설시키다 (建設させる)	cf.1	○	○		○			○		○
	3	건설되다 (建設される)	cf.1	○	○		○		○		○	
		발'전되다 (発展する)	cf.7	○	○		○				○	
		피살되다 (殺される)	cf.4	○	○		○		○		○	
	4	공격받다 (攻撃される)	cf.1	○	○		○		○			○
	5	공격당하다 (攻撃される)	cf.1	○	○		○		○			○

分離形容詞	6	행복하다 (幸福だ)	cf.1)		○						
	7	행복스럽다 (幸福だ)	cf.1)		○						
非分離動詞	8	가하다 (加える)	cf.1)					○			○
		굴하다 (屈する)							○		○

c. 用言の受動性

				cf. 7)		cf. 7)		cf. 10)			cf. 10)
				ヴォイス接尾辞		-되다		Ⅲ-지다			Ⅰ-게 되다
				受動	自動	受動	自動	受動	自動	するようになる	するようになる
漢字語用言	分離用言	動詞	1 건설하다 (建設する)							○	○
			1 발'전하다 (発展する)							○	○
			3 건설되다 (建設される)			○				○	○
			3 발'전되다 (発展する)				○			○	○
			4 공격받다 (攻撃される)							○	○
			5 공격당하다 (攻撃される)							○	○
		形容詞	6 행복하다 (幸福だ)						○		○
			7 행복스럽다 (幸福だ)						○		○
	非分離用言	動詞	8 가하다 (加える)					○			○
			8 굴하다 (屈する)							○	○
		形容詞	9 심하다 (甚だしい)						○		○
固有語用言		動詞	가다 (行く) [自]							○	○
			펴다 (拡げる) [他]						○		○
			먹다 (食べる) [他]	○				○			○
			먹히다 (食べさせる) [使]					○			○
			삶'다 (煮る) [他]		○				○	○	○
		形容詞	높다 (高い)						○		○

d. 用言の使役性とアスペクト

				ヴォイス接尾辞 (cf. 9)		I-게 하다 (cf. 9)			アスペクト (cf. 8)	
				使役	他動	-시키다	使役	するようにする	I-고 있다	III 있다
漢字語用言	分離用言	動詞	1 건설하다 (建設する)					○	○	
			1 발'전하다 (発展する)					○	○	○
			2 건설시키다 (建設される)			○		○	○	
			3 건설되다 (建設される)					○	○	○
			3 발'전되다 (発展する)					○	○	○
			4 공격받다 (攻撃される)					○	○	
			5 공격당하다 (攻撃される)					○	○	
		形容詞	6 행복하다 (幸福だ)					○		
			7 행복스럽다 (幸福だ)					○		
	非分離用言	動詞	8 가하다 (加える)				○	○	○	
			8 굴하다 (屈する)				○	○	○	
		形容詞	9 심하다 (甚だしい)					○		
固有語用言		動詞	가다 (行く)[自]				○	○	○	○
			펴다 (拡げる)[他]				○	○	○	
			먹다 (食べる)[他]	○			○	○	○	
			먹히다 (食べられる)[受]					○	○	○
			먹이다 (食べさせる)[使]					○	○	
			남'다 (残る)[自]		○		○	○	○	○
			감'다 (巻く)[他]	○			○	○	○	
			삶'다 (煮る)[他]				○	○	○	
		形容詞	높다 (高い)		○			○		
			춥다 (寒い)					○		
III-지다									○	○
I-게 되다									○	○
I-게 하다									○	

コラム 　漢字語としての日本その他の固有名詞

　朝鮮は元来漢字で書かれた固有名詞 (地名，人名その他) は朝鮮，中国，日本，ヴェトナム等々のものを問わずすべて自分の漢字音で読んだ．文字は漢字しかない中国が昔も今もすべての固有名詞を普通の単語同様自分の漢字音で読んでいるのと同じである．

　朝鮮は日本統治時代は日本の固有名詞を朝鮮漢字音で読んでいたようだが，日本敗戦後にそれらを日本語式に表記するようになった．

　それにもかかわらず韓国では現在次の地名は朝鮮漢字音で読まれている．

　1. 日本 일본 [ilbon] イルボン (にっぽん / にほん)；2. 東京 동경 [toŋgjɔŋ] トンギョン (とうきょう ＜ きゃう)；3. 京都 경도 [kjɔŋdo] キョンド (きょう ＜ きゃうと). 北朝鮮では1は韓国と同じ，2，3は現地音 (2. 도꾜 [toʔkjo] トキョ；3. 교또 [kjoʔto] キョト) である．韓国では 2. 도쿄 [tokʰjo] トキョ；3. 교토 [kjotʰo] キョトも許容される (南北朝鮮とも長母音は短母音から区別されない)．

　このほかに次のものもしばしば朝鮮漢字音で読まれる．

　九州 구주 [kudʑu] クジュ〈쥬〉(きゅう ＜ きうしゅう ＜ しう)；北海道 북해도 [pukᵏkʰɛ-do] プッケド〈히〉(ほく / ほっかいどう ＜ だう). 下關 〔関〕(しものせき) 하관 [hagwan] ハグァン；大阪 (おおさか) 대판 [tɛpʰan] テパン；福岡 (ふくおか) 복강 [pokᵏkaŋ] ポッカンは日韓の航路開設とともに日本式表記に変わった．在日朝鮮人の中には東京の「新宿 (しんじゅく)」を신숙 [ʃinsuᵏ] シンスク〈슉〉と言う人がいた．

　次の日本人の名は今でも朝鮮漢字音で読まれることがある．

　豊臣秀吉 (とよとみ・ひでよし) 풍신수길 [pʰuŋʃinsugil] プンシンスギル〈슈〉；小西行長 (こにし・ゆきなが) 소서행장 [sosɔhɛŋʥaŋ] ソソヘンジャン〈쇼셔힝쟝〉；加藤清正 (かとう・きよまさ) 가등청정 [kaduɯŋʧʰɔŋʥɔŋ] カドゥンチョンジョン〈쳥졍〉；伊藤博文 (いとう・ひろぶみ) 이등박문 [－방－] [iduɯŋpaŋmun] イドゥンパンムン.

　ヴェトナムの場合は韓国では「越南」월남 [－람] [wɔllam] ウォルラム (ヴェトナム)；「胡志明」호지명 [hoʥimjɔŋ] ホジミョン (ホーチミン) などのほかはヴェトナム音で表記される．前者는베트남 [petʰɯnam] ペトゥナム (北朝鮮では웰남 [wennam] ウェンナム) とも言われる．後者は現在では호찌민 [hoʔʧimin] ホチミンと言う．

　漢字語としての国名は次のものがある．

　中國 〔国〕중국 [ʧuŋguᵏ] チュングク〈즁〉(ちゅうごく)；台灣 〔湾〕대만 [tɛman] テマン (たいわん)〔타이완 [tʰaiwan] タイワンとも言う〕；印度 인도 [indo] インド (いんど / インド)〔인디아 [india] インディアとも言う〕；豪州 호주 [hoʥu] ホジュ (ごう ＜ がうしゅう ＜ しう / オーストラリア)〔오스트레일리아 [osuutʰureillia] オストゥレイルリアとも言

う］；獨〔独〕逸 독일 [togil] トギル (ドイツ) ［도이칠란트 [toitɕʰillantʰɯ] トイチルラントゥ
とも言う］；伊太利 이태리 [itʰεri] イテリ (イタリア) ［이탈리아 [itʰallia] イタルリアとも
言う］；英國〔国〕영국 [jɔŋguᵏ] ヨングク (えいこく / イギリス)；美國〔国〕미국 [miguᵏ]
ミグク (米国べいこく / アメリカ).

　次のものは漢字語があまり用いられなくなったものである.

　몽골 [moŋgol] モンゴル［몽고 [moŋgo] モンゴ蒙古 (もうこ / モンゴル)］；터키 [tʰɔkʰi]
トキ［토이기 [tʰoigi] トイギ《ᅀ》〈ᄏ〉土耳其 (トルコ)］；프랑스 [pʰɯraŋsɯ] プランス［불
란서 [pullansɔ] プルランソ〈셔〉佛〔仏〕蘭西 (フランス)］；그리스 [kurisɯ] クリス［희랍
[hiraᵖ] ヒラプ希臘 (ギリシャ)］；오스트리아 [osutʰuria] オストゥリア［오지리 [oʥiri]
オジリ〈ᄃ〉澳地利 (オーストリア)］；에스파냐 [esɯpʰanja] エスパニャ［서반아 [sɔbana]
ソバナ〈셔〉西班牙 (スペイン)］；러시아 [rɔʃia] ロシア［노서아 [nosɔa] ノソア / 北 로서
아 [rosɔa] ロソア〈셔〉露西亞〔亜〕(ロシア)］；네델란드 [nedellandɯ] ネデルランドゥ［화
란 [hwaran] ファラン和蘭 (オランダ)］；아시아 [aʃia] アシア［아세아 [asea] アセア亞〔亜〕
細亞〔亜〕(アジア)］；유럽 [jurɔᵖ] ユロプ［구라파 [kurapʰa] クラパ歐〔欧〕羅巴 (ヨーロッ
パ)］.

　中国の固有名詞は従来すべて朝鮮漢字音でなされていたが，現在韓国では公式には現
地音でなされる．その結果は朝鮮漢字音と現地音の用いられ方は半々である．中国の朝
鮮族は朝鮮漢字音を用いる.

　北京 북경 [puᵏʔkjɔŋ] プッキョン (ペキン) / 베이징 [peiʥiŋ] ペイジン cf. Beijing ペイチ
ン；上海 상해 [saŋhε] サンヘ〈샹히〉(シャンハイ) / 상하이 [saŋhai] サンハイ cf. Shànghǎi
シャンハイ；福建 복건 [poᵏʔkon] ポッコン (ふく / ふっけん) / 푸젠 [pʰuʥen] プジェン
cf. Fújiàn フチエン；孫文 손문 [sonmun] ソンムン (そんぶん) / 순원 [sunwɔn] スヌウォ
ン cf. Sūn Wén スンウェン.

　漢語音 (北京音) のハングル表記は次の通りである (カタカナはハングルにつけられた
もの).

b ： ㅂ [p] パ	d ： ㄷ [t] タ
p ： ㅍ [pʰ] パ	t ： ㅌ [tʰ] タ
f ： ㅍ [pʰ] パ	
m ： ㅁ [m] マ	n ： ㄴ [n] ナ
	l ： ㄹ [r] ラ

z：ㅉ [ˀtʃ] チャ	j：ㅈ [tʃ] チ	zh：ㅈ [tʃ] チャ	g：ㄱ [k] カ
c：ㅊ [tʃʰ] チャ	q：ㅊ [tʃʰ] チ	ch：ㅊ [tʃʰ] チャ	k：ㅋ [kʰ] カ
s：ㅆ [ˀs] サ	x：ㅅ [ʃ] シ	sh：ㅅ [s] サ	h：ㅎ [h] ハ
		r：ㄹ [r] ラ	

{a} a	{ay} ai	{aw} ao	{an} an	{aŋ} ang
아 [a] ア	아이 [ai] アイ	아오 [ao] アオ	안 [an] アン	앙 [aŋ] アン
{ya} ia(ya)		{yaw} iao(yao)	{yan} ian(yan)	{yaŋ} iang(yang)
야 [ja] ヤ		야오 [jao] ヤオ	옌 [jen] イェン	양 [jaŋ] ヤン
{wa} ua(wa)	{way} uai(wai)		{wan} uan(wan)	{waŋ} uang(wang)
와 [wa] ワ	와이 [wai] ワイ		완 [wan] ワン	왕 [waŋ] ワン
			{ywan} üan(yuan)	
			위안 [wian] ウィアン	
{ə} e, o	{əy} ei	{əw} ou	{ən} en	{əŋ} eng
어 [ɔ] オ	에이 [ei] エイ	어우 [ɔu] オウ	언 [ɔn] オン	엉 [ɔŋ] オン
오 [o] オ (唇音の後)				
{yə} ie(ye)		{yəw} iu(you)	{yən} in(yin)	{yəŋ} ing(ying)
예 [je] イェ		유 [ju] ユ	인 [in] イン	잉 [iŋ] イン
{wə} uo(wo)	{wəy} ui(wei)		{wən} un(wen)	{wəŋ} ong(weng)
워 [wɔ] ウォ	위이 [ui] ウイ		운 [un] ウン	웅 [uŋ] ウン
	(웨이 [wei] ウェイ)		(원 [wɔn] ウォン)	(웡 [wɔŋ] ウォン)
{ywə} üe(yue)			{ywən} ün(yun)	{ywəŋ} iong(yong)
웨 [we] ウェ			윈 [win] ウィン	융 [juŋ] ユン

※(　　)内は単独の場合 / 前に子音のない場合

| {i} i 으 [ɯ] ウ | {yi} i(yi) 이 [i] イ | {wi} u(wu) 우 [u] ウ | {ywi} ü(yu) 위 [wi] ウィ |

　いずれにせよ朝鮮語における外国の固有名詞の表記から漢字語は追放されつつあると言える.

207

第19課　朝鮮漢字音の「中声」と「中声＋終声」のいろいろの場合

比較的頻度の少ない対応を持つものを掲げる.

1) ㅏ[a] ア：え (呉音)

　　下劣 하열 [hajɔl] ハヨル / 北－렬 [harjɔl] ハリョル (げれつ)＋

　　夏至 하지 [haʤi] ハジ (げし)

　　本家 본가 [ponga] ポンガ (ほんけ)

　　駿馬 준마 [ʧunma] チュンマ〈춘〉(しゅんめ)

　ㅏ[a] ア：あい

　　街路 가로 [karo] カロ (がいろ)

　ㅘ[wa] ワ：え (呉音)

　　化身 화신 [hwaʃin] ファシン (けしん)

　ㅘ[wa] ワ：お

　　誇大 과대 [kwadɛ] クァデ (こだい)＋

2) ㅐ[ɛ] エ：あ

　　三個月 삼개월 *[samgɛwɔl] サムゲウォル (さんかげつ)

　ㅐ[ɛ] エ：あ〈ㅓ〉

　　淘汰 도태 [totʰɛ] トテ〈퇴〉(とう＜たうた)

　　兌換 태환 [tʰɛhwan] テファン〈퇴〉(だかん＜くわん)

　ㅐ[ɛ] エ：え (呉音)〈ㅓ〉

　　解熱 해열 [hɛjɔl] ヘヨル〈헐〉《ㅿ》(げねつ)

　ㅐ[ɛ] エ：うい (呉音)〈ㅓ〉

　　對〔対〕句 대ˀ구 [tɛˀku] テク〈되〉(ついく)

　ㅙ[wɛ] ウェ：わ

　　倭館 왜관 [wɛgwan] ウェグァン (わかん＜くわん)

　ㅙ[wɛ] ウェ：あ

208

鎖國〔国〕쇄국 [swɛguᵏ] スウェグク（さこく）

ㅙ [wɛ] ウェ：え（呉音）
八卦 팔괘 [pʰalgwɛ] パルグェ（はっけ）

3) ㅏ [aᵏ] アク：おく
時刻 시각 [ʃigaᵏ] シガク（じこく）
純朴 순박 [sunbaᵏ] スンバク〈朴〉（じゅんぼく）+

ㅏ [aᵏ] アク：やく
返却 반각 [pangaᵏ] パンガク（へんきゃく）
虐待 학대 [haᵏˀtɛ] ハクテ〈디〉（ぎゃくたい）

ㅑ [aŋ] アン：やう＞よう
強力 강력〔-녁〕[kaŋnjɔᵏ] カンニョク /
北 [kaŋrjɔᵏ] カンリョク（きょう＜きゃうりょく）+
仰視 *앙시 [aŋʃi] アンシ（ぎょう＜ぎゃうし）

ㅘ [waŋ] ワン：やう＞よう
状況 상황 [saŋhwaŋ] サンファン〈샹〉（じょう＜じゃうきょう＜きゃう）

4) ㅏ [a] ア：え（呉音）
拝謁 배알 [pɛal] ペアル〈비〉（はいえつ）
刹那 찰나〔-라〕[ʧʰalla] チャルラ（せつな）
捏造 날'조 [nalˀʧo] ナルチョ（ねつぞう＜ざう）
限度 한도 [hando] ハンド（げんど）
削減 삭감 [saᵏˀkam] サッカム（さくげん）
潜入 잠입 [ʧamiᵖ] チャミプ（せんにゅう＜にふ）
開眼 개안 [kɛan] ケアン〈マ〉（かいげん）
世間 세간 [segan] セガン〈셰〉（せけん）

ㅘ [wa] ワ：え（呉音）
幻燈 환등 [hwanduŋ] ファンドゥン（げんとう）

5) ㅋ [ɛᵏ] エク：いき (呉音) / よく (漢音)〈ㅢ〉

　　色彩 색채 [sɛᵏtʃʰɛ] セクチェ〈식치〉(しきさい)

　　彩色 채색 [tʃʰɛsɛᵏ] チェセク〈최식〉(さいしょく)

6) ㅕ [jɔ] ヨ：えい (漢音) / あい (呉音)

　　華麗 화려 [hwarjɔ] ファリョ (か＜くわれい)＋

　　高麗 고려 [korjɔ] コリョ (こう＜かうらい)

　ㅓ [ɔ] オ：えい (漢音)〈ㅕ〉

　　西洋 서양 [sɔjaŋ] ソヤン〈셔〉(せいよう＜やう)

　　悽惨〔惨〕처참 [tʃʰɔtʃʰam] チョチャム〈쳐〉(せいさん)＋

　　高低 고저 [kodʒɔ] コジョ〈뎌〉(こう＜かうてい)

　ㅓ [ɔ] オ：あい (呉音)〈ㅕ〉

　　犀角 서각 [sɔgaᵏ] ソガク〈셔〉(さいかく)

　　東西 동서 [toŋsɔ] トンソ〈셔〉(とうざい)

　　妻子 처자 [tʃʰɔdʒa] チョジャ〈쳐ᅎ〉(さいし)

　ㅓ [ɔ] オ：うい〈ㅕ〉

　　瑞氣〔気〕서기 [sɔgi] ソギ〈셔〉(ずいき)

7) ㅖ [je] イェ：よ

　　預金 예금 [jeɡɯm] イェグム (よきん)

　ㅔ [e] エ：よ〈ㅖ〉

　　諸國〔国〕제국 [tʃeɡuᵏ] チェグク〈제〉(しょこく)

　　除外 제외 *[tʃewe] チェウェ〈제〉(じょがい＜ぐわい)

　ㅖ [je] イェ：い

　　季節 계절 [kjedʒɔl] キェジョル〈졀〉(きせつ)

　ㅞ [we] クェ：い

　　軌道 궤도 [kwedo] クェド (きどう＜だう)

　　毀損 훼손 [hweson] フェソン (きそん)

ᅰ [we] わい ＞ あい
　　胃潰瘍 위궤양 [wigwejaŋ] ウィグェヤン（い＜ゐかい＜くわいよう＜やう）

8) ᅧ [jɔᵏ] ヨク：ゐき＞いき
　　地域 지역 [tɕijɔᵏ] チヨク〈ᄃ〉（ちいき＜ゐき）

　ᅧ [jɔᵏ] ヨク：いき（呉音）
　　馬力 마력 [marjɔᵏ] マリョク（ばりき）

9) ᅥ [ɔ] オ：あ
　　伐採 벌채 [pɔltɕʰɛ] ポルチェ〈ᄎ〉（ばっさい）
　　頻繁 빈번 [pinbɔn] ピンボン（ひんぱん）＋
　　順番 순번 [sunbɔn] スンボン〈ᄉ〉（じゅんばん）
　　凡例 범례〔ー녜〕[pɔmnje] ポムニェ / 北 [pɔmrje] ポムリェ（はんれい）
　　法律 법률〔범뉼〕[pɔmnjul] ポムニュル / 北 [pɔmrjul] ポムリュル（ほう＜はふりつ）

　ᅯ [wɔ] ウォ：わ＞あ（呉音）
　　正月 정월 *[tɕɔŋwɔl] チョンウォル〈정〉（しょう＜しゃうがつ＜ぐわつ）
　　巻頭 권두 [kwɔndu] クォンドゥ（かん＜くわんとう）

10) ᅯ [wɔn] ウォン：ゐん＞いん
　　委員 위원 [wiwɔn] ウィウォン（い＜ゐいん＜ゐん）

11) ᅬ [we] ウェ：うい
　　衰弱 쇠약 [swejaᵏ] スウェヤク《ᇫ》（すいじゃく）

　ᅬ [we] ウェ：あう＞おう
　　大脳〔脳〕대뇌 [tɛnwe] テヌウェ（だいのう＜なう）

　ᅬ [we] ウェ：ゑ＞え（呉音）
　　法會〔会〕법회 [pɔᵖpʰwe] ポップウェ（ほう＜はふゑ＜ゑ）
　　回向 회향 [hwehjaŋ] フェヒャン（え＜ゑこう＜かう）

　ᅬ [we] ウェ：え（呉音）
　　外科 *외'과 [weʔkwa] ウェクァ（げか＜くわ）

211

12) ㄱ [oᵏ] オク：あく

爆彈〔弾〕폭탄 [pʰoᵏtʰan] ポクタン（ばくだん）

13) ㅇ [oŋ] オン：う（呉音）

夢想 몽상 [moŋsaŋ] モンサン〈샹〉（むそう＜さう）

種類 종류［－뉴］[ʨoŋnju] チョンニュ /

北 [ʨoŋrju] チョンリュ〈죵〉（しゅるい）

功徳 공덕 [koŋdoᵏ] コンドク（くどく）

供養 공양 [koŋjaŋ] コンヤン（くよう＜やう）

14) ㅠ [ju] ユ：うい

種類 종류［－뉴］[ʨoŋnju] チョンニュ /

北 [ʨoŋrju] チョンリュ〈죵〉（しゅるい）

ㅜ [u] ウ：うい〈ㅠ〉

海水 해수 [hɛsu] ヘス〈히슈〉（かいすい）

追窮 추궁 [ʨʰuguŋ] チュグン〈츄〉（ついきゅう）

推測 추측 [ʨʰuʨʰɯᵏ] チュチュク〈츄〉（すいそく）

ㅜ [u] ウ：うい

累計 누계 [nugje] ヌギェ / 北－ [rugje] ルギェ（るいけい）

ㅠ [ju] ユ：ゆい

唯一 유일 [juil] ユイル（ゆいいつ）＋

ㅠ [ju] ユ：い

規定 규정 [kjuʥɔŋ] キュジョン〈졍〉（きてい）

ㅠ [ju] ユ：えい

閨房 규방 [kjubaŋ] キュバン（けいぼう＜ばう）

携帶〔帯〕휴대 [hjudɛ] ヒュデ〈딕〉（けいたい）

15) ㅟ [wi] ウィ：いう＞ゆう〈ㅠ〉

惡〔悪〕臭 악취 [aᵏʨʰwi] アクチュイ〈취〉（あくしゅう＜しう）

驟雨 취우 [tʃʰwiu] チュイウ〈쥐〉(しゅう＜しうう)

就任 취임 [tʃʰwiim] チュイイム〈쥐〉《△》(しゅう＜しうにん)

16) ㅕ [ɯk] ウク：えき

劇場 극장 [kɯkˀtʃaŋ] ククチャン〈쟝〉(げきじょう＜じゃう)

17) ㅣ [i] イ：えい (漢音)

泥炭 이탄 [itʰan] イタン / 北 니ー [nitʰan] ニタン (でいたん)

米食 미식 [miʃik] ミシク (べいしょく)

ㅣ [i] イ：あい (呉音)

産米 산미 [sanmi] サンミ (さんまい)

ㅣ [i] イ：え (呉音)

是正 시정 [ʃidʒɔŋ] シジョン〈졍〉(ぜせい)

施主 시주 [ʃidʒu] シジュ〈쥬〉(せしゅ)

ㅟ [ɯi] ウイ：ゑ＞え (呉音)

歸〔帰〕依 귀의 [kwiɯi] クィウイ (きえ)

ㅟ [ɯi] ウイ：え (呉音)

希有 희유 [hiju] ヒユ (けう)＋

ㅣ [i] イ：え (呉音)〈ㅟ〉

濕〔湿〕氣〔気〕 습기 [sɯpˀki] スプキ〈긔〉(しっけ)

18) ㅕ [ik] イク：えき

利益 이익 [iik] イイク / 北 리ー [riik] リイク (りえき)

耽溺 탐닉 [tʰamnik] タムニク (たんでき)

19) ㅵ [ip] イプ：あふ＞おう

缺〔欠〕乏 결핍 [kjɔlpʰip] キョルピプ (けつぼう＜ばふ)

この課では朝鮮漢字音の中声および中声＋終声のうち今までに触れられなかっ
たことを扱う (数字はこの課の項目の番号である).

1. 次のものは漢音と呉音の違いである.

	ㅏ	ㅘ	ㅐ	ㅙ	ㅓ	ㅕ	ㅝ	ㅞ	ㅣ	ㅢ
	[a]	[wa]	[ɛ]	[wɛ]	[ɔ]	[jɔ]	[wɔ]	[we]	[i]	[ɯi]
	ア	ワ	エ	ウェ	オ	ヨ	ウォ	ウェ	イ	ウイ
漢音	あ	わ	あい	わい	あ9 えい6	えい6	え	わい	えい17	い
呉音	え1	え1	え2	え2	お	あい6	あい6, わ9	ゑ, え7	あい17 え17	え17

	ㅏ [a^k]	ㅏ [aŋ]	ㅖ [ɛ^k]	ㅕ [jɔ^k]	ㅎ [oŋ]
	アク	アン	エク	ヨク	オン
漢音	あく	あう > おう	よく5	よく	ゆう, よう
呉音	やく3	やう > よう3	いき5	いき8	う13

2. 次のものも参照せよ.

ㅏ [a] ア：あい1　　　　　　　　　　　ㅘ [wa] ワ：お1
ㅐ [ɛ] エ：あ2,〈ㅓ〉あ2, うい (呉音)2　　　ㅙ [wɛ] ウェ：わ2, あ2
ㅓ [ɔ] オ：〈ㅕ〉うい6
ㅔ [e] エ：〈ㅖ〉よ7　　ㅖ [je] イェ：よ7, い7　　ㅞ [we] ウェ：い7, わい > あい7
ㅚ [we] ウェ：うい11, あう > おう11　　　ㅟ [wi] ウィ：〈ㅟ〉いう > ゆう15
ㅜ [u] ウ：うい14,〈ㅠ〉うい14　　ㅠ [ju] ユ：うい14, ゆい14, い14, えい14
ㅏ [a^k] アク：おく3　　ㅘ [waŋ] ワン：やう > よう3
ㅕ [jɔ^k] ヨク：ゐき > いき8　　ㅗ [o^k] オク：あく12　　ㅜ [u^k] ウク：えき16
ㅓ [i^k] イク：えき18　　ㅓ [i^p] イプ：あふ > おう19
ㅏ [al] アル：えつ4　　ㅏ [an] アン：えん4　　ㅏ [am] アム：えん4
ㅘ [wan] ワン：えん4
ㅓ [ɔl] オル：あつ9　　ㅓ [ɔn] オン：あん9　　ㅓ [ɔm] オム：あん9
ㅓ [ɔ^p] オプ：あふ > おう9
ㅞ [wɔl] ウォル：わつ > あつ9　　ㅝ [wɔn] ウォン：わん > あん9, ゐん > いん10

まとめ

1　가 け, がい　　　하 げ　　　　　마 め
1　과 こ

2	개 か	해〈히〉げ	태〈티〉た, だ	패 は
2	왜 わ	괘 け	쇄 さ	
3	각 こく, きゃく	학 ぎゃく	박 ぼく	
3	앙 *ぎゃう > ぎょう	강 きゃう > きょう		
3	황 きゃう > きょう			
4	알 えつ	찰 せつ	날 ねつ	
4	안 *げん	간 けん	한 げん	
4	감 げん	잠 せん		
4	환 げん			
5	색〈싁〉しょく/しき			
6	서〈셔〉せい/さい, ずい		처〈셔〉せい/さい	
6		저〈뎌〉てい	처〈텨〉たい	
6	려 れい/らい			
7	제〈졔〉しょ, じょ			
7	예 よ	계 き		
7	궤 き, 〈콰い〉> かい	훼 くわい > かい		
8	역 ゐき > いき	력 りき		
9	벌 ばつ	번 はん, ばん	범 はん	법 はふ > ほふ
9	원 *ぐわん > がん	권 くわん > かん		
10	원 ゐん > いん			
9	월 *ぐわつ > がつ			
11	외 *げ	회 ゑ > え	쇠 すい	뇌 なう > のう
12	폭 ばく			
13	공 く	몽 む	종〈죵〉しゅ	
14	수〈슈〉すい	추〈츄〉すい, つい		루 るい
14	유 ゆい	규 き, けい	휴 けい	류 るい
15	취〈쥐〉しう > しゅう			
16	극 げき			
17	기〈긔〉け	시 せ, ぜ	니 でい	미 べい/まい
17	의 ゑ > え	희 け		
18	익 えき	닉 でき		
19	핍 ばふ > ぼう			

✎ **練習 19**

次の漢字音のうち下線部の漢字を推量してあてはめなさい.

1. 마노 [mano] マノ（＿ 瑙 ＿ のう＜なう）

2. 해학 [hɛhaᵏ] ヘハク〈회〉(諧＿かい＿＿＿＿)

3. 신강우이구르자치구〈ㅈ〉
（新＿우이구르自治區〔区〕しん＿＿＿＿＿ウイグルじちく）

4. 인간 [ingan] インガン《△》(人＿にん＿＿＿)

5. 방향 [paŋhjaŋ] パンヒャン(方＿ほう＜はう＿＿＿)

6. 선서문 [sɔnsɔmun] ソンソムン〈선셔〉(宣＿文せん＿＿＿ぶん)

7. 저촉 [tʃɔtʃʰoᵏ] チョチョク〈뎌쵹〉(＿觸〔触〕＿＿＿しょく)

8. 궤멸 [kwemjɔl] クェミョル(＿滅＿＿＿めつ)

9. 격려 [겅녀] [kjɔŋnjɔ] キョンニョ /
北 [kjɔŋrjɔ] キョンリョ(激＿げき＿＿＿)

10. 유예 [juje] ユイェ(猶＿ゆう＜いう＿)

11. 재벌 [tʃɛbɔl] チェボル〈지〉(財＿ざい＿＿＿)

12. 번잡 [pɔnʤaᵖ] ポンジャプ(＿雜〔雑〕＿＿＿ざつ)+

13. 범람 [－남] [pɔmnam] ポムナム /
北 [pɔmram] ポムラム(＿濫＿＿＿らん)

14. 권고 [kwɔngo] クォンゴ(＿告＿＿＿こく)

15. 기원 *[kiwɔn] キウォン〈긔〉(祈＿き＿＿＿)

16. 병원 [pjɔŋwɔn] ピョンウォン(病＿びょう＜びゃう＿＿＿)

17. 유감 [jugam] ユガム(＿憾＿かん)+

216

補 足

旧字体と新字体　氣－気 기 [ki] キ〈ㄱ〉(き)；帶－帯 대 [tε] テ〈ㄷ〉(たい)；濕－湿 습 [sɯᵖ] スプ (しつ)；觸－触 촉 [ʧoᵏ] チョク (しょく)；雜－雑 잡 [ʧaᵖ] チャプ (ざつ, ぞう＜ざふ).

形声字Ⅰ　汰 (た)－太 (たい) 태 [tʰε] テ〈ㅌ〉；泥 (でい)－尼 (に) 니 [ni] ニ；依 (い, え)－衣 (い) 의 [ɯi] ウイ；養－羊 양 [jaŋ] ヤン (よう＜やう)；閨－圭 규 [kju] キュ (けい)；淘陶 (とう＜たう)－匋 (どう＜だう) 도 [to] ト；減 (げん)－感憾 (かん) 감 [kam] カム；爆 (ばく)－暴 (ぼう) 폭 [pʰoᵏ] ポク；功 (こう, く)－工 (こう) 공 [koŋ] コン；供 (きょう, く)－共 (きょう) 공 [koŋ] コン；趣－取 취 [ʧʰwi]〈ㅟ〉チュイ (しゅ)；瑪 (め)－馬 (ば, ま) 마 [ma] マ；抵－低 저 [ʧɔ] チョ〈ㄷ〉(てい)；預－予 예 [je] イェ (よ)；伐－閥 벌 [pɔl] ポル (ばつ)；願 (がん＜ぐわん)－原 (げん) *원 [wɔn] ウォン.

形声字Ⅱ　個 개 [kε] ケ (か, こ)－固 고 [ko] コ (こ)；倭 왜 [wε] ウェ (わ)－委 위 [wi] ウィ (い＜ゐ)；仰 *앙 [aŋ] アン (ぎょう＜ぎゃう)－迎 *영 [jɔŋ] ヨン (げい)；況 황 [hwaŋ] ファン (きょう＜きゃう)－兄 형 [hjɔŋ] ヒョン (けい, きょう＜きゃう)；街 가 [ka] カ (がい)－卦 괘 [kwε] クェ (け)－閨 규 [kju] キュ (けい)；諸 제 [ʧe] チェ〈제〉(しょ)－者 자 [ʧa] チャ〈쟈〉(しゃ)；軌 궤 [kwe] クェ (き)－九 구 [ku] ク (く, きゅう＜きう)；潰 궤 [kwe] クェ (かい＜くわい)－貴 귀 [kwi] クィ (き)；瘍陽 양 [jaŋ] ヤン (よう＜やう)－場 장 [ʧaŋ] チャン〈쟝〉(じょう＜じゃう)；域 역 [jɔᵏ] ヨク (いき＜ゐき)－或 혹 [hoᵏ] ホク (かく＜くわく)；彈〔弾〕탄 [tʰan] タン (だん)－單〔単〕단 [tan] タン (たん)；種 종 [ʧoŋ] チョン〈종〉(しゅ)－重 중 [ʧuŋ] チュン〈즁〉(じゅう)；推 추 [ʧʰu] チュ〈츄〉(すい)－堆 퇴 [tʰwe] トゥウェ (たい)；除 제 [ʧe] チェ〈제〉(じょ)－余 여 [jɔ] ヨ (よ)；謁 알 [al] アル (えつ)－喝 갈 [kal] カル (かつ)－掲 게 [ke] ケ (けい)；限 한 [han] ハン (げん)－眼 *안 [an] アン (がん)－恨 한 [han] ハン (こん)－銀 *은 [un] ウン (ぎん)；勸〔勧〕권 [kwɔn] クォン (かん＜くわん)－權〔権〕권 [kwɔn] クォン (けん)－歡〔歓〕환 [hwan] ファン (かん＜くわん).

参 考

朝鮮ㅕ [jɔ] ヨ / ㅓ [ɔ] オ, ㅣ [i] イ：日本えい (漢音) / あい (呉音) は中国漢字音では次のように {yi} i イ, {əy} ei エイに対応する.

漢字	西	棲	誓	妻	低	泥	米	麗
	서	〃	〃	처	저	니	미	려
	[sɔ]	〃	〃	[ʧʰɔ]	[ʧɔ]	[ni]	[mi]	[rjɔ]
	ソ	〃	〃	チョ	チョ	ニ	ミ	リョ
	〈셔〉	〃	〃	〈쳐〉	〈뎌〉			

217

日本	せい	〃	〃		てい	でい	べい	れい
	さい			さい			まい	らい
北京	xī	qī	shì	qī	dī	ní	mǐ	lèi
	シ	チ	シ	チ	ティ	ニ	ミ	レイ

コラム 「換錢」は日本語か？

　最近日本の大都会の鉄道の駅には簡体字で書かれた漢語やハングルによる朝鮮語の表示が英語のそれと並んで目に付くようになった.

　しかし英語以外のアジアの言語による表示については韓国の方が先輩である. 現在韓国の例えばソウル空港では飛行機を降りて通路を行くと, EXCHANGEという英語表記のほかに 환전 [hwandʑɔn] ファンジョンというハングル表記と並んで「換錢」及び「換钱」という文字が見えてくる. このうち「換钱」という文字が簡体字による漢語表記であることは明らかである.

　それでは「換錢」という文字は一体何語か？ 환전という朝鮮語の漢字語の漢字はまさに「換錢」であるから, 一見朝鮮語のようにも見える. しかし韓国では建前として漢字は使わずハングルを使うことになっているから, 朝鮮語をハングルと漢字の2本立てとするとは考えにくい. しかし日本の国語辞典を見ても「換錢」という単語は記載されていないから, それが日本語であると考えることも難しい. 入国審査が終わり, 荷物を受け取り, 外に出ようとすると, 銀行の窓口に先ほどの환전, EXCHANGE, 換钱, 換錢と並んで「両替」という漢字が見えるので,「換錢」という漢字を見て多分金を替えることを指しているのだろうと推測した日本人はここで一安心するはずである.「両替」こそは日本語なのだが, それなら「換錢」は何語なのか？ 台湾で用いられる漢語 (正字) と理解すればよさそうだが, その場合には日本語がないことになる. またしても疑問が解けなくなるのだが, どうやらこれはソウル空港の外国人利用客としては日本人を念頭に置いたものらしいのである.

　韓国は長い間反日と反共という国是を担ってきた. 韓国の文化的独自性を主張しようとしてハングル専用論が実施され, 中華民国 (台湾) と国交を持っていた韓国は漢語の学習を専ら正字のみに拠った. 韓国の観光地に立てられたハングルによる説明版ではおびただしい漢字語の下に漢字が正字で一々副えられた. しかし固有語の動詞, それも否定形のような本来漢字では書けない単語, 例えば "가지 않는다" [kadʑi annunda] カジ アンヌンダ (行かない) の下に「不去」と書いたりもした. こうなるとこれは何か？ 語順が違うから, 漢文でもない. しかし日本人も台湾人も漢字を追っていけば何とか意味はつか

めるようにはなっている．観光客はかつて圧倒的多数が日本人だったから，明らかにこれは日本人を念頭に置いたものだった．つまり日本人は観光客として呼びたいが，日本語の掲示には反対という世論を考慮して，日本語でもない，漢文でもない，しかし朝鮮語の漢字語を漢字で表したと言い逃れが出来るようなもの，しかも日本人にも分かるというもので逃げたのである．それが証拠に日本の略字を一切使っていない．韓国では高校の日本語教科書に出てくる漢字も日本の略字を用いず，そこで教える漢字は朝鮮の古典を読むための助けとするべく正字なのである．オリンピックとか国際的な競技が行われる時には日本から直接車を乗り入れる日本人客のために高速道路の道路標識に漢字を付け加えたが，それは勿論正字に拠った．このように韓国で用いられる漢字は明らかに日本人のためのものであるにもかかわらず，建前としてはそうであるとは言わない「方便」が隠されてきた．ある意味では漢字語 (固有名詞を含む) に関して朝鮮語，日本語，漢語の違いについての意識が常に極めて曖昧だったのである．

　このような曖昧さの一部は韓国が冷戦の終結とともに中華人民共和国と国交を持ったことで解消された．公然と簡体字による漢語の学習が行われ，漢語教科書は正字から簡体字に変わった．冷戦時代に韓国で「換钱」などという文字にお目にかかるなど考えられなかったのだから，たいへんな変化である．

　もう一つの曖昧さの根源である反日は現在も顕在だが，日本の法的な有効性を持つ略字を一切無視することに曖昧さはまだ残っているというべきだろう．

　結局のところ「換錢」は日本人に意味を分からせる目的の朝鮮語の漢字表記なのだというのが妥当な見方なのだろう．つまりハングルと漢字の双方で書かれた朝鮮語を，日本人よ，理解しなさいというものなのだろう．曖昧さはいまだに解決していない．

コラム　朝鮮の韻書と字書

　中国は古来科挙の試験に漢詩を課した．漢詩は複雑な規則によって口調よく作られるが，その根本は詩の各行の最後の文字の韻母 (すなわち母音あるいは母音＋子音) を合わせること (これを「脚韻」という) と各文字の声調の配列を一定の規則によって整えること (これを「平仄 (ひょうそく)」という) である．

　例えばよく知られている「春眠不覺曉 / 處處聞啼鳥 / 夜來風雨聲 / 花落知多少」(春眠 [しゅんみん] 暁 [あかつき] を覚 [おぼ] えず / 処処 [しょしょ] 啼鳥 [ていちょう＜てう] を聞 [き] く / 夜来 [やらい] 風雨 [ふうう] の声 [こえ] / 花 [はな] 落 [おつ] ること知 [し] る多少 [たしょう＜せう]) という漢詩では下線部が脚韻を成している．曉〔暁〕/ 鳥 / 少 ―日本：「げう ＞ ぎょう / てう ＞ ちょう / せう ＞ しょう」，朝鮮：효 / 됴 ＞ 조 / 쇼 ＞

소，北京：xiǎo / niǎo / shǎo．これを見るとこの3つの漢字音の韻母は日本：「えう ＞ よう」，朝鮮：ㅛ [jo] ヨ，北京：-iao イアオであることが分かる（北京の「少」の韻母が -ao となっているのは歴史的な理由がある）．

　今まで述べた声母 (頭子音) と韻母 (脚韻をあわせるのに必要) そして声調 (平仄を合わせるのに必要) をもとに漢字を配列した辞書を「韻書」といって中国では時代により漢字音が変わると適宜韻書が改訂されてきた．さらに介母音の違い (本書の第16課 [参考] 3) すなわち149ページ参照) に基づいた漢字音の分類を図にしたものを「韻図」と呼ぶ．主として韻書や韻図を基礎に行った研究を「音韻学」という．中国及び日本の韻書については例えば国語学会編，『国語学大辞典』，東京堂出版，1253ページ，昭和55年 (1980) の「韻書」(51-54ページ) を参照．

　朝鮮は小中華とて漢詩を作ることが盛んであり，また科挙の試験があったから，韻書を中国に求めた．しかし中国の漢字音と朝鮮の漢字音とは異なるし，伝来の朝鮮漢字音の「乱れ」を正す目的でハングルで『東国正韻』(1447年) が編纂された（「東国」は中国の東の国朝鮮を意味する）．というより『東国正韻』を編纂する目的で当時の優れた学者たちが民族の文字ハングルを作ったという方が正しい (1446年公布)．ハングルが当初から論理的に作られた所以である．

　『東国正韻』は朝鮮の漢字音のためのもので，中国の当時の音のための韻書としては『洪武正韻訳訓』(1455年) が作られた．この両者はハングルで表音をしたもので，この種の外国の文字で表音された韻書としてはパクパ文字で元朝に編纂された『蒙古字韻』(1308年) に次ぐものであり，かつローマ字で表音された韻書『西儒耳目資』(1626年) に先立つものである．『東国正韻』と『洪武正韻訳訓』については河野六郎「東国正韻」と「洪武正韻訳訓」に就いて」(『河野六郎著作集2中国音韻学論文集』，平凡社，181-230ページ，1979) を参照．なおここには朝鮮の伝来漢字音も詳しく扱われている．

　朝鮮では『東国正韻』の漢字音は出来たばかりのハングルで記された諺解 (「げんかい」と読む．漢文をハングルで朝鮮語訳したもの) で一つ一つの漢字の音を表すために用いられた．やがてその漢字音が伝来の漢字音とはあまりにかけ離れ，人工的要素が強いために用いられなくなってしまった．『東国正韻』の漢字音が比較的永く用いられたのは李朝を通じて何度も版を重ねた『三綱行実図諺解』である (なお『三綱行実図諺解』について詳細は志部昭平，『三綱行実図諺解研究』，汲古書院，本文-校注篇514ページ，KWIC索引篇592ページ，1990参照)．

　「諺解」とは例えば次のような形式を取る．なお，254ページの図を参照せよ．

關관 gwan 關관 gwan 雎져 jyə 鳩구 gu ㅣ i [ガ] 在지 jɐi 河하 ha 之지 ji 洲쥬 jyu ㅣ i 로 ro

다 da［ナリ］關관 gwan 關관 gwan ᄒ hɐ 는 nɐn［スル］睢져 jyə 鳩구 gu ㅣi［ガ］河하 ha ᄉ s［ノ］洲쥬 jyu 에 əi［ニ］잇 is 도 do 다 da［アル］

以上のうち大きいローマ字が漢字の音 (伝来音) を記したものである.

伝来漢字音の韻書としては次のものがあった.『三韻補遺』(1702年),『華東正音通釈韻考』(1747年),『三韻声彙』(1751年),『御定奎章全韻』(1796年). 韻書とは違って部首順に漢字を編成した「画引字典」としては広く用いられた『全韻玉篇』があり(朝鮮で一般に「字典」を「玉篇」옥편 [oᵏpʰjən] オクピョンというほどである), 池錫永,『字典釈要』(1909年) はすでに近代的な体裁を整えられている (ここに記載されている漢字音は1945年以前に用いられた表記によるものである). 現在漢字の字典は数種類あるが, そこには現在の正書法による漢字音しか記載されていない.

他方中国音を記した韻書『洪武正韻訳訓』は崔世珍による『四声通解』(1517年) へと受け継がれ, これは漢語の教科書や辞典に幅広く用いられた. しかしこれとても『重刊老乞大諺解』(1795年以降) その他では現実に合わなくなり, 用いられなくなった. なおこれらすべてについて小倉進平, 河野六郎補注,『増訂補注 朝鮮語学史』, 刀江書院, 677+51+235ページ, 昭和39 (1964) 参照.

開花期以後朝鮮では朝鮮, 北京, 日本の漢字音を記した各種の字典が編纂され, 現在近代的な漢語＝朝鮮語辞典が多数出版されている.

日本で作られた漢字字書 (普通「漢和辞典」と呼ばれる) は概して漢字音を重要視しないものばかりである. 日本の「漢音」,「呉音」,「慣用音」等々はその区別も難しく明瞭でないものが多いが, それらについて確実な情報を盛り込んだものが少ない. ましていろいろと問題はありながらも中国の上古音, 中古音, 現代北京音を記したものは藤堂明保,『学研漢和大字典』, 学習研究社, 1740+90ページ, 1978しかない. 中国漢字音のうち広東, 福建, 上海その他, さらには朝鮮漢字音やヴェトナム漢字音まで記載した字典はまだない.

漢字語に関して言うならば, 多くの漢和辞典は中国の古典から収集した漢字語に若干の日本のものを追加したに過ぎない. 諸橋轍次,『大漢和辞典』, 大修館書店, 昭和35 (1940) は手作業による字典としては世界で最初にして最後の最大のものと思われたが, コンピューター時代に入り, それを量的に陵駕するものが現れた (『中文大辞典』,『漢語大字典』). しかしこれらは朝鮮の漢籍は全く扱っていない. 韓国の檀国大学校東洋学研究所はこれを上回るものを企画し, 原稿は出来ているといわれるが, 朝鮮の漢籍に現れる朝鮮製の漢字語のみを扱った『韓国漢字語辞典』4巻が『漢韓大辞典』の一環としてとりあえず刊行されている. これは朝鮮の漢字語を収録したはじめてのものである.

221

第20課　朝鮮漢字音の「初声」その他の特殊な場合

比較的頻度の少ない対応を持つものを掲げる.

1) 初声

　ㅇ [Ø] ア《ㅇ》: カ行

　訛音 *와음 [waɯm] ワウム (か＜くわおん)

　渦中 *와중 [wadʑuŋ] ワジュン〈중〉(か＜くわちゅう)

　完成 *완성 [wansɔŋ] ワンソン〈성〉(かん＜くわんせい)

　研究 *연구 [jɔŋgu] ヨング (けんきゅう＜きう)

　危険〔険〕*위험 [wihɔm] ウィホム (きけん)+

　毅然 *의연 [ɯijɔn] ウイヨン《△》(きぜん)+

　ㅎ [Ø] ア: ワ行＞ア行

　談話 담화 [tamhwa] タムファ (だんわ)

　黄金 황금 [hwaŋgum] ファングム (おう＜わうごん)

　　　[「おう＜わう」は呉音, 「こう＜くわう」は漢音.「ごん」は本来の「こん」が鼻音
　　　[ŋ] ン「う」の後ろで濁音となったもの]

　賄賂 회뢰 [hwerwe] フェルウェ (わいろ)

　　　[この単語はあまり使われず, 代わりに日本語の「わいろ 와이로 [wairo] ワイロ」
　　　が用いられる]

　横断〔断〕횡단 [hweŋdan] フェンダン (おう＜わうだん)

　語彙 어휘 [ɔhwi] オフィ (ごい＜ゐ)

　ㄴ [n] ナ: タ行

　忍耐 인내 [innɛ] インネ《△》(にんたい)

　訥辯〔弁〕눌변 [nulbjɔn] ヌルビョン (とつべん)

　隠匿 은닉 [unniᵏ] ウンニク (いんとく)

　出納 출납〔―랍〕[tɕʰullaᵖ] チュルラプ《출》(すいとう＜たふ)

　ㅁ [m] マ: ハ行

　萌芽 맹아 *[mɛŋa] メンア《밍》(ほう＜はうが)

222

ㅆ [ˀs] サ：サ行

雙〔双〕方 쌍방 [ˀsaŋbaŋ] サンバン（そう ＜ さうほう ＜ はう）

姓氏 성씨 [sɔŋˀʃi] ソンシ〈셩〉（せいし）

ㄲ [ˀk] カ：カ行

喫茶 끽다 [ˀkikˀta] キクタ（きっさ）

濃音を初声とする漢字は上記のものぐらいしかない．新しく発生したものと思われる．

2） 終声

ㅂ [ᵖ] プ：ツ

設立 설립 [sɔlliᵖ] ソルリプ〈셜〉（せつりつ）

cf. 建立 건립［걸－］[kɔlliᵖ] コルリプ（こんりゅう ＜ りふ）

固執 고집 [koʤiᵖ] コジプ（こしつ）

cf. 執念 집념［짐－］[ʧimnjɔm] チムニョム（しゅう ＜ しふねん）

雜〔雑〕誌 잡지 [ʧaᵖˀʧi] チャプチ（ざっし）

cf. 雜〔雑〕言 잡언 [ʧabɔn] チャボン（ぞう ＜ ざふごん）

蟄居 집거 [ʧiᵖˀkɔ] チプコ（ちっきょ）

濕〔湿〕度 습도 [sɯᵖˀto] スプト（しつど）

接續〔続〕접속 [ʧɔpˀsoᵏ] チョプソク〈졉쇽〉（せつぞく）

壓〔圧〕力 압력［암녁］[amnjɔᵏ] アムニョク / 北［암－］[amrjɔᵏ] アムリョク（あつりょく）

3） その他いろいろ相互に初声や終声の若干異なるもの，意味の違いによって区別するものと区別しないもの，それぞれの事情によって音が異なってしまったもの等．

匹，疋 필 [pʰil] ピル（ひき） 一匹 일필 [ilpʰil] イルピル（いっぴき）

册〔冊〕책 [ʧʰɛᵏ] チェク〈칙〉 一册〔冊〕일책 [ilʧʰɛᵏ] イルチェク〈칙〉（いっさつ）

cf. 册〔冊〕封 책봉 [ʧʰɛkˀpoŋ] チェクポン〈칙〉（さくふう）

蹴 축 [ʨʰuᵏ] チュク〈축〉(しゅう＜しう) 蹴球 축구 [ʨʰuᵏʔku] チュック

（しゅう＜しうきゅう＜きう)[日本音は百姓読み]

暴 폭 [pʰoᵏ] ポク（ばく) 暴露 폭로 [퐁노][pʰoᵏno] ポンノ／北[퐁ー][pʰoŋro]

ポンロ（ばくろ)

（ぼう）暴風雨 폭풍우 [pʰoᵏpʰuŋu] ポクプンウ（ぼうふうう)

副 부 [pu] プ（ふく) 副議長 부의장 [puɯiʥaŋ] プウイジャン〈쟝〉(ふくぎちょ

う＜ちゃう)

復 복 [poᵏ] プ（ふく) 回復 회복 [hweboᵏ] フェボク（かい＜くわいふく)

復舊〔旧〕복구 [poᵏʔku] ポック（ふく＞ふっきゅう＜きう)

부 [pu] プ（ふく) 復活 부활 [puhwal] プファル（ふく＞ふっかつ＜くわつ)

刷 쇄 [swɛ] スウェ（さつ) 印刷 인쇄 [inswɛ] インスウェ（いんさつ)

告 고 [ko] コ（こく) 報告 보고 [pogo] ポゴ（ほう＜はうこく)

不 불 [pul] プル（ふ) 不法 불법 [pulbɔᵖ] プルボプ（ふほう＜はふ)

부 [pu] プ（ふ) 不當〔当〕부당 [pudaŋ] プダン（ふとう＜たう)＋,

不正 부정 [puʥɔŋ] プジョン〈정〉(ふせい)

[ㄷ[t] タ，ㅈ[ʨ] チャの前では 부 [pu] プが用いられる]

十 십 シプ [ʃiᵖ]（じゅう＜じふ) 十六 십륙 [심뉵][ʃimnjuᵏ] シムニュク／北

[심ー] シムリュク（じゅう＜じふろく)

시 [ʃi] シ（じゅう＜じふ) 十月 시월 [ʃiwɔl] シウォル（じゅう＜じふがつ

＜ぐわつ)[これだけは例外]

六 륙 [rjuᵏ] リュク（ろく) 十六 십륙[심뉵][ʃimnjuᵏ] シムニュク／北[심ー]

シムリュク（じゅう＜じふろく)

류 [rju] リュ（ろく) 六月 유월 [juwɔl] ユウォル／北[류ー][rjuwɔl] リュウォ

ル（ろくがつ＜ぐわつ)，五六月 오뉴월 [onjuwɔl] オ

ニュウォル／北[류ー][orjuwɔl] オリュウォル（ごろく

がつ＜ぐわつ)[これだけは例外]

龜〔亀〕균 [kjun] キュン（き) 龜〔亀〕裂 균열 [kjunjɔl] キュニョル／北 ー렬[균

ー][kjulljɔl] キュルリョル（きれつ)

귀 [kwi] クイ（き) 龜〔亀〕甲 귀갑 [kwigaᵖ] クイガプ（きこう＜かふ)

224

　　　　　구 [ku] ク（き）　龜〔亀〕浦 구포 [kupʰo] クポ（きほ）［洛東江沿いにある釜
　　　　　　　山の町］

沸 비 [pi] ピ（ふつ）　沸騰 비등 [piduŋ] ピドゥン（ふっとう）

洗 세 [se] セ〈셰〉（せん）　洗濯 세탁 [setʰaᵏ] セタク〈셰〉（せんたく）

北 북 [puᵏ] プク（ほく）　南北 남북 [nambuᵏ] ナンブク（なんぼく）

　　　배 [pɛ] ぺ（ほく）　敗北 패배 [pʰɛbɛ] ぺべ（はいぼく）［この単語でだけ］

否 부 [pu] プ（ひ）　否定 부정 [puʥoŋ] プジョン〈졍〉（ひてい）

軟 연 [jon] ヨン《△》（なん）　軟弱 연약 [jonjaᵏ] ヨニャク《△》（なんじゃく）＋

恤 휼 [hjul] ヒュル（じゅつ）　救恤 구휼 [kuhjul] クヒュル（きゅう＜きうじゅつ）

隷 예 [je] イェ（れい）　奴隷 노예 [noje] ノイェ（どれい）［語中でも初声の ㄹ[r] ラ
　　が消えたもの］

嘔 구 [ku] ク（おう）　嘔吐 구토 [kutʰo] クト（おうと）［朝鮮の百姓読み］

歐〔欧〕구 [ku] ク（おう）　中歐〔欧〕중구 [ʧuŋgu] チュング（ちゅうおう）［朝鮮の
　　百姓読み］

借 차 [ʧʰa] チャ〈챠〉（しゃく）　借用 차용 [ʧʰajoŋ] チャヨン〈챠〉（しゃくよう），
　　（しゃ）　假〔仮〕借 가차 [kaʧʰa] カチャ〈챠〉（かしゃ）

作 작 [ʧaᵏ] チャク（さく）　作品 작품 [ʧaᵏpʰum] チャクプム〈픔〉（さくひん），
　　（さ）　作用 작용 [ʧagjoŋ] チャギョン（さよう）

品 품 [pʰum] プム〈픔〉（ひん）　品質 품질 [pʰumʥil] プムジル〈픔〉（ひんしつ）
　　［唇音の後ろで— [ɯ] ウが円唇化を起こした］

秒 초 [ʧʰo] チョ 쵸（びょう＜べう）　秒針 초침 [ʧʰoʧʰim] チョチム〈쵸〉（びょ
　　う＜べうしん）

登 등 [tuŋ] トゥン（とう）　登校 등교 [tuŋgjo] トゥンギョ（とうこう＜かう），
　　（と）　登山 등산 [tuŋsan] トゥンサン（とざん）［日本音は韻尾の鼻音が後ろの初
　　声を濁音にしたもの．「山」は本来清音］

参 考　日本語の濁音

　濁音（b，d，g 等）は中国では上古音で有声有気音 bʰ，dʰ，gʰ であったのが後
に一部の方言でだけ b，d，g として保たれ，多くの方言で後に無声無気音 p，t，

k あるいは無声有気音 pʰ, tʰ, kʰ に変わった，中国の濁音は日本の漢音では無声音（清音），呉音では有声音で入ったことはすでに述べた.

他方中国の鼻音 (m, n, ŋ) は唐代長安音では有声音を伴ったようであり (mᵇ, nᵈ, ŋᵍ)，これが福建語では b. d. g として，そして日本の漢音でも濁音として導入された.

日本語は長らく清音と濁音の書き分けが曖昧で，古代からその区別があったのか甚だ疑問であるが，少なくとも古代には語頭に濁音のあらわれることはなかったようだ. 語中の濁音は江戸時代の途中までは ᵐb, ⁿd, ᵑg などのいわゆる鼻濁音，つまり東北方言の鼻にかかる音だったらしいことが日本語のキリシタン資料や朝鮮資料からも分かる.

ところで日本語では「鼻音＋無声音」が「濁音」になることが多い（例：「ふみ（文）＋て（手）」fumi-te ＞ funte ＞ fuⁿde ＞ fude（筆））. 漢字語でもこの類が多い. 二本（に-ほん）－三本（さん-ぼん）. したがってかな「ん」がなくても，本来鼻音の後ろでこの現象が起きることがある. 黄金「わ<u>う</u> ＞ お<u>う</u>-ごん」，登山「と-ざん」（「と」は本来「と<u>う</u>」）. 上記の「う」は実際には鼻音で発音されたものと思われる. この結果日本の漢字音の濁音を無条件に中国の濁音と理解するのは間違いである.

補足

旧字体と新字体　雙－双 쌍 [ˀsaŋ] サン（そう ＜ さう）；壓－圧 압 [aᵖ] アプ（あつ）；假－仮 가 [ka] カ（か）；歐－欧 구 [ku] ク（おう）；龜－亀 균 [kjun] キュン，귀 [kwi] クイ，구 [ku] ク（き）；當－当 당 [taŋ] タン（とう ＜ たう）；舊－旧 구 [ku] ク（きゅう ＜ きう）；續－続 속 [soᵏ] ソク〈쇽〉（ぞく）.

形声字 I　談（だん）淡（たん）－담 [tam] タム；執（しつ，しふ ＞ しゅう）蟄（ちつ）－집 [tʃiᵖ] チプ；暴（ばく，ぼう）爆（ばく）－폭 [pʰoᵏ] ポク；復複－복 [poᵏ] ポク（ふく）；義義－*의 [ɰi] ウイ（ぎ）；嘔（おう）歐〔欧〕（おう）區〔区〕（く）－구 [ku] ク.

形声字 II　訛 *와 [wa] ワ（くわ ＞ か）－化 화 [hwa] ファ（くわ ＞ か）；渦 *와 [wa] ワ（くわ ＞ か）－過 과 [kwa] クァ（くわ ＞ か）；完 *완 [wan] ワン（くわん ＞ かん）－元 *[won] ウォン（ぐわん ＞ がん）；黄 황 [hwaŋ] ファン（くわう ＞ こう（漢音）/ わう ＞ おう（呉音））－横 횡 [hweŋ] フェン（わう ＞ おう）；略 뢰 [rwe] ルウェ（ろ）－路露 로 [ro] ロ（ろ）；訥 눌 [nul] ヌル（とつ）－納 납 [naᵖ] ナプ（なふ）のう，たふ ＞ とう）－内 내 [nɛ] ネ〈닉〉（ない）；萌 맹 [mɛŋ] メン〈밍〉（はう ＞ ほう）－明 명 [mjʌŋ] メイ / ミャウ ＞ ミョウ；接 졉 [tʃʌᵖ] チョプ〈졉〉（せつ）－妾 졉 [tʃʰʌᵖ] チョプ〈졉〉（せふ ＞ しょう）；

蹴 축 [tɕʰukʼ] チュク〈츅〉(しう ＞ しゅう)—就 취 [tɕʰwi] チュイ〈춴〉(しう ＞ しゅう)；
告 고 [ko] コ (こく)—浩 호 [ho] ホ (かう ＞ こう)；話 화 [hwa] ファ (わ)—活 활 [hwal]
ファル (くわつ ＞ かつ)；不 불 [pul] プル / 부 [pu] プ (ふ)—否 부 [pu] プ (ひ)；沸 비
[pi] ピ (ふつ)—弗 불 [pul] プル (ふつ)；先 선 [sɔn] ソン〈션〉(せん)—洗 세 [se] セ〈셰〉
(せん)；恤 휼 [hjul] ヒュル—血 혈 [hjɔl] ヒョル (けつ)；借 차 [tɕʰa] チャ〈챠〉(しゃく，
しゃ)—昔 석 [sɔk] ソク〈셕〉(せき (漢音) / しゃく (呉音))；秒 초 [tɕʰo] チョ〈쵸〉(べう
＞ びょう)—少 소 [so] ソ〈쇼〉(せう ＞ しょう).

■■■ コラム ■■■　漢字音のさらなる勉強を！！

　本書ではあくまでも日本語話者が朝鮮漢字音を習得することを第一義的に考え，かつ
日本漢字音を学ぶ朝鮮人をも考慮に入れ，さらに双方の漢字音を学んだ者が北京漢字音
を学ぶ参考になることを配慮したもので，極力専門的な用語を用いないように努めた．
しかしこれだけの知識だけでも今後いろいろなことを知る手がかりが得られるものと思
う．なにしろ日本と朝鮮の漢字音をすでに知っているということはそれだけで中国本国
の人たちよりもはるかに漢字音の知識が多いことを意味しているからである．

　日本は仏教国だけあって読経に接する機会が多いが，一般に仏教では呉音が多く用い
られるとはいえ，細かく観察してみると，宗派によっても異なるようだが，いろいろと
変種がある．寺に行ったら，お経を貸してくれるところではその漢字の右につけたルビ
を見ながら，僧侶の読経を聞けばいろいろの発見があるに違いない．「ナムアミダブ」と
普通言うものは「仏」：「ブツ」の「ツ」すなわち入声の t が聞こえなくなったものだろう．

　日本には俗に「**唐音**」と呼ばれる比較的新しく中国から入った音がある．

　　　行灯あんどん　　　行脚あんぎゃ　　　杏子あんず　　　普請ふしん

　これらは主として江南の音が入ったものといわれる．「行」：「あん」，「杏」：「あん」，
「請」：「しん」，「脚」：「ぎゃ」，「子」：「ず」という対応を見るに (これらのうち「ぎゃ」，
「ず」の濁音は「ん」の後ろで生じたものだろうから，本来は「きゃ」，「す」)，声母のγ- (濁
音) がゼロ，韻尾の -ng が「ン」，入声韻尾がゼロ，さらに第16課 [参考] 1) (148ページ)
のように歯頭音の後の {-i} が「ウ」となっていることが分かる．

　曹洞宗の禅問答では唐音に似た音が多く用いられる．さらに黄檗宗の漢字音も特殊だ
と言われる．

　朝鮮半島には対岸の**山東半島**からやってきた漢族が多く住んでいる．若い世代は多く
北京語が話せるが，一世は山東方言を話す．これは北京語と似ているが，声母 (頭子音)
は口蓋化を起こさない．第14課 [参考] 4) (132ページ) 参照．次のものを参照．

	漢字	朝鮮	日本	北京	山東 (拉丁化新字母)
I	靜〔静〕	정〈졍〉	せい	jìng チン	jing (zing) チン
	青〔靑〕	청〈쳥〉	せい	qīng チン	qing (cing) チン
	性	성〈셩〉	せい	xìng シン	xing (sing) シン
II	經〔経〕	경	けい	jīng チン	ging (ging) キン
	輕〔軽〕	경	けい	qīng チン	king (king) キン
	刑	형	けい	xíng シン	hing (hing) ヒン

　Iは歯音，IIは牙音である．「拉丁 (ラテン) 化新字母」とはソ連の極東に出かけた漢人労働者 (主として山東出身) のための識字用に，山東方言を基礎に，作られたローマ字で，現在の拼音 (ピンイン) の先駆的役割を果たしたものである．

　北京語の表音の手段としては現在「拼音」が広く用いられているから本書もそれに従った．「拼音」は中華人民共和国成立後，北京語を基礎とする普通話 (中国の標準語) を普及させる目的で，作られたローマ字による普通話の表音体系である．本書でも示したように (第16課 [参考] 3) [149-154ページ]，第17課 [参考] 5) [178-181ページ]，第18課 [参考] 3) [186ページ] 及びコラム「漢字語としての日本その他の固有名詞」205-207ページを参照) {　} 内の記号は北京語の「音素」を示したものである．現在中国の地名や人名は世界中の新聞や空港などでの表示で「拼音」が用いられているが，アメリカの学会では依然として「ウェード式 Wade ローマ字」が，台湾では「注音字母」(「注音符号」ともいわれる) が用いられている．ウェード式も注音字母も日本のちょっと古い漢語辞典にはそれらと拼音との対照表が付いているから，詳しくはそれを見てもらうとして，「音素」の観点からは「注音字母」が，問題をはらみながらも，もっとも科学的であり，ウェード式も拼音も言うならば日本語のヘボン式ローマ字のようなものである．注音字母は中国の学者たちが仮名を真似て漢字の一部を取って作ったものである．以下に「**注音字母**」を示す．

韻母（音素記号と注音字母との対照）

{a} ㄚ	{ay} ㄞ	{aw} ㄠ	{an} ㄢ	{aŋ} ㄤ
{wa} ㄨㄚ	{way} ㄨㄞ		{wan} ㄨㄢ	{waŋ} ㄨㄤ
{ya} ㄧㄚ		{yaw} ㄧㄠ	{yan} ㄧㄢ	{yaŋ} ㄧㄤ
			{ywan} ㄩㄢ	

{ə} ㄜ/ㄛ	{əy} ㄟ	{əw} ㄡ	{ən} ㄣ	{əŋ} ㄥ
{wə} ㄨㄛ	{wəy} ㄨㄟ		{wən} ㄨㄣ	{wəŋ} ㄨㄥ
{yə} ㄧㄝ		{yəw} ㄧㄡ	{yən} ㄧㄣ	{yəŋ} ㄧㄥ

{ywə} ㄩㄝ   {ywən} ㄩㄣ   {ywəŋ} ㄩㄥ

声母（注音字母と拼音との対照）

{ɿ}（ナシ）

{wɿ} ㄨ	ㄅㄆㄇㄈ	ㄉㄊㄋㄌ	ㄍㄎㄏ	ㄐㄑㄒ	ㄓㄔㄕㄖ	ㄗㄘㄙ
{yɿ} ー	b p m f	d t n l	g k h	j q x	zh ch sh r	z c s
{ywɿ} ㄩ		er ㄦ				

　音素という概念は言語学的にかなり複雑な操作を経て得られるもので，一言で説明しづらい．また言語学者によって意見が分かれることもあり得る．ここではその説明はしないことにするが，概して母語話者たちの音の意識と音素とは一致することが多い．北京語の歌を聞くとゆっくり発音された音節は注音字母のように歌われていることが分かる．

　上記の表で注音字母のㄜは拼音の e，ㄛ は拼音の o にあたる．また {yə}，{ywə} のㄝはそれらの音とは異なることを考慮したものだが，これら3つの音は本来同じ音素に属するから，みな同じ記号でもよかったはずである．注音字母の特徴は「主母音＋韻尾」を一つの記号としたことだが，これはある程度北京語の音韻的特徴をよく表している．またㄨ(wu/-u, w-)，ー(yi/-i, y-)，ㄩ(yu/-ü, yu-) は主母音としても介母音としても用いられる．上の表をよく眺めると，北京語では主母音の左右に w も y も2回現れることがないことが知られる．{waw}，{yay}，{ywaw}，{yway}，{wəw}，{yəy}，{ywəw}，{ywəy} という音節は北京語にはあり得ない．声母 (頭子音) について言うならば，拼音の j, q, x はそれぞれ z, c, s という音素の変種である可能性がある．すなわち次のように (音素―拼音―注音字母の順に示す)：

{sɿ}	si	ㄙ	{zɿ}	zi	ㄗ	{cɿ}		ㄘ
{swɿ}	su	ㄙㄨ	{zwɿ}	zu	ㄗㄨ	{cwɿ}		ㄘㄨ
{syɿ}	xi	ㄒー	{zyɿ}	ji	ㄐー	{cyɿ}		ㄑー
{sywɿ}	xu	ㄒㄩ	{zywɿ}	ju	ㄐㄩ	{cywɿ}		ㄑㄩ

　{ɿ} が結合し得るのは z, c, s；zh, ch, sh, r だけである．g, k, x；zh, ch, sh, r が {y}，{yw} と結合することはない．また唇音 b, p, m, f が {w}，{yw} と結合することもない．まだ他にも部分的な「きまり」を見つけることが可能である．er ㄦは母音と認められるが，どのように位置付けるべきか問題となる．このように言語の音とはかなりの規則性を持つものなのである．

最近は日本でも頻繁に聞けるようになった広東語，福建語，上海語そしてヴェトナム語の場合を少し覗いてみよう．日本の華僑は本来福建人と広東人が多かったが，近年上海人が急増した．台湾語と言っているものは福建語のことである．

広東語　この言語は特別の漢字を作ったものがある．便宜上ローマ字とカタカナ表記は千島英一，『エクスプレス広東語』，1994による．

漢字	朝鮮		日本		北京		広東	
葉	엽	ヨプ	えふ＞よう		yè	イェ	yip⁶	イーップ
熱	열《△》	ヨル	ねつ		rè	ロ	yit⁶	イート
亦	역	ヨク	えき		yì	イ	yik⁶	イック
新	신	シン	しん		xīn	シン	san¹	サン
心	심	シム	しん		xīn	シン	sam¹	サム
生	생〈싱〉	セン	せい		shēng	ション	sāng¹	サーん
三	삼	サム	さん		sān	サン	sām¹	サーム
京	경	キョン	けい		jīng	チン	ging¹	ケン
點〔点〕	점〈뎜〉	チョム	てん		diǎn	ティエン	dim²	ティム
天	천〈텬〉	チョン	てん		tiān	ティエン	tin¹	ティン
大	대	テ	だい		dà	タ	dāi⁶	ターイ
弟	제〈뎨〉	チェ	てい／だい		dì	ティ	dai⁶	タイ
交	교	キョ	かう＞こう		jiāo	チアオ	gāu¹	カーウ
鳩	구	ク	きう＞きゅう		jiū	チウ	gau¹	カウ
高	고	コ	かう＞こう		gāo	カオ	gou¹	コウ
要	요	ヨ	えう＞よう		yiào	ヤオ	yiu³	イウ
頭	두	トゥ	とう		tóu	トウ	tau⁴	タウ
人	인《△》	イン	じん／にん		rén	レン	yan⁴	ヤン
動	동	トン	どう		dòng	トン	dung⁶	トん
歡〔歓〕	환	ファン	くあん＞かん		huān	ファン	fun¹	フーン
銀	*은	ウン	ぎん		yín	イン	ngan⁴	んガン
飲	음	ウム	いん		yǐn	イン	yam²	ヤム
美	미	ミ	び		měi	メイ	mei⁵	メイ
地	지〈디〉	チ	ち		dì	ティ	dei⁶	テイ
希	희	ヒ	き		xī	シ	hei¹	ヘイ
麗	려	リョ	れい／らい		lì	リ	lai⁶	ライ

230

再	재〈지〉	チェ	さい	zài	ツァイ	zhoi³	チョーイ
香	향	ヒャン	かう＞こう	xiāng	シアン	höng¹	ヒョオん
港	항	ハン	かう＞こう	gǎng	カン	gong²	コーん
王	왕	ワン	わう＞おう	wáng	ワン	wong¹	ウォーん
可	가	カ	か	kě	コ	ho²	ホー
學〔学〕	학	ハク	がく	xué	シュエ	hok⁶	ホーック
子	자〈ㅈ〉	チャ	し	zǐ	ツ	zhi²	チー
知	지	チ	ち	zhī	チ	zhi¹	チー
耳	이《ㅿ》	イ	じ	ěr	アル	yi⁵	イー
水	수〈슈〉	ス	すい	shǔi	シュイ	söü²	ソイ
雨	우	ウ	う	yǔ	ユ	yü⁵	ユィ
五	*오	オ	ご	wǔ	ウ	ng⁵	んグ
火	화	ファ	くわ＞か	huǒ	フオ	fo²	フォー
話	화	ファ	わ	huà	ファ	wa⁶	ワー

　以上はランダムに挙げたもので広東語のあらゆる場合を尽くしているわけではないが，それでも朝鮮，日本，北京の漢字音と綿密に比較すれば，広東語のある程度の特徴をつかむことが出来る(上付きの数字は声調を示す).

　韻尾について言えば朝鮮とほとんど同じである．ただ朝鮮のㄹ[-l]ルが-tトに対応するところだけが違う.

　声母はまず無気音と有気音の区別はだいたい保たれ，しかも口蓋化もない．朝鮮《ㅿ》ㅇ ア：日本「ザ行(漢音)/ナ行(呉音)」：北京 r- ラは広東の y- ヤに対応するようである．朝鮮 *ㅇ ア：日本「が行」：北京 Ø アは ng- んがに対応する．この ng- が北京語にはないものである．漢字「話」のように上古音の γw- の濁音の γ- (摩擦音)は広東語では脱落する(日本でもそれはしばしば脱落する).朝鮮 hw-：日本「くわ」：北京 {hw-} は広東で f になることがある(「勸〔歓〕」，「火」参照).広東語には gw-，kw- という結合はあるが，hw- はない．北京の k- のあるものは広東の h- に対応するものがある．広東語の歯音は zh-，ch-，s- の3種類しかない.

　広東語の特徴として鼻子音だけの音節がある．以上の「五」の ng⁵, m⁴「唔」(…でない).

　韻母はかなり複雑だが，ざっと眺めただけでも次のものがありそうである.

　　　朝鮮 ㅓ[-jɔ]ㅕ：日本「え」：北京{-yə-}：広東 -i- (韻尾の前)
　　　朝鮮 ㅣ[-i]イ：日本「い」：北京{-yə-}：広東 -a- (韻尾の前)
　　　朝鮮 ㅏ[-a]ア：日本「あ」：北京{-a-}：広東 -ā- (韻尾の前)

朝鮮 ㅏ [-a] ア〈.ㅣ〉：日本「え」：北京 {-ə-}：広東 -ā- (韻尾の前)

朝鮮 ㅏ [-a] ア：日本「あ」：北京 {-ə-}：広東 -o

朝鮮 ㅏ [-a] ア〈・〉：日本「い」：北京 {-ı-}：広東 -i

朝鮮 ㅏㄱ [-aᵏ] アク：日本「あく」：広東 -ok

朝鮮 ㅑ [-aŋ] アン：日本「あう＞おう」：北京 {-aŋ}：広東 -ong

朝鮮 ㅑ [-jaŋ] ヤン：日本「やう＞よう」：北京 {-yaŋ-}：広東 -öng

朝鮮 ㅐ [-ɛ] エ：日本「あい」：北京 {-ay}：広東 -āi

朝鮮 ㅖ [-je] イェ：日本「えい/あい」：北京 {-yi}：広東 ai

朝鮮 ㅗ [-o] オ：日本「あう＞おう」：北京 {-aw}：広東 -ou

朝鮮 ㅛ [-jo] ヨ：日本「あう＞おう」：北京 {-yaw}：広東 -āu

朝鮮 ㅛ [-jo] ヨ：日本「えう＞よう」：北京 {-yaw}：広東 -iu

朝鮮 ㅜ [-u] ウ：日本「おう」，「いう＞ゆう」：北京 {-əw}, {-yəw}：広東 -au

朝鮮 ㅜ [-u] ウ〈ㅠ〉：日本「うい」：北京 {-wəy} 広東 -öü

<u>単母音</u>は a, ā, e, i, o, ö, u, ü があり，<u>二重母音</u>としては āi {āy}, ai {ay}, ei {ey}, oi {oy}, ui {uy}；āu {āw}, au {aw}, öü {öw}, ou {ow}, iu {iw} がある（{ } は介母音を示したものである）.

福建語　（ローマ字は「**教会ローマ字**」による．ただし声調は数字で示す）カタカナ表記は村上嘉英，『エクスプレス台湾語』，1996による.

　福建語は広東語よりもはるかに複雑な様相を示す．一つの漢字の持つ音が，日本の漢音や呉音のように，いくつもある場合があり (例えば書き言葉の音としての sam¹ サム「三」と話し言葉としての sa^n¹ サあ「三」)，当たるべき漢字の不明なものもある (sui² スイ「美しい」，lang⁵ ラン「人」)．しかもこれを各々「美」，「人」と書く人がいるが，こうなると日本の訓の表記と同じである.

　まず韻尾は広東語の6つにさらに次の2つが付け加わる．-h [-ʔ] (声門閉鎖音)，-^n (前の母音を鼻母音と化する). poh⁸ ポア「薄」，sa^n¹ サあ「三」．この二つの音とも前者は入声 -p, -t, -k に，後者は鼻音 -m, -n, -ŋ に由来するものであり，話し言葉に現れる.

　声母の特徴は無気音と有気音の違いに付け加えて濁音 (有声音) があることである．【 】内には該当する北京語の拼音を示す．p-【b-】，ph-【p-】，b-，m-；t-【d-】，th-【t-】，n-；k-【g-】，kh-【k-】，g-，ng-；h-．口蓋化はない．歯音は次の4種類を区別する．ch-【z-/zh-】，chh-【c-/ch-】，j- (濁音)，s-．舌音の濁音 d- と l- (そして台北では j- も) は事実上合流してしまった．be² ベエ「馬」(日本呉音「ば」)，ge⁵ ゲエ「牙」(日本呉音「が」)，nga³ がア

「雅」(日本呉音「が」), ji⁷ ジイ (台北 li⁷ リイ)「二」(日本呉音「じ」), 朝鮮《ⱴ》). b-, g- は本来鼻音だったもので (j- も鼻音起源のものを含む), この意味で日本の漢音と似ている (台湾人が台湾語と日本語が似ていると感じるのもこのあたりにある). 次のものを参照. lek⁸ レエク「緑」(日本「りょく」). long⁷ ロン「嚢」(日本「なう ＞ のう」). 後者は d- が l- に合流したものである. 福建語には f- がなく, それは広東語とは逆に {hw-}, {h-} に合流した. 福建 hoat⁴ ホワッ「發〔発〕」(日本「はつ」：朝鮮 발 [pal] パル：北京 fā ファ), 福建 hu² フウ「府」(日本：「ふ」：朝鮮 부 [pu] プ：北京 fǔ フ).

福建語には母音のない音節 (鼻音あるいは声母＋鼻音) がある. m, hm；ng, kng, sng, chng, tng, nng, hng, png, mng.

福建語の単母音は a, ơ [ɔ], o, e, i, u があり, 二重母音は ai {ay}, au {aw}；ia {ya}, io {yo}, iu {yu}；oa {wa}, ue {we}, ui {wi}, 三重母音は iau {yaw}, oai {wai} である ({ } は介母音を示したものである).

韻母はかなり複雑だが, その一端を示す. sian¹ シエヌ「先」(北京 xiān シエン), si^n1 シい「生」(北京 shēng ション), li² リイ「理」(北京 lǐ リ), ti⁷ ちイ「弟」(北京 dì ティ), kiat⁴ キェッ「結」(北京 jié チエ), kok⁴ コク「國〔国〕」(北京 guó クオ), hak⁸ ハク「學〔学〕」(北京 xué シュエ), chap⁸ サプ「十」(日本「じふ ＞ じゅう」：北京 shí シ), sip¹ シプ「学」(日本「しふ ＞ しゅう」：北京 xué シュエ), kau³ カウ「教」(北京 jiào チアオ), tang¹ タン「東」(北京 dōng トン), kia^n キあ「京」(北京 jīng チン), chu¹ ツウ「書」(北京 shū シュ), chu⁷ ツウ「自」(北京 zì ツ), su¹ スウ「師」(北京 shī シ), thak⁸ タク「讀〔読〕」(北京 dú トゥ), pak⁴「北」北京 běi ペイ, ho²ホヲ「好」(日本「かう ＞ こう」：北京 hǎo ハオ), ho⁷ ホオ「互」(北京 hú フ), to¹ トヲ「多」(北京 duō トゥオ), tiong¹ ちオン「中」(北京 zhōng チョン), hiong¹ ヒオン「香」(日本「かう ＞ こう」：北京 xiāng シアン).

上海語　この言語も一部特殊な漢字を持ち, 書き言葉と話し言葉での音の違いを持つものがある. ローマ字とカタカナ表記は榎本英雄 / 范曉, 『エクスプレス上海語』, 1987による.

韻尾は二つのみ：-k [-ʔ] (福建語の -h にあたる) 及び -n [ŋ] あるいは鼻母音 (福建語の -^n にあたる), 前者は入声の -p, -t, -k に由来するものであり, 後者は多くは -ŋ に, 一部は -n に由来する. 本来の -n, -m の多くは脱落した.

声母は福建語のように濁音 (有声音) を持つ.【　】内に対応する北京音の拼音を示し, [　] 内に音を示す. b-【b-】, p-【p-】, bh- [b-], m-【m-】, f-【f-】, v- [v-]；d-【d-】, t-【t-】, dh- [d-], n-【n-】, l-【l-】；z-【z-】, c-【c-】, s-【s-】, zh-【z-】；j-【j-】, q-【q-】, jh- [ʤ-], n- [ɲ-], x-【x-】, xh- [ʑ-], yh- [j-]；g-【g-】, k-【k-】, gh- [g-], gn- [ŋ-], h-【h-】, hh- [ɦ-]. 福建

語とは異なり，歯音に2つの系列があり，摩擦音まで有声音と無声音の違いを持つ．福建語の場合とは異なり声母 (頭子音) は中古音の様相をかなりよく保っていると言える．ただし北京語と同じく口蓋化はある．

　福建語の如く鼻子音だけの音節がある．m ン，ng ンー

　韻母　単母音：a [a]，ae [ɛ]，e [e]，yi (i) [i]，oe [ɤ]，eu [ø]，yu (①u/②ü) [y]，ao [ɔ]，o [o]，wu (u) [u]．二重母音：ya (-ia)，yae (-iae)，yoe (-ioe)，yao (-iao)；wa (-ua)，wae (-uae)，we (-ue)，weu (③-ueu)，yueu (①-ueu)．(　) の中は子音字の後ろの表記，①j-，q-，jh- 等の系列の文字の後で，②n-，l- の後ろで．③g-，k-，gh- 等の系列の文字の後で．三重母音はない．

　韻母はかなり複雑であるが，以下にランダムながらこの漢字音の一端を示す．hao² ホー「好」(北京 xǎo ハオ)，xiao² シィオ「小」(北京 xiǎo シアオ)，xhia³ ジィア「謝」(北京 xiè シエ)，zae¹ ゼー「再」(北京 zài ツァイ)，zeu² ヅー「最」(北京 zuì ツイ)，man³ マン「忙」(北京 máng マン)，zhan³ ザン「上」(日本「じゃう ＞ じょう」：北京 shàng シャン)，qin² チン「請」(北京 qǐng チン)，hhuan³ ゥアン「王」(北京 wáng ワン)，yhia³ ィアー「夜」(日本「や」：北京 yè イェ)，gno³ ゴー「我」(日本「が」：北京 wǒ ウォー)，men³ メン「問」(日本「もん」：北京 wèn ウェン)，keu² クー「看」(北京 kàn カン)，sae¹ セー「山」(北京 shān シャン)，hueu¹ ホゥイー「歡〔歓〕」(北京 huān ファン)，yik⁴ イッ「一」(日本「いち」：北京 yī イ)，gek⁴ ガッ「格」(日本「かく」：北京 gé コ)，dak⁴ ダッ「搭」(日本「たふ ＞ とう」：北京 dā タ)，zhi³ ズー「是」(北京 shì シ)，du¹ ドゥー「多」(北京 duō トゥオ)，gu¹ グゥー「哥」(北京 gē コ)，jioe² ヂュー「九」(日本「きう ＞ きゅう」：北京 jiǔ チウ)，xin² シン「興」(日本「こう」：北京 xìng シン)．

ヴェトナム語　ヴェトナム語は，漢語と同じく声調言語であるとはいえ，広東語，福建語，上海語がみな漢語の方言であるのとは異なって，独立の言語であるから，朝鮮語や日本語と並ぶものであり，すべての音節の中で漢字音の利用するものは全体の一部である．それでも広東や福建などの音に似ているところがあると言ってよい．以下ローマ字は正書法によるもの，[　] は音を示し，/　/ は音素を示す．富田健次「ヴェトナム語」，亀井孝，河野六郎，千野栄一編著，『言語学大辞典』第1巻，三省堂，1988による．

　韻尾は8つある：-p，-t，-ch [-c] /c/，-k，-m，-n，-nh [ɲ] /ɲ/，-ng．-ch と -nh とはそれぞれ中国の古い前寄りの -k' と -ŋ' (多く日本漢音の「き」，「い」) に対応する．

　声母は次のものがある．b-，ph- [f-]，v-，m-，t-，th- [th-]，x-/s- [s-]，d-/gi- [z-]，đ- [d-]，l-，n-，ch-/tr- [c-]，nh- [ɲ-]，c-/k-/ (qu-) [k-]，kh- [x-]，ng-/ngh- [ŋ-]；h-．子音 p- は漢字音に現れず (外来語にしか現れない)，g-/gh- [ɣ-] も現れない．また r- [z-] という文字も漢

234

字音には現れない．t- と th- が無気音と有気音の違いで，p- と ph-，c-/k- (qu-) と kh- の違いは破裂音と摩擦音の違いである．中古音の清音と濁音の違いは反映されない．広東語，福建語，上海語同様 ng- が存在する．「語」ngữ [ŋɯ] (日本「ご」：朝鮮 *어 [ɔ] 才)．nh-[ɲ-] については「日」nhật [ɲɤ̆t] (日本「呉音「にち」/ 漢音「じつ」：朝鮮 일 [il] イル《ㅿ》：福建 jit ジッ：北京 rì リ) を参照．歯音はかなり複雑な現れ方をする．広東音，福建音と同じく口蓋化はない．

主母音のうち単母音は a [ɑ], ă [ă], e [ɛ], ê [e], i (y) [i], o [ɔ], ô [o], u [u], ư [ɯ], ơ [ɤ], â [ɤ̆] の11個，このうち漢字音には e [ɛ] は用いられない．二重母音は3種類：/iă/, /uă/, /ɯă/ (このうち /uă/ は漢字音に用いられない)，介母音は -u-/-o- [-w-] だけである．a [a], ă [ă], e [ɛ] の前では -o- が書かれ，ê [e], ơ [ɤ], â [ɤ̆], i(y) [i] の前では -u- が書かれる．また /-y/, /-w/ が単母音と二重母音の後ろに来得る．介母音＋主母音 (＋-y, -w) は音声的にはあたかも二重母音，三重母音のように現れる．漢字音に現れ得る韻母の母音だけを挙げれば次の如くである．/ɑ/a, /wɑ/oa, /ɑy/ai, /wɑy/oai, /ɑw/ao；/ă/ă；/e/ê, /we/uê；/i/i(y), /wi/ui, uy；/u/u；/ɤ/ơ, /ɤy/ơi；/ɤ̆/â, /ɤ̆y/ây；/ɤ̆w/âo；/wɤ̆/uâ；/o/ô, /oy/ ôi；/ɯ/ư, /ɯw/ưu；/iă/iê；/iăw/iêu；/iăw/iêu；/wiă/uyê-, /uă/ưa, uơ-.

以下にランダムに各種のヴェトナム漢字音を挙げる．「越」việt ヴィエッ：日本「ゑつ＞えつ」，「人」nhân ニャン：日本「呉音ニン / 漢音ジン」，學〔学〕học ホク：日本「がく」，樂〔楽〕nhạc ニャク：日本「がく」，義 nghĩa ギア：日本「ぎ」，習 tập タプ：日本「しふ＞しゅう」，「心」tâm タム：日本「しん」，「身」thân タン：日本「しん」，雜〔雑〕tạp タプ：日本「ざつ，ざふ＞ぞう」，「善」thiện ティエン：日本「ぜん」，「助」trợ チャ：日本「じょ」，「支」chi チ：日本「し」，「事」sự ス；日本「じ」，「主」chủ チュ：日本「しゅ」，「全」toàn トアン：日本「ぜん」，「傳〔伝〕truyền チュエン：日本「でん」，「装」trang チャン：日本「さう＞そう」，「庭」đình ディニ：日本「てい」，「術」thuật トゥアッ：日本「じゅつ」，「放」phỏng フォン：日本「はう＞ほう」，「保」bảo バオ：日本「ほ，ほう＜はう」，「部」bô バ：日本「ぶ」，「要」yếu イェウ：日本「やう＞よう」，「決」quyết クウィエッ：日本「けつ」，「家」gia ザ：日本「か」，「景」cảnh カニ：日本「けい」，「由」do ゾ：日本「いう＞ゆう」，「机」cơ カ：日本「き」，「語」ngữ グ：日本「ご」，「社」xâ サ：日本「しゃ」，「春」xuân スアン：日本「しゅん」，「改」cải カイ：日本「かい」，「概」khái ハイ：日本「がい」，「大」đại ダイ；日本「だい」，「解」giải ザイ：日本「かい」，「會〔会〕hội ホイ：日本「くわい＞かい」．

ヴェトナム語は声調があるため漢語と似た言語と思う人が多いが，実はカンボジア語とともに，漢語とは異なるモン・クメル語族に属すると言われ，声調は後に出来たもののようである．ヴェトナムの地名は例えばサイゴン Sài Gòn「西貢」(現在のホーチミン

市) のように漢字が当てられることが多かったが (今でも中国ではそのような漢字で書かれる. 中国音では Xīgòng), これらの漢字はヴェトナム漢字音で読んでもヴェトナム語の地名の音に正確には対応しない場合が多いと言われる. つまりこれらの漢字は「当て字」であるだけでなく, それらの地名が本来のヴェトナム語ではなく他の言語である可能性さえあるようである (特にヴェトナム南部の地名にカンボジア語起源が多いと言われる). なおヴェトナム語の語彙を表記するために字喃 (chữ nôm チュノム) という漢字まがいの文字が作られ, 漢字字喃混じり文が文学作品で書かれたことがある.

音韻学　今まで朝鮮, 日本, 北京, 広東, 福建, ヴェトナム等の漢字音について簡単に述べてきたが, それらの違いを述べるのに甚だ不便だったものに比較の基準としての「術語」の問題がある. 中国の韻書や各地の音をもとに中国内部あるいはある地域の音の全体像や変遷を描く学問が「音韻学」だが, 学者の間で意見の一致を見ないまだ未解決の問題が多い.

　今まではなるべく特別の術語を与えずに述べようとしてきたが, それは限界がある. 例えば中古音の「声母」はおおよそ149ページの表の通りであるが, これでは不完全である. 中国の学者は今まで述べてきたような術語とは違うものを用い, また声母(頭子音)の代わりに漢字をもって代表させてきたが, ある場合にはその方が便利である. 例えばよく用いられる「36字母表」を挙げると次の通りである.

	牙音	舌歯音	舌上音	重唇音	軽唇音	歯頭音	正歯音	喉音	半舌音	半歯音
全清	見	端	知	幫	非	精	照	影	○	○
次清	渓	透	徹	滂	敷	清	穿	暁	○	○
全濁	群	定	燈	並	奉	從	牀	匣	○	○
不清 不濁	疑	泥	娘	明	微	○	○	喩	来	日
全清	○	○	○	○	○	心	審	○	○	○
全濁	○	○	○	○	○	邪	禅	○	○	○

　ここでおおよそ「全清」＝無気音, 「次清」＝有気音, 「全濁」＝有声音, 「不清不濁」＝鼻音, 流音, 半母音等と考えることが出来る. そこで例えば「牙音」系列は上から k, k^h, g, ŋ があたることが分かる. そこで k を「見母」, k^h を「渓母」, g を「群母」, ŋ を「疑母」という風に呼ぶ. 特に「日母」は音価について議論の余地があるから, そう呼ぶ方が便利である.

　次に「韻母」だが, これがたいへん複雑である. 例えば『広韻』という韻書では韻母のリ

236

ストが挙げられているが，例えば次のように「四声」により表示している．

	平	上	去	入		平	上	去	入		平	上	去	入
1	東	董	送	屋	4	江	講	絳	覚	7	之	止	志	○
2	冬	○	宋	沃	5	支	紙	寘	○	8	微	尾	未	○
3	鍾	腫	用	燭	6	脂	旨	至	○	9	魚	語	御	○

　このようなものが206韻ある．例えば第1行のものは平声，上声，去声では -uŋ のような音，入声では -uk のような音を示すものと思われる．

　これらをもっと大まかに似たものを集めて「韻図」では16の「摂」を設けた．例えば「幼摂」は概して日本「あう＞おう」，「えう＞よう」：朝鮮 ⊥ [o] オ，ㅛ [jo] ヨ：北京 -ao アオ，-yao (-iao) ヤオ (イアオ) に該当するものである．ある場合には「摂」で論じた方が便利である．「韻図」ではさらに韻を「1等」，「2等」，「3等」，「4等」のように「等呼」を分類し，また「開口」と「合口」の別を設けるが，「開口」とは介母音 -w- を含まない韻，「合口」とは介母音 -w- を含む韻であり，「1等」と「2等」は直音 (-y- を含まない) であり，「3等」と「4等」は拗音 (-y- を含む) である．このように細かく分類された枠組みを用いると研究に際して概念がより明確になることがあるので，これらの知識は音韻学では必須のものである．

方言か言語か？

　今まで当然のことのように朝鮮，日本，ヴェトナムの言語はそれぞれ異なる「言語」であり，北京語，広東語，福建語，上海語は漢語の方言であるとしてきた．通じるか通じないかということで言えば，これらはすべて通じない．しかし世の中にはスペイン語とイタリア語，ロシア語とウクライナ語のように互いに充分通じる言語もあるから，通じるかどうかは言語と方言の別の決め手にならない．両者の別についてはそれらの言語が話されている地域が同じ国かどうかとも関連するが，漢語を国語あるいは通用語とする国が中国のみならず台湾，シンガポールにも及んでいるから，ただちに国とばかり関係づけるわけにもいかない．シンガポールの地名では例えば英語と並んで付けられた漢字は，北京漢字音ではなく福建漢字音で読まないと，英語の音に近くないものがある．広大な中国で，通じないとはいえ漢字という共通の文字が存在すること，漢字を通じて漢字音の関係が方言の間できちんと確立していること等がそれらを一つの言語へと統合している要因となっている．それにもかかわらず広東語や上海語では北京語では使わない特殊な漢字を必要に応じて作らざるを得ず，福建語では特別な文字を使わない分だけ日本の「訓」に似た用法を漢字に付加せざるを得ないことになる．他の方言では漢字で書け

237

ない単語が続出する．北京語でさえ中華人民共和国成立後新しい漢字を作ったし (例えば「搞」gǎo カオ「する」という意味)，悪いイメージの漢字を取り替えた (例えば広西壮族自治区の「壮」(日本「さう ＞ そう」：北京 zhuàng チュワン) 族は自治区成立前「獞」と言われたが，自治区成立後「僮」という文字に改められ，さらに「壮」に改められた).

　実を言うとこのように漢字で書けない単語が果たして漢語なのかどうかということも疑ってみる必要がある．ひょっとしたら今中国の方言として扱われている言語も昔は別の言語であって文化的に優位に立つ漢語の影響を被ったため，漢語の方言になってしまった可能性もある．琉球語は琉球王国の言語で，唯一日本語の姉妹語と考えられてきたが，最近は日本語の方言のように認識されている．琉球語 (沖縄語) といおうと琉球方言 (沖縄方言) といおうと「通じない」という点では同じであるが，これなどは言語が方言になった例である．なおついでながら，琉球語が日本語とは独立した言語だったとはいえ，それは独自の文字を持たず，日本の書き言葉の強い影響を受けてきたから，特別な琉球 (沖縄) 漢字音というものは持っていなかった．

　逆の場合があり得る．方言が言語に転化することである．

　19世紀後半に清朝に対して叛乱を起こしてその弾圧を逃れて中国の甘粛や陝西から天山山脈を越えてロシア領トルキスタンに避難してきた回族が現在ソ連から独立したクルグスタン，カザクスタン，ウズベキスタンに住んでいるが，彼らの言語は明らかに漢語北方方言の一種であるにもかかわらず，彼らはそれをドゥンガン語と呼び，キリル文字で書き記している．ドゥンガン人は，起源はよく分からないが，ペルシャ人やアラビア人を始祖として中国にやってきて漢人と混血を繰り返して漢化したイスラーム (回教徒) であり，彼らの容貌は勿論，言語だけでなく風俗や習慣も漢族と似る．多くが漢字を知らず，かつてはロシア領でも，現在では中国でアラビア文字でその言語を書いている．彼らは宗教故に自己を漢族とは区別する．ドゥンガン語はソヴェト時代に新聞，ラジオ，学校教育でロシア語からの翻訳を通してかなりの言語的蓄積を成してきた．中国の甘粛や陝西の回族が普通話 (中国の標準語) を理解するのに，旧ソ連のドゥンガン人と普通話話者との間にはコミュニケーションは成立しない．つまり互いに通じないのである．ロシア人の中にはドゥンガン語を漢語の一方言と見なす人もおり，ドゥンガン人の中にも彼らが漢字を使うべきだと主張する人がいはするが，ドゥンガン語がもはや漢語方言から枝分かれした最初の言語であることを否定することは出来まいと思われる．ドゥンガン語にはドゥンガン漢字音と呼ぶべきものは存在しないと思われる．外国人でドゥンガン語に大きな関心を寄せた学者として日本の橋本萬太郎博士がいる．以下にドゥンガン語の一端を示す (添付したローマ字はキリル字の理解を助ける目的のものである．漢字と北京音は便宜上つけたものであって，細部で北京語と一致するかどうかは

238

分からない）.

Хо ма йитян нын зу йибый километр. / Xo ma jitjan nyn zu jibyj kilometr. /「好 (hǎo) 馬 (mǎ) 一天 (yìtiān) 能 (néng) 走 (zǒu) 一百 (yìbǎi) 一」〈よい馬は一日に百メートルを歩ける.〉[ロシア語：Хорошая лошадь может в день делать по сто километров. / Xoroshaja loshad' mozhet v den' delat' po sto kilometrov.]

Вə лэли, кəсы та шындо фонзынили. / Və leli, kəsy ta shyndo fonzynili. /「我 (wǒ) 来了 (láile), 可是 (kěshì) 他 (tā) 剩到 (shèngdào) 房子呢了 (fángzinile)」〈わたくしは来たが, 彼は部屋に残った.〉[ロシア語：Я пришел, а он остался дома. / Ja prishel, a on ostalsja doma.]

アラビア字表記と同じく声調は書かれない. 全般に北京語と似ているが, 語彙と文法が少し異なるようである. ロシア語その他からの借用語が多い. 北京語と同じく口蓋化を持つ. 韻尾の -n と -ŋ は区別されない. 頭子音として w- の代わりに v- (в-) を持つ. その他韻尾が北京語とは微妙に異なる. 上の文を見ても北京 -ao：ドゥンガン -o (-о), 北京 -ou：ドゥンガン -u (-у), 北京 -ai：ドゥンガン -e (-э), 北京 -eng：ドゥンガン -yn (-ын), 北京 -ang：ドゥンガン -on (-он), 北京 {-i}：ドゥンガン -y (-ы) という対応のあることが分かる.

台湾では大陸から来た国民党の全盛時代は台湾語 (福建語) はテレビで週1時間しか許されなかったが, 現在は台湾語の全盛時代で, テレビやラジオで公式の漢語と並んで台湾語による放送が実に多様である. 台湾語で例えば小説を書く試みまでなされており, 学校で正式に台湾語を教えることまで提案されている. 困るのは漢字で書けない単語をどうするかである. 例えば後置詞の e エ〈…の〉は漢字がないので, 1) 北京語で同じく〈…の〉を表す漢字「的」をそう読ませるもの, 2) その部分だけローマ字で書くもの, 3) 特別な漢字を作るもの等さまざまで, 甚だしくは日本の平仮名「の」をそう読ませるものまである (台湾の町を歩いていると時々お目にかかる平仮名「の」を含む看板がこれである). 1) の場合はつまり「的」の訓読みというわけであって, 漢字だけで書こうという努力をするものである. 2) の場合は漢字ローマ字混じり文が出現することになる. この場合ローマ字も数種類が提案されている. 3) の場合漢字にローマ字やら仮名やらあらゆるものが混入する. もしも将来台湾でこのような表記の試みが一定の成功をもたらしたら, ひょっとして台湾語はドゥンガン語についで第2の漢語方言 > 言語化を達成するか知れない. 興味ある例として見守りたいものである.

今までわれわれは朝鮮漢字音から出発して, それが日本のみならず中国のさまざまな漢字をめぐる諸現象と興味ある関連を持っていることを知った. 日本, 朝鮮, ヴェトナムは中国を中心に「漢字文化圏」を作っている. この概念はまことに曖昧で, これに中国

239

に隣接するモンゴル (蒙古) や満洲 (マンジュ) まで含める人がいるが，わたくしはこれを言語的には「漢字音のある地域」と規定したい．必ずしも漢字が用いられなくても漢字音がある以上，そこは漢字文化圏であって，言語，民族，宗教を問わない．従ってここには勿論台湾もシンガポールも含まれるが，ドゥンガン語の地域は含まれない．琉球語 (沖縄語) は過去も現在も日本漢字音を用いるという意味ではこれに属する．中国に隣接するモンゴルや満洲は確かに漢語を取り入れる漢化した人が殊のほか多く，後者の場合はほとんど言語的には漢族に同化したと言ってよい．しかしながらモンゴル語も満洲語も漢語からの借用語を数多く含むとしても，モンゴル人も満洲人も漢語を自己の漢字音で読むことはなく，常に外国語としての漢語を相手にしたのである．この点で朝鮮，日本，ヴェトナムは違った．この3つの国では漢語が読めなくても，漢語を自己の漢字音で読めたところがモンゴル人や満洲人とは根本的に違うから，ある意味では漢字音の存在のお陰で中国に同化されることなく中国の文化を受け入れることが出来たのである．そして「漢字音」の存在こそはこれらの言語で単なる借用語とは明らかに区別される「漢字音」という確乎たる特殊な層 (語層) の存在を認めざるを得ないのである．まことに「漢字音」こそは一種の文化ともいうべき存在なのである．

　言語にあっても高い文化の言語的要素が低い文化の言語に流入する．かくして朝鮮，日本，ヴェトナム等の後進国は先進国中国から多量の借用語を受け入れた．今日の朝鮮語も日本語もヴェトナム語も漢語の下敷きなしには存在し得なかったことはそれぞれの言語でいかに漢字語の占める割合が高いかを見れば理解できる．

　勿論言語によってはドイツ語，ロシア語，フィンランド語，ハンガリー語などのように外来的要素の少ない「純粋な」言語もある．こういう純粋さはそれなりに魅力ではあるが，しかし「純粋な」語彙も実はラテン語からの calque (なぞり，翻訳借用) によって作られたものが多く，何から何まで民族語の独自性があるわけではない．わが日本語だとてシンタクス (統辞論) や文体などは，昔の漢語の影響だけでなく明治以降の欧米語の影響を受けて形成されたものである．

漢字音と訓や漢字語はどうして出来たか？

　本書6ページに挙げた諸文字その他を時系列に配列すると次のようになる．

文字簡史

(語：表語文字，音：表音文字 [単音文字]，<ruby>音<rt>ママ</rt></ruby>：表音文字 [単音文字，ただし母音は符号]，子：表音文字 [子音字だけ])；節：表音文字 [音節文字]

(太字は漢字系統；*現在使われないもの)

前3100頃	*エジプト文字 (語，子)
前3000	*楔形文字 (シュメール文字) (メソポタミア) (語，節)，
	*楔形文字 (アッカド文字) (メソポタミア) (節，語)
前2600-前1800	*インダス文字 (語)
前2000	*ミノア文字 (線文字) (クレタ島) (節)
前17世紀	*ヒッタイト象形文字 (語)
前15世紀	**漢字** (語)
前5世紀	ギリシャ文字 (音)
前3世紀頃	ラテン字 (ローマ字) (音)
2世紀	方形ヘブライ文字 (子)，エチオピア文字 (⚏)
3世紀	*マヤ文字 (語，節)
5世紀	アルメニア文字 (音)，ジョージア文字 (音)，デーヴァナーガリー文字
	(⚏)，***日本最古の漢字表記*** (節)
5世紀以降？	***朝鮮三国時代の漢字表記？*** ***朝鮮吏読*** (りと)？
6世紀	クメール文字 (⚏)，タミル文字 (⚏)
	朝鮮木簡 (訓？) (**新羅，百済**) (6百余点)
6-11世紀	***朝鮮郷札***
7世紀	チベット文字 (⚏)，アラビア文字 (子)，**チュワン (壮) 文字** (語)
	日本木簡 (今まで38万点以上発見. cf. 中国木簡40万点以上)
	日本万葉仮名，***日本宣命書き***
8世紀	*突厥文字 (音) ***日本・朝鮮地名改名*** (**訓**)，
8-14世紀	(唐宋元) *ウイグル漢字音 (古ウイグル文字 (音))
9世紀	**日本仮名** (節)
10世紀	***契丹文字*** (語，音，節)，キリル文字 (音)
10-15世紀	(**高麗**) ***朝鮮口訣*** (音，訓)
11世紀	***西夏文字*** (語)，ビルマ文字 (⚏)
12世紀	***女真文字*** (語，節)
13世紀	モンゴル文字 (音)，*パクパ文字 (音，節)，タイ文字 (⚏)，
	字喃 (チューノム) (語)，『**蒙古字韻**』(パクパ文字)
13-14世紀	(元代)『脈訣』ペルシア語訳漢語音
15世紀	(李朝) ハングル (音，節)，『**東国正韻**』(ハングル)，『**洪武正韻譯訓**』
	(ハングル)
16世紀	(**李朝**)『**四声通解**』(ハングル)
17世紀	満洲文字 (音)，『**西儒耳目資**』(漢字字典) (ラテン字)

241

文明圏のうち漢字が最も新しい．しかし現在世界に残っている文字は基本的にエジプト文字系統のローマ字やインド系の文字，アラビア文字等と漢字系統のものだけである．またハングルの成立が世界の文字史の中で極めて遅いことが目に付くが，多分朝鮮語の音韻の構造が文字化を阻むほど複雑なこと及び朝鮮と中国との深い文化的関係が関係しているであろう．また朝鮮側の資料の極度の不足により朝鮮の文字の状況については不明の点が多い．

　さらに今まで文化は高い所から低い所へ流れるものだから，文字の無い民族は文字のある民族から文字を借り，文化の低い民族の言語は文化の高い民族の言語から語彙を借用するのがならいであると述べてきたのであるが，中国の文化が威力を持っていたのは19世紀の東アジアにおける近代化以前のことだから，そこからは様相が変わらざるを得ない．東アジア世界の最先端を行く日本が近代化に際して採った道は西洋の概念を和語 (大和言葉) に訳すのではなく，中国伝来の漢字の組み合わせ (多くは2字) からなる訳語を作ったことである．例えば英語の logic を中国では邏輯 (北京 lúoji ルオジ) と音訳して受け入れたが，日本では「論理」と意訳し，これが中国，朝鮮，ヴェトナムの留学生を通してそれぞれの国に lùnlǐ ルンリ，논리 [nolli] ノルリ / 론리 [rolli] ロルリ，luận lý ルアンリという形 (すなわちそれぞれ北京漢字音，朝鮮漢字音，ヴェトナム漢字音) で受け入れられた．これはモンゴル語が，漢語からの**翻訳借用** (calque カルク) であれ独自の造語であれ，先進国のロシア語からもなるべく借用語を受け入れなかった態度とは大きく異なる．例：羅 respublica，露 республика / respublika，日本「共和国」，北京「共和國」gònghéguó コンホクオ，朝鮮「공화국」gonghwagug コンファグク，ヴェトナム "nước cộng hoà" ヌオク (国) コンホア，蒙 ᠪᠦᠭᠦᠳᠡ ᠨᠠᠶᠢᠷᠠᠮᠳᠠᠬᠤ ᠤᠯᠤᠰ / bügüde nayiramdaχu ulus // бүгд найрамдах улс / bügd najramdax uls ブグド (共に)・ナイラムダハ (和する)・オルス (国)．また日本では中国に従来あった「封建 (北京 fēngjiàn フォンジエン)」という漢字語に英語の feudal の意味を持たせて「ほうけん」として受け入れたが，これがさらに中国，朝鮮，ヴェトナムにそれぞれ英語の feudal という概念を持った fēngjiàn フォンジエン，봉건 [poŋgɔn] ポンゴン，phong kiến フォンキエンという形がそれぞれの国に逆輸出された．このように日本では漢文の表現を用いて西洋語の表現を訳し，従来の漢文訓読文とは異なる新しい翻訳体を確立して，これがこれらの国々に持ち込まれたから，実を言えば中国や朝鮮の近代語は日本製の漢字語と新しい概念を担った中国伝来の漢字語と日本で翻訳された西洋語のシンタクスを通して大きく様変わりし，いわば「日本化」した (あるいは日本化を通して西洋化した) のである．現在漢人の多くが2字からなる単語を，そのすべてが日本由来でないにもかかわらず，日本から来たと感じるのもこういう事情による．つまり現代漢語は形は中国，内容は日本あるいは西洋というものである．

242

このようにしてシュメール人の作った楔形文字はやがてアッカド人の使用するところ
となり，さらに時代が経つにつれて周辺の民族に波及していった．シュメール人の楔形
文字が表語文字 (語幹) に音節文字 (接尾辞) が付く構造が多かったのに，他の諸言語 (例
えばアッカド語) に用いられる楔形文字が音節文字主体だったことも興味深い．また漢
字も周辺の諸民族がその模倣をしていった．漢字とは別系統のパクパ文字とハングルが
単音文字でありながらも音節ごとにまとめて書くという方式 (前者は音節ごとに分かち
書きし，後者は四角に収める) は，前者は音節の境界に記号を入れるチベット文字の影
響が認められるとしても，後者は明らかに漢字の影響である．なおマヤ文字は表語文字
のほかに音節文字を持つが，音節文字が合して単語の塊を成すという意味では，ハング
ルが単音文字が合して音節文字を作る構造と似ている．漢字及び漢字系の諸文字の多く
が1音節をも表すのは (漢字，西夏文字，契丹小字，字喃等)，これらの言語の音節構造
が似ていることと関係がある．なお日本の仮名や朝鮮の口訣 (乙 -ɯl -ウル「-を」) もここ
に属する．エジプト文字は表音文字として用いられる時は子音のみを表し (いわば子音
文字．ただし2子音，3子音の場合もある)，エジプト文字に由来する各種の文字 (ヘブラ
イ文字，アラビア文字) もそうであるが，ギリシャ文字に至り，ある種の子音字を母音
字に転用することにより単音文字が成立した (ラテン，キリル，アルメニア，ジョージ
ア；突厥 [不完全な単音文字]；古ウイグル，モンゴル，満洲；パクパ諸文字)．インド
系諸文字 (デーヴァナーガリー，タミル，クメール，タイ，チベット，ビルマ諸文字) は
母音は符号によって表示され (子音字の上，下，左，右)，エチオピア文字は母音符号が
子音字と融合して (子音字の右) あたかも音節文字の様相を呈する．パクパ文字はチベッ
ト文字の母音符号を「文字」化したものであり，この点でもハングルにおける子音字と母
音字の対等性はパクパ文字と (またモンゴル文字とも) 似ている．
　低い文化の民族は自己の言語を表す文字がなかったから，初めシュメール語や漢語を
真似てそれらの文字で書き，意思の疎通を図ったものと思われる．多かれ少なかれ，外
来の発音は学習に際して歪曲されるものである．中世のヨーロッパではラテン語が公用
語だったが，外国語たるラテン語を発音するに際し，ドイツ式，イタリア式，フランス
式等でそれぞれの言語的変容を伴う若干の差がある (英語はフランス式に，ロシアはド
イツ式にしたがう)．例：Macedonum (羅) マケドヌム，(独露) マツェドヌム，(仏英) マセ
ドヌム，(伊) マチェドヌム．モンゴル人はチベット語の仏典を読むに際し，チベット語
のアムド方言を用いると言われる．クルアーン (コーラン) はアラビア語の厳密な発音を
要求するが，現実にはそれは不可能で，中央アジアやインドではペルシャ語化したアラ
ビア語の読音が広く行われている．
　漢語自体に方言差があったし (北京語，福建語，広東語，上海語等)，時代によって変

243

遷する (中古漢字音，現代漢字音等)．福建語，広東語，上海語等は普通話にない単語に対してそれぞれの方言に固有な特別な漢字を作ってきたし，また漢字は時代が変わるにつれて新しい字を作ってきた．また日本，朝鮮，ヴェトナムもそれぞれ特別な漢字を作った．日本人も朝鮮人もヴェトナム人も漢語のある種の方言のある時代の様相を学んだわけである．こうして日本人も朝鮮人もヴェトナム人も自己の言語を保持しつつも漢語を読む際にそれぞれの言語に合わせて改変された漢字の慣用音が出来る (日本の呉音と漢音の違いを参照．また朝鮮漢字音は唐代長安音が基礎となる)．それと同時に漢語の発音が日本語や朝鮮語にもある種の影響を与えたと思われる (日本語の撥音「ん」，促音「っ」参照．**漢字音**の出現である．言語には話し言葉と書き言葉があるが，漢字音とは書き言葉に関するものである (北京漢字音，福建漢字音，広東漢字音等)．漢語といえども漢字で表記できない単語がままあるものである (北京語にも文字化し得ない単語はかなりあると言われる)．漢字音が外的な言語としての漢語と異なるのは，あらゆる場合に漢字を漢語音とは関係なしに同一の音で読むということ，その音が体系的であること (ある程度規則的である) などである (日本漢字音，朝鮮漢字音，ヴェトナム漢字音)．なお240ページでも述べたように，満洲語やモンゴル語で漢字の表記のしかたに規則性があっても，漢文を読む際に漢語音ではなしに常に当該の方式で読むというのでないと，それは漢字音とは言えず，単に**外来語表記**でしかないことに注意されたい．しかし元朝では公布されたパクパ文字で作られた韻書『蒙古字韻』に基づいてその漢字音によって漢語も表記されたから，それは立派な漢字音と言える (パクパ文字を用いて漢語で記された元朝の碑文があちこちにある)．同様に朝鮮の『東国正韻』(15世紀，朝鮮音)，『洪武正韻譯訓』(15世紀，漢語音)，『四声通解』(16世紀，漢語音) もまた漢字音の韻書である．ローマ字で表記された『西儒耳目資』は明代漢字音の資料となる．今のところ漢字派生の文字を持つ契丹，女真の諸言語と西夏に漢字音があったという情報はない．元代の『脈訣』のペルシア語訳における漢語音は当時の漢字音を推測するための有力な資料にはなるが，それ自体は漢字音であるとは思われない (遠藤光暁『元代音研究—『脈訣』ペルシャ語訳による—』(研究篇，資料編)，汲古書院，2016)．中国の回教文献はアラビア文字で書かれたものがたくさんあり，その多くは漢語北方方言で読むことが出来る．回族 (中国のイスラーム教徒) は言語的には事実上漢語に同化してしまったから，アラビア字表記は一見漢字音のように見えるが，表記に個人差が多く，アラビア語やペルシア語の混入が甚だしく，漢字音と言うには躊躇せざるを得ない．238ページでドゥンガン語には漢字音は存在しないと書いたが，最近普通話からの影響が甚だしく，普通話とドゥンガン語の音韻上の対応関係に応じて普通話の形をドゥンガン的に変えて受け入れているところを見ると，ドゥンガン漢字音とでもいうものがあるようには見える．この

場合つまり漢字のない漢字音である．他方これは日本読みの漢字音の沖縄語化の場合とも似ている．例：「正月」しゃうぐわつ，琉：/soogwaci/ ソーグァチ．沖縄語のように，日常語化した漢字語を除いて，漢字語だけを日本語どおりに発音するものは独自の漢字音があるとは言えない (強いて言えば，過去の日本語からの借用語が /soogwaci/ ならば，現代沖縄語はおびただしい量の日本の漢字語を日本語からの借用語として持っていることになる)．いずれにしても，中国を除けば，ある民族によって認識された漢語音がある場合にその民族の漢字音となって固定するのである (今まで知られたところでは日本，朝鮮，ヴェトナム，そして後に述べるウイグルの場合)．しかし漢語音と漢字音との違いの曖昧さは回族やドゥンガン人に現れる．このような曖昧さはチュワン (壮) 文字のように個人差，方言差の多い文字が果たして記号とどれほどの差があるのかという問題とも似ている．しかも回族におけるアラビア文字もチュワン (壮) 文字もそれを知る人はごく少数だったのである．

　外国人 (日本人，朝鮮人，ヴェトナム人) は例えば仏典は自己の漢字音で読んできた (**漢文直読**)．しかしまた外国人は漢語を読む際に，漢語を翻訳するように漢語に即して読むか，あるいは漢文に即した特殊な読み方をするようになる．例えば漢文「春眠不覚暁」は朝鮮では「春眠不覚暁 (cyunmyən-bulgag-hyo) -hənɐnira チュンミョン・プルガッキョ・ハナニラ」(春眠不覚暁ス) のように読むが，日本では「春眠 (シュンミン) 暁 (あかつき)を覚 (おぼ) -えず」と読む．すなわち読む順序も漢語とは異なり，漢字の読み方も音 (カタカナ) のほかに訓 (ひらがな) がある．しかし朝鮮もかつては日本のような読み方をしたらしい．朝鮮では少なくとも統一新羅時代には，日本でも飛鳥時代には少なくとも訓が出来ていたと思われる．**訓**とは単なる翻訳ではなく，当該の漢字の意味に対応した日本語あるいは朝鮮語の読み方の一種である．このように漢字音も訓も日本や朝鮮で**社会的に固定した読み**なのである．こうして**漢文訓読文**が成立した．朝鮮とヴェトナムでは後に訓は千字文などで漢字の意味を示すものになってしまい，読みの機能がなくなった (天 hanɐl-tyən ハナル [空] (訓) ーチョン [天] (音))．朝鮮の後世の訓は用言以外にのみ認められるようだが，初期は用言にも認められたらしい．しかし高麗の漢文訓読文でも用言が訓読みされた形跡は一部 (「有」，「無」) を除いてない．朝鮮は日本とは違って早くから訓読みよりも音読みの方が発達していたと思われる．なおヴェトナムの字喃 (チューノム) で書かれた文章には漢字も混じることがあるが，それは漢字音で読まれることもあり，訓読みされることもあり，たいへん複雑である．また契丹文字で書かれた文章にも漢字が混じることがある．

　他方日本人も朝鮮人も外国語としての漢語を書く際に誤って日本語や朝鮮語の語順で書き，はては意図的にその語順にしたがって書き，自国語で読むようになる (和化漢文，

245

変体漢文).　新羅時代のそのような資料が確認されている.　例：今自三年以後，忠道執持，過失无誓 (今より三年以後，忠道を執持して，過失なきを誓ふ).　さらには変体漢文に助辞を漢字で書き，読む際の正確さを期すものも現れた (**吏読**).　例：漢文「或令人捕告」－ 吏読文「又他人乙用良捉告為 (又他人をもって捉告し)」.　朝鮮のこのような吏読文に似たものとして日本の**宣命書き**がある (これは今でも用いられる).　例：天皇我大命良末等宣布大命乎衆聞食倍止宣 (天皇 (すめら) が大命 (おほみこと) らまと宣 (のりたま) ふ大命を衆 (もろもろ) 聞食 (きこしめさ) へと宣 (のる).　このようにしてついには朝鮮文全文を漢字だけで表すものが現れたが (**郷札**)，これは日本の**万葉仮名**に対応する.　例：朝鮮：夜入伊遊行如可 bam dɯ-ri no-ni-da-ga (夜に入って遊び行くうちに) [下線部分は訓読み]，日本：皮留久佐乃皮斯米之刀斯 (はるくさのはじめのとし).　万葉仮名には漢字の音だけでなく訓も利用されている (しかしながら『万葉集』巻一，二は圧倒的多数が訓).　日本では万葉集だけでも4千首を越える歌謡が収録されているが，朝鮮の**郷歌** (日本の万葉歌謡に当たるもの) は現存するものは24首に過ぎない.　日本では万葉仮名の草書体からひらがな，万葉仮名の一部からカタカナが生じた.　朝鮮では日本のカタカナに似た**口訣及び略体口訣**が出来たが，これが文字化することはなく，漢文における日本の助辞のような機能しか持たなかった (以下の小字部分を参照).　例：(口訣入り) 有朋是自遠方來㊀不亦樂乎阿 ＝ (略体口訣入り) 有朋丶自遠方來 不亦樂乎ₚ ＝ (ハングル口訣入り) 有朋 (yuboŋ)ᵢ 自遠方來 (jɛwənbaŋrɛi)ₘyₐₙ 不亦樂乎 (bɯlyəgragho)ₐ ＝ (日本直訳) 有朋ガ自遠方來ナラバ不亦樂乎ナルカ.　日本漢文訓読文：朋 (とも) 有 (あ) り遠方 (エンポウ＜ヱンパウ) 自 (より) 來 (き) たる亦 (また) 樂不 (たのしからず) 乎 (や).　朝鮮の口訣には子音文字と言ってよいものがある (音 ɯm ＞ m，邑 ɯb ＞ b，隠 ɯn ＞ n，乙 ɯl ＞ l，叱 s).　日本の仮名の「ん」(撥音) と「っ」(促音) も子音字と言ってよい.　なお契丹小字にもいわば子音字と言えそうなものがあるとの説がある.　万葉仮名の原形は**漢字による日本の固有名詞表記**に見ることが出来る.　例：日本最古の部類の固有名詞表記 (埼玉の稲荷山古墳の鉄剣の銘)：獲加多支鹵 (ワカタケル) [この解読には異論もある].　ここで「獲加 wak-ka」という表記 (漢字 wak は次の漢字の読みの頭音が k であることを示す) に若干似たものはアッカド文字にも見られる.　例：šu-um ＞ šum.　アッカドその他の種々の楔形文字 (音節文字) では「子音＋母音」と「母音＋子音」という音節文字の結合で音節「子音＋母音＋子音」を表す (下線部は共通の母音).

　他民族が漢語を記すのではなく，その逆に漢人が他言語を漢字で記す時には，当然その時代のその方言で行うことになるから，このような資料はまた貴重なものである.　中国ではこうしていろいろな**訳語** (対訳語彙集) 類，対訳辞典，語学入門書，対訳読本等が作られた (14世紀以降).　これらの漢字と外国語の音との関係は外国人が認識した漢語の

音と関連があるかも知れない.

　今まで日本, 朝鮮, 中国の漢字の状況を中心に述べ, ヴェトナムは触れたに過ぎなかった. ヴェトナム漢字音については, 専門的になるが, 三根屋徹,『中古漢字音と越南漢字音』, 汲古書院, 543ページ, 1993があり, ここにはヴェトナム漢字音と中古音との詳しい対照がついている.

　ところで東トルキスタンに唐宋元代に**ウイグル漢字音** (ウイグル文字) があったという主張は肯定せざるを得ず, 漢字音には日本, 朝鮮, ヴェトナムの漢字音にさらにウイグル漢字音をも追加するべきである. 庄垣内正弘による地道な研究は最終的に Masahiro Shōgaito, Setsu Fujishiro, Noriko Ohsaki, Mutsumi Sugahara, Abdurishid Yakup, "The Berlin Chinese Text U 5335 Written in Uighur Script: A reconstruction of the Inherited Uighur Pronunciation of Chinese", Berliner Turfantexte XXXIV, Berlin-Brandenburgische Akademie der Wissenschaften, Akademienvorhaben Turfanforschung, Brepols, 208 pp.+Plates 7, 2015 という形でまとめられた. 本来の西北漢語音をかなりウイグル語音化した一定の体系を持った漢語音は「ウイグル漢字音」と呼ぶべきものであり, 主としてウイグル僧によって仏典の朗読に用いられ (漢文直読), さらには漢字を訓読したと思われる. しかも訓読は名詞だけでなく, 動詞にも及ぶのは日本語の場合と同じである. 例：福-lïγ ＝ buyan-lïγ ＜幸せな＞ (音) *vw* /fu/, 見-üp = kör-üp ＜見て＞ (音) *kyn* /ken/. 下線部が訓読み部分, イタリックは文字, ／　／は漢字音の推定音素. ウイグル漢字音の発見は画期的な出来事である. なおこのウイグルとは古ウイグルとも呼ばれ, 東トルキスタンにいる現在のウイグルではなく, 甘粛省の西ユグル語がその後裔であると言われる.

　このようにいわば言語文化的位階において周辺の諸言語に影響を与えるという優位に立つ言語は東アジアの漢語のほかに, 西に行くとインドのサンスクリット, さらに西にはペルシャ語, その西隣にアラビア語, そしてさらにギリシャ語とラテン語に到るのである. 英語というのは恐ろしく「純粋さ」の欠ける言語であり, フランスを通して受け入れたおびただしい量のギリシャ＝ラテン系の語彙の混入したハイブリッドな言語である. しかしこのようにヨーロッパ諸語において重要な比重を占めるギリシャ語やラテン語は借用語ではあり得ても, 東アジアにおける漢字語と同等の位置を占めることはない.

　世はコンピューター時代, 国際化の波の中で, あたかも漢字語に満ちている日本語が時代遅れであって日本語に大規模に英語を導入しなければならないかのような暴論を吐く者まで現れている. 国際化は勿論必要であるが, どうして英語が国際語だと決めてかかるのか？ このような英語中心主義 (これはしばしば英語帝国主義と呼ばれる) は多文化尊重の雰囲気の中で当然多言語主義に座を譲らなければならないものであるが, 1世紀以上かけて築き上げてきた漢字語中心の日本語の秩序がそう簡単に崩壊するとも思え

ず，英語が日本語にとってかわってかつての漢語の代用になるとも思われない．

　漢字文化圏のうちヴェトナムは完全に漢字の使用から離脱し，南北朝鮮もその道を歩みつつある．しかし韓国では漢字の不使用による教育上の弊害が指摘されており，近年ますます漢字学習者が増えている．日本は漢字廃止の先輩国だが (カナモジ論やローマ字国字論の発祥の地は日本である)，コンピューターの普及した今その声はほとんど聞かれなくなった．中華人民共和国は漢字廃止に先んじて制定した拼音による普通話教育を目指したが，教育の普遍化とコンピューターの普及は漢字の廃止を論ずる可能性もほとんど無意味にしてしまった．

　読者が漢字を通してもっと広い世界に接することを望むとともに，漢字の問題はつとめて日本の文化の重要なテーマでもあるから，漢字にかかわる将来の推移に真摯なる関心を維持されんことを願うものである．

「月印千江之曲」
1447年 初鋳甲寅字併用ハングル活字

練習解答

　ここに示した朝鮮と日本の漢字音はあくまでも基本的な漢字音であるから，具体的な漢字語の中では修正を受ける場合がある（本書「日本漢字音と朝鮮漢字音の変種」18-26ページ参照）．当該の単語で変化する読み方を示すために ＞ 印を用いることがある．

[1]　1.아[a] ア 唖（あ）；2.악[aᵏ] アク 握（あく）；3.안[an] アン 案（あん）；4.알[al] アツ 幹（あつ）；5.앙[aŋ] アン 鴦（おう ＜ あう）；6.압[aᵖ] アプ 押（おう ＜ あふ）

[2]　1.라[ra] ラ 羅（ら）；2.락[raᵏ] ラク 絡（らく）；3.란[ran] ラン 卵（らん）；4.람[ram] ラム 濫（らん）；5.랑[raŋ] ラン 廊（ろう ＜ らう）．

[3]　1.가[ka] カ 稼（か）；2.각[kaᵏ] カク 角（かく）；3.간[kan] カン 姦（かん）；4.감[kam] カム 監（かん）；5.갈[kal] カル 喝（かつ ＞ かっ）；6.강[kaŋ] カン 綱（こう ＜ かう）；7.단[tan] タン 短（たん）；8.담[tam] タム 擔〔担〕（たん）；9.답[taᵖ] タプ 答（とう ＜ たふ）；10.당[taŋ] タン 黨〔党〕（とう ＜ たう）；11.탁[tʰaᵏ] タク 卓（たく）；12.탄[tʰan] タン 憚（たん）；13.탐[tʰam] タム 耽（たん）；14.탕[tʰaŋ] タン 糖（とう ＜ たう）；15.파[pʰa] パ 破（は）；16.박[paᵏ] パク 泊（はく）；17.발[pal] パル 髮（はつ）；18.반[pan] パン 般（はん ＞ ぱん）；19.판[pʰan] パン 販（はん）；20.방[paŋ] パン 訪（ほう ＜ はう）；21.하[ha] ハ 夏（か）；22.할[hal] ハル 轄（かつ）；23.함[ham] ハム 陷〔陥〕（かん）；24.한[han] ハン 漢（かん）；25.항[haŋ] ハン 港（こう ＜ かう）；26.사[sa] サ 唆（さ）；27.살[sal] サル 薩（さつ）；28.산[san] サン 傘（さん）；29.상[saŋ] サン 喪（そう ＜ さう）；30.장[tʃaŋ] チャン 葬（そう ＜ さう）；31.차[tʃʰa] チャ 差（さ）；32.착[tʃʰaᵏ] チャク 搾（さく）；33.찰[tʃʰal] チャル 察（さつ）；34.찬[tʃʰan] チャン 餐（さん）；35.창[tʃʰaŋ] チャン 創（そう ＜ さう）．

[4]　1.야[ja] ヤ 夜（や）；2.약[jaᵏ] ヤク 躍（やく）；3.양[jaŋ] ヤン 陽（よう ＜ やう）；4.량[rjaŋ] リャン 輛〔両〕（りょう ＜ りゃう）（輛と両は別字だが同音）；5.왕[waŋ] ワン 往（おう ＜ わう）；6.과[kwa] クァ 過（か ＜ くわ）；7.화[hwa] ファ 貨（か ＜ くわ）；8.확[hwaᵏ] ファク 穫（かく ＜ くわく）；9.괄[kwal] クァル 括（かつ ＜ くわつ）；10.활[hwal] ファル 活（かつ ＜ くわつ）；11.관[kwan] クァン 觀〔観〕（かん ＜ くわん）；12.환[hwan] ファン 還（かん ＜ くわん）；13.광 廣〔広〕（こう ＜ くわう）；14.황[hwaŋ] ファン 荒（こう ＜ くわう）．

[5]　1.사[sa] サ〈シャ〉社（しゃ）；2.자[tʃa] チャ〈ジャ〉煮（しゃ）；3.차[tʃʰa] チャ〈チャ〉遮（しゃ）；4.상[saŋ] サン〈シャン〉商（しょう ＜ しゃう）；5.장[tʃaŋ] チャン〈ジャン〉掌（しょう ＜ しゃう）；6.창[tʃʰaŋ] チャン〈チャン〉娼（しょう ＜ しゃう）．

249

[6] 1.*아[a] ア 餓 (が)；2.*악[a^k] アク 樂〔楽〕(がく)；3.*안[an] アン 顔 (がん)；4.*완[wan] ワン 玩 (がん＜ぐわん).

[7] 1.억[ɔ^k] オク 憶 (おく)；2.여[jɔ] ヨ 與〔与〕(よ)；3.서[sɔ] ソ〈셔〉緒 (しょ)；4.거[kɔ] コ 拒 (きょ)；5.*어[ɔ] ギョ 禦〔御〕(ぎょ)（禦と御は別字だが同音）；6.허[hɔ] キョ 虚 (きょ)；7.억[ɔ^k] オク 抑 (よく)；8.엄[ɔm] オム 掩 (えん)；9.건[kɔn] コン 建 (けん)；10.헌[hɔn] ホン 獻〔献〕(けん)；11.검[kɔm] コム 檢〔検〕(けん)；12.험[hɔm] ホム 險〔険〕(けん)；13.설[sɔl] ソル〈셜〉説 (せつ)；14.절[ʧɔl] チョル〈졀〉窃 (せつ)；15.선[sɔn] ソン〈션〉線 (せん)；16.전[ʧɔn] チョン〈젼〉專〔専〕(せん)；17.천[ʧʰɔn] チョン〈쳔〉薦 (せん)；18.섬[sɔm] ソム〈셤〉纖〔繊〕(せん)；19.점[ʧɔm] チョム〈졈〉占 (せん)；20.석[sɔ^k] ソク〈셕〉石 (せき)；21.척[ʧʰɔ^k] チョク〈쳑〉戚 (せき)；22.적[ʧɔ^k] チョク〈젹〉績 (せき)；23.성[sɔŋ] ソン〈셩〉聖 (せい)；24.정[ʧɔŋ] チョン〈졍〉征 (せい)；25.청[ʧʰɔŋ] チョン〈쳥〉請 (せい)；26.영[jɔŋ] ヨン 映 (えい)；27.역[jɔ^k] ヨク 易 (えき)；28.열[jɔl] ヨル 閲 (えつ)；29.연[jɔn] ヨン 煙 (えん)；30.염[jɔm] ヨム 焰〔炎〕(えん)（焰と炎は別字だが同音）；31.경[kjɔŋ] キョン 敬 (けい)；32.형[hjɔŋ] ヒョン 螢〔蛍〕(けい)；33.결[kjɔl] キョル 潔 (けつ＞けっ)；34.견[kjɔn] キョン 堅 (けん)；35.현[hjɔn] ヒョン 顯〔顕〕(けん)；36.겸[kjɔm] キョム 謙 (けん)；37.벽[pjɔ^k] ピョク 壁 (へき＞ぺき)；38.변[pjɔn] ピョン 邊〔辺〕(へん)；39.령[rjɔŋ] リョン 齢 (れい)；40.렬[rjɔl] リョル 列 (れつ)；41.원[wɔn] ウォン 援 (えん＜ゑん)；42.원[wɔn] ウォン 源 (げん).

[8] 1.가[ka] カ 駕 (が)；2.격[kjɔ^k] キョク 撃 (げき)；3.강[kaŋ] カン 剛 (ごう＜がう)；4.겁[kɔp] コプ 劫 (ごう＜ごふ)；5.타[tʰa] タ 打 (だ)；6.탈[tʰal] タル 奪 (だつ)；7.단[tan] タン 斷〔断〕(だん)；8.담[tam] タム 談 (だん)；9.파[pʰa] パ 婆 (ば)；10.박[pa^k] パク 縛 (ばく)；11.발[pal] パル 跋 (ばつ＞ばっ)；12.판[pʰan] パン 板 (はん＞ばん)；13.별[pjɔl] ピョル 別 (べつ)；14.편[pʰjɔn] ピョン 鞭 (べん)；15.범[pɔm] ポム 梵 (ぼん)；16.참[ʧʰam] チャム 慘〔惨〕(ざん)；17.사[sa] サ〈샤〉蛇 (じゃ)；18.상[saŋ] サン〈샹〉常 (じょう＜じゃう)；19.장[ʧaŋ] チャン 場 (じょう＜ぢゃう)；20.선[sɔn] ソン〈션〉繕 (ぜん)；21.전[ʧɔn] チョン〈젼〉前 (ぜん)；22.화[hwa] ファ 畫〔画〕(が＜ぐわ)；23.환[hwan] ファン 丸 (がん＜ぐわん).

[9] 1.나[na] ナ 奈 (な)；2.남[nam] ナム 男 (だん)；녀[njɔ] ニョ 女 (じょ＜ぢょ)；3.마[ma] マ 魔 (ま)；4.막[ma^k] マク 膜 (まく)；5.말[mal] マル 抹 (まつ＞まっ)；6.만[man] マン 滿〔満〕(まん)；7.멸[mjɔl] ミョル 滅 (めつ)；8.면[mjɔn] ミョン 免 (めん)；9.명[mjɔŋ] ミョン 明 (めい)；10.망[maŋ] マン 網 (もう＜まう)；11.막[ma^k] バク 漠 (ばく)；12.만[man] マン 晩 (ばん)；13.면[mjɔn] ミョン 勉 (べん)；14.망[maŋ] マン 忘 (ぼう＜ばう)；15.약[ja^k] ヤク《△》若 (じゃく＞じゃっ)；

16.여[jɔ] ヨ《△》如（じょ）；17.양[jaŋ] ヤン《△》醸〔醸〕（じょう＜じゃう）.

[10] 1.저[tʃɔ] チョ〈져〉貯（ちょ）；2.장[tʃaŋ] チャン〈쟝〉腸（ちょう＜ちゃう）；3.창[tʃʰaŋ] チャン〈챵〉脹〔張〕（ちょう＜ちゃう）（脹と張は別字で発音も異なる）；4.장[tʃaŋ] チャン〈쟝〉場（じょう＜ぢゃう）.

[11] 1.정[tʃɔŋ] チョン〈뎡〉停（てい）；2.적[tʃɔk] チョク〈뎍〉敵（てき）；3.철[tʃʰɔl] チョル〈텰〉徹（てつ＞てっ）；4.전[tʃɔn] チョン〈뎐〉典（てん）；5.전[tʃɔn] チョン〈뎐〉傳〔伝〕（でん）.

[12] 1.오[o] オ 惡〔悪〕（お）；2.고[ko] コ 固（こ）；3.호[ho] ホ 呼（こ）；4.호[ho] ホ 護（ご）；5.오[o] オ 誤（ご）；6.소[so] ソ 訴（そ）；7.조[tʃo] チョ 措（そ）；8.초[tʃʰo] チョ 礎（そ）；9.도[to] ト 渡（と）；10.노[no] ノ 努（ど）；11.보[po] ポ 保（ほ）；12.포[pʰo] ポ 舗〔鋪〕（ほ）；13.모[mo] モ 募（ぼ）；14.모[mo] モ 模（も）；15.로[ro] ロ 露（ろ）；16 곡[kok] コク 殻〔殻〕（こく）；17.속[sok] ソク 速（そく）；18.족[tʃok] チョク 足（そく）；19.속[sok] ソク 俗（ぞく）；20.독[tok] トク 獨〔独〕（どく）；21.목[mok] モク 牧（もく）；22.록[rok] ロク 錄〔録〕（ろく）；23.온[on] オン 穏〔穏〕（おん＜をん）；24.곤[kon] コン 昆（こん）；25.론[ron] ロン 論（ろん）；26.손[son] ソン 損（そん）；27.존[tʃon] チョン 尊（そん）；28.돈[ton] トン 頓（とん）；29.솔[sol] ソル 率（そつ）；30.졸[tʃol] チョル 卒（そつ）；31.공[koŋ] コン 貢（こう）；32.홍[hoŋ] ホン 洪（こう）；33.총[tʃʰoŋ] チョン 叢（そう）；34.동[toŋ] トン 冬（とう）；35.동[toŋ] トン 動（どう）；36.농[noŋ] ノン 膿（のう）；37.봉[poŋ] ポン 縫（ほう）；38.봉[poŋ] ポン 棒（ぼう）；39.롱[roŋ] ロン 朧（ろう）；40.공[koŋ] コン 恐（きょう）；41.송[soŋ] ソン〈숑〉誦〔唱〕（しょう）（誦と唱は別字、音も異なる）；42.종[tʃoŋ] チョン〈죵〉鐘（しょう）；43.총[tʃʰoŋ] チョン〈춍〉寵（ちょう）；44.속[sok] ソク〈쇽〉贖（しょく）；45.보[po] ポ 普（ふ）；46.포[pʰo] ポ 布（ふ）；47.모[mo] モ 侮（ぶ）；48.복[pok] ポク 福〔福〕（ふく）；49.종[tʃoŋ] チョン〈죵〉終（しゅう）；50.용[joŋ] ヨン 容（よう）；51.욕[jok] ヨク 慾（よく）；52.용[joŋ] ヨン《△》茸（じょう）；53.우[u] ウ 右（う）；54.구[ku] ク 驅〔駆〕（く）；55.두[tu] トゥ 頭（ず＜づ）；56.부[pu] プ 父（ふ）；57.부[pu] プ 部（ぶ）；58.무[mu] ム 舞（ぶ）；59.울[ul] ウル 鬱（うつ）；60.굴[kul] クル 掘（くつ）；61.불[pul] プル 佛（ふつ）；62.물[mul] ムル 物（ぶつ）；63.운[un] ウン 運（うん）；64.군[kun] クン 群（ぐん）；65.훈[hun] フン 勲（くん）；66.분[pun] プン 雰（ふん）；67.문[mun] ムン 聞（ぶん）；68.궁[kuŋ] クン 宮（ぐう）；69.수[su] ス〈슈〉殊（しゅ）；70.주[tʃu] チュ〈쥬〉酒（しゅ）；71.수[su] ス〈슈〉壽〔寿〕（じゅ）；72.숙[suk] スク〈슉〉肅〔粛〕（しゅく）；73.축[tʃʰuk] チュク〈츅〉縮（しゅく）；74.술[sul] スル〈슐〉述（じゅつ）；75.준[tʃun] チュン〈쥰〉竣（しゅん）；76.순[sun] スン〈슌〉盾（じゅん）；77.준[tʃun] チュン〈쥰〉准（じゅん）；78.붕[puŋ] プン 崩（ほう）；79.문

[mun] ムン 問（もん）；80.유[ju] ユ 愉（ゆ）.

[13] 1.고[ko] コ 稿（こう ＜ かう）；2.고[ko] コ 拷（ごう ＜ がう）；3.호[ho] ホ 濠（ごう ＜ がう）；4.소[so] ソ 掃（そう ＜ さう）；5.조[ʧo] チョ 操（そう ＜ さう）；6.도[to] ト 倒（とう ＜ たう）；7.도[to] ト 導（どう ＜ だう）；8.보[po] ポ 寶〔宝〕（ほう ＜ はう）；9.포[pʰo] ポ 砲（ほう ＜ はう）；10.모[mo] モ 帽（ぼう ＜ ばう）；11.로[ro] ロ 老（ろう ＜ らう）；12.소[so] ソ 笑〈仐〉（しょう ＜ せう）；13.초[ʧʰo] チョ 焦〈丞〉（しょう ＜ せう）；14.조[ʧo] チョ〈丟〉條〔条〕（じょう ＜ でう）；15.조[ʧo] チョ 潮〈丟〉（ちょう ＜ てう）；16.요[jo] ヨ 謠〔謡〕（よう ＜ えう）；17.료[rjo] リョ 療（りょう ＜ れう）；18.표[pʰjo] ピョ 標（ひょう ＜ へう）；19.교[kjo] キョ 橋（きょう ＜ けう）；20.교[kjo] キョ 膠（こう ＜ かう）；21.효[hjo] ヒョ 孝（こう ＜ かう）；22.우[u] ウ 偶（ぐう）；23.추[ʧʰu] チュ〈乑〉樞〔枢〕（すう）；24.부[pu] プ 夫（ふう）（この漢字は普通は「ふ」と読まれる）；25.구[ku] ク 究（きゅう ＜ きう）；26.수[su] ス〈仐〉修（しゅう ＜ しう）；27.주[ʧu] チュ〈乑〉周（しゅう ＜ しう）；28.추[ʧʰu] チュ〈乑〉醜（しゅう ＜ しう）；29.수[su] ス〈仐〉獸〔獣〕（じゅう ＜ じう）；30.유[ju] ユ 蹂《△》（じゅう ＜ じう）；31.구[ku] ク 構（こう）；32.후[hu] フ 後（こう）；33.주[ʧu] チュ 走（そう）；34.투[tʰu] トゥ 鬪〔闘〕（とう）；35.두[tu] トゥ 頭（とう）；36.부[pu] プ 剖（ぼう）；37.루[ru] ル 樓〔楼〕（ろう）；38.류[rju] リュ 流（りゅう ＜ りう）.

[14] 1.이[i] イ 異（い）；2.기[ki] キ〈コ〉機（き）；3.기[ki] キ〈コ〉欺（ぎ）；4.시[ʃi] シ 試（し）；5.지[ʧi] チ 脂（し）；6.치[ʧʰi] チ 齒〔歯〕（し）；7.시[ʃi] シ 示（じ）；8.치[ʧʰi] チ 峙（じ ＜ ぢ）；9.지[ʧi] チ〈ㄷ〉地（じ ＜ ぢ）；10.치[ʧʰi] チ 治（じ ＜ ぢ）（「統治」は普通「とうち」と読まれる）；11.지[ʧi] チ 知（ち）；12.니[ni] ニ 尼（に）；13.비[pi] ピ 飛（ひ）；14.피[pʰi] ピ 避（ひ）；15.비[pi] ピ 備（び）；16.미[mi] ミ 微（び）；17.미[mi] ミ 味（み）；18.리[ri] リ 離（り）；19.일[il] イル 逸（いつ）；20.실[ʃil] シル 室（しつ）；21.질[ʧil] チル 嫉（しつ ＞ しっ）；22.질[ʧil] チル 窒（ちつ ＞ ちっ）；23.필[pʰil] ピル 筆（ひつ）；24.인[in] イン 因（いん）；25.신[ʃin] シン 身（しん）；26.진[ʧin] チン 進（しん）；27.신[ʃin] シン 迅（じん）；28.진[ʧin] チン 鎭〔鎮〕（ちん）；29.인[in] イン《△》人（じん）；30.인[in] イン《△》忍（にん）；31.빈[pin] ピン 頻（ひん）；32.민[min] ミン 敏（びん）；33.린[rin] リン 隣（りん）；34.집[ʧipʼ] チプ 執（しゅう ＜ しふ）；35.립[ripʼ] リプ 立（りゅう ＜ りふ）；36.심[ʃim] シム 審（しん）；37.침[ʧʰim] チム 寢〔寝〕（しん）；38.심[ʃim] シム 甚（じん）；39.림[rim] リム 臨（りん）；40.의[ɰi] ウイ 依（い）；41.희[hi] ヒ 喜（き）；42.의[ɰi] ウイ 疑（ぎ）；43.희[hi] ヒ 犧（ぎ）.

[15] 1.근[kɯn] クン 勤（きん）；2.음[ɯm] ウム 淫（いん）；3.금[kɯm] クム 禁（きん）；4.흠[hɯm] フム 欽（きん）；5.음[ɯm] ウム 吟（ぎん）；6.급[kɯpʼ] クプ 急（きゅう ＜

きふ）；7.습[suɯᵖ] スプ 拾（しゅう＜しふ）；8.은[un] ウン 恩（おん）；9.금[kɯm] クム 金（ごん）；10.측[t͡ɕʰɯᵏ] チュク 測（そく）；11.득[tɯᵏ] トゥク 得（とく）；12.증[t͡ɕɯŋ] チュン 贈（ぞう）；13.등[tɯŋ] トゥン 等（とう）；14.*응[uŋ] ウン 凝（ぎょう）；15.승[sɯŋ] スン 勝（しょう）；16.릉[rɯŋ] ルン 陵（りょう）；17.식[ɕiᵏ] シク 飾（しょく）；18.직[t͡ɕiᵏ] チク 直（ちょく）.

[16] 1.사[sa] サ〈ᄉ〉師（し）；2.자[t͡ɕa] チャ〈ᄌ〉資（し）；3.사[sa] サ〈ᄉ〉似（じ）；4.자[t͡ɕa] チャ〈ᄌ〉字（じ）.

[17] 1.애[ɛ] エ〈이〉曖（あい）；2.개[kɛ] ケ〈개〉改（かい）；3.해[hɛ] ヘ〈히〉海（かい）；4.*애[ɛ] エ 崖（がい）；5.재[t͡ɕɛ] チェ〈지〉災（さい）；6.재[t͡ɕɛ] チェ 債（さい）；7.재[t͡ɕɛ] チェ〈지〉財（ざい）；8.대[tɛ] テ〈디〉隊（たい）；9.대[tɛ] テ〈디〉怠（たい）；10.대[tɛ] テ〈디〉臺〔台〕（だい）；11.배[pɛ] ペ〈비〉輩（はい）；12.배[pɛ] ペ〈비〉賠（ばい）；13.패[pʰɛ] ペ 狽（ばい）；14.매[mɛ] メ〈미〉買（ばい）；15.매[mɛ] メ 埋〈미〉（まい）；16.래[rɛ] レ〈리〉來〔来〕（らい）；17.세[se] セ〈셰〉勢（せい）；18.제[t͡ɕe] チェ〈제〉制（せい）；19.세[se] セ〈셰〉説（ぜい）；20.제[t͡ɕe] チェ〈제〉帝（てい）；21.세[se] セ〈셰〉歳（さい）；22.제[t͡ɕe] チェ〈제〉際（さい）；23.제[t͡ɕe] チェ〈제〉劑〔剤〕（ざい）；24.체[t͡ɕʰe] チェ〈톄〉逮（たい）；25.제[t͡ɕe] チェ〈뎨〉題（だい）；26.예[je] イェ 鋭（えい）；27.계[kje] キェ 計（けい）；28.폐[pʰje] ピェ／北 페[pʰe] ペ 幣（へい）；29.례[rje] リェ 禮〔礼〕（れい）；30.계[kje] キェ 階（かい）；31.폐[pʰje] ピェ／北 페[pʰe] ペ 肺（はい）；32.례[rje] リェ 禮〔礼〕（らい／れい）；33.괴[kwe] クェ 拐（かい＜くわい）；34.회[hwe] フェ 會〔会〕（かい＜くわい）；35.최[t͡ɕʰwe] チュウェ 最（さい）；36.퇴[tʰwe] トゥウェ 退（たい）；37.뢰[rwe] ルウェ 儡（らい）；38.위[wi] ウィ 圍〔囲〕（ゐ＞い）；39.귀[kwi] クィ 歸〔帰〕（き）；40.휘[hwi] フィ 輝（き）；41.*위[wi] ウィ 僞〔偽〕（ぎ）.

[18] 1.책[t͡ɕʰɛᵏ] チェク〈칙〉册〔冊〕（さく）；2.택[tʰɛᵏ] テク〈틱〉宅（たく）；3.맥[mɛᵏ] メク〈믹〉驀〔驀〕（ばく）；4.앵[ɛŋ] エン〈잉〉櫻〔桜〕（おう＜あう）；5.행[hɛŋ] ヘン〈힝〉幸（こう＜かう）；6.맹[mɛŋ] メン〈밍〉猛（もう＜まう）；7.생[sɛŋ] セン〈싱〉省（しょう＜しゃう）；8.적[t͡ɕɔᵏ] チョク〈젹〉赤（しゃく）（普通は「せき」）；9.적[t͡ɕɔᵏ] チョク〈젹〉寂（じゃく）；10.격[kjɔᵏ] キョク 隔（かく）；11.정[t͡ɕɔŋ] チョン〈졍〉晶（しょう＜しゃう）；12.정[t͡ɕɔŋ] チョン〈졍〉淨〔浄〕（じょう＜じゃう）；13.정[t͡ɕɔŋ] チョン〈졍〉頂（ちょう＜ちゃう）；14.청[t͡ɕʰɔŋ] チョン〈텽〉廳〔庁〕（ちょう＜ちゃう）；15.경[kjɔŋ] キョン 競（きょう＜きゃう）；16.평[pʰjɔŋ] ピョン 評（ひょう＜ひゃう）；17.병[pjɔŋ] ピョン 病（びょう＜びゃう）；18.평[pʰjɔŋ] ピョン 平（びょう＜びゃう）（普通は「へい」）；19.명[mjɔŋ] ミョン 命（みょう＜みゃう）（普通は「めい」）；20.령[rjɔŋ] リョン 領（りょう＜りゃう）；21.경[kjɔŋ] キョン 耕（こう＜かう）；

22.형[hjəŋ] ヒョン 衡（こう＜かう）; 23.축[tʃʰukʼ] チュク〈츅〉軸（じく＜ぢく）; 24.축[tʃʰukʼ] チュク〈츅〉築（ちく）; 25.륙[rjuk̚] リュク 戮（りく）[この漢字は現在では多く육[juk̚]と読まれる]; 26.균[kjun] キュン 菌（きん）; 27.순[sun] スン〈슌〉唇（しん）.

[19] 1.마[ma] マ 瑪（め）; 2.학[hak̚] ハク 謔（ぎゃく）; 3.강[kaŋ] カン 彊（きょう＜きゃう）[現在では신장 웨이우얼 자치구 [ʃindʑaŋ weiuəl tʃatʃʰigu] シンジャン ウェイウォル チャチグというらしい. 北京:新疆維吾爾自治区 Xinjiang Weiwuer Zizhiqu]; 4.간[kan] カン 間（けん＞げん）; 5.향[hjaŋ] ヒャン 向（こう＜かう）; 6.서[sɔ] ソ〈셔〉誓（せい）; 7.저[tʃɔ] チョ〈뎌〉抵（てい）; 8.궤[kwe] クェ 壊〔壞〕（かい＜くわい）; 9.려[rjɔ] リョ 勵〔励〕（れい）; 10.예[je] イェ 予〔豫〕（よ）（予と豫は別字. 同音）; 11.벌[pɔl] ポル 閥〔閥〕（ばつ）; 12.번[pɔn] ポン 繁（はん）; 13.범[pɔm] ポム 氾（はん）; 14.권[kwɔn] クォン 勸〔勧〕（かん＜くわん）; 15.원[wɔn] ウォン 願（がん＜ぐわん）; 16.원[wɔn] ウォン 院（いん＜ゐん）; 17.유[ju] ユ 遺（い＜ゐ）.

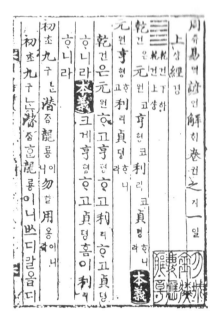

『詩経諺解』巻10（17世紀前期）　　　『周易諺解』巻11（1668年 顯宗9年）

事項索引

アクセント　59
アスペクト　204
アッカド語　243
アッカド文字 (楔形文字)　241
アラビア数字　8
アラビア文字　6，241，243
アルタイ諸語　136
アルメニア文字　241，243
１字漢字語用言　197，202
意符　45
韻　237
韻書　60，220-221，236
韻図　219，237
インダス文字　241
インド系文字　6，241，243
韻尾　41-42，53-54，172-173，178，183，185，229，231-235，239，267，
　272
韻母　53-54，220，228-229，231-234，236-237，268-271，273-277
ウイグル漢字音　241，247
ウェード式ローマ字　228
ヴェトナム漢字音　8，10，42，235，242
ヴェトナム語　234-236
ヴェトナムにも漢字がある　10
ヴェトナム文字 (字喃チューノム)　236，241
ヴォイス　202-204
英語帝国主義　28，247
エジプト文字　6，241，243
エチオピア文字　241，243
黄檗宗　227
沖縄語 (琉球語)　238，245
小倉進平　221
音 (おん)　6-7

255

音韻学　12，44，47，54，220，236

音節頭音　14

音節末音　16

音節文字　6，240，243，246

音素　228，229

音符　45，51

開口　237

回族　244-245

介母　53

介母音　53-54，149，173，229，237

──＋主母音　149，178，235

外来語　9，57，244

牙音　47，71，73，79，149，173，228，236

書きことば　228，233，238

画引辞典　221

核母音　53

学研漢和大辞典　221

仮名　6，241

漢音　10，63-65，72-73，77-80，86，89，120，142，147，165，167，185-187，
　　210，213-214，217，231，244

咸鏡道方言　59

漢語　9，242-244

漢語音　245

韓国漢字語辞典　221

韓国地名総覧　113

漢語大辞典　221

韓国文教部方式　158

漢字　6，241-243，247-248

漢字音　8，29-31，220，227，238，240，244-245

──の時代による変遷　12

──の長短　12，13

──の南北の違い　20-23，36，164

──の古い表記（正書法）　57，82，147，167-168

漢字仮名混じり文　125

256

漢字語　9，103-111，196-207，242

──形容詞　101-103，196-198，202-204

──語幹　19-20，22-26，125

──接頭辞　19-24，125

──接尾辞　19-22，24，125

──動詞　101-103，196-204

──と固有語の境　109-113

──と分かち書き　124-127

──の言語的帰属（日本語か朝鮮語か漢語か？）　218-219

──用言　198，202-204

──用言の文法　196-204

漢字廃止　7，248

漢字ハングル混じり文　125

漢字文化圏　125，239-240

漢字ローマ字混じり文　239

簡体字　14，219

広東漢字音　8，42，54，230-232，236，244

広東語　230-233，237，243-244

漢文訓読文　242，245

漢文直読　245，247

慣用音　12，221

漢和辞典　221

義　7

擬似漢字語　38-39

擬声擬態語　182

北朝鮮　10，20-23，26，30，36，39，109，126，138，156，162，164-165，168，205

契丹文字　6，241，243

義符　45

基本的な字音　10

脚韻　219

逆行同化　26

旧字体　13-14，43　以下各課の補足欄を参照せよ．

旧ソ連朝鮮人の姓　31-32

257

郷歌　246

教会ローマ字　　232

郷札　　241, 246

玉篇　221

去声　54, 237

御定奎章全韻　　221

キリシタン資料　　226

ギリシャ文字　　6, 241, 243

キリル文字　　6, 238, 241, 243

近代朝鮮語　　59

訓　　8, 111-113, 232, 237, 239-240, 245, 247

形 (けい)　　7

慶尚道方言　　59

――の漢字音　　13

軽唇音　　175, 236

形声字　　45　以下各課の補足欄を参照せよ.

激音　　15, 45, 47-48, 69, 73

諺解　　220

捲舌音　　149

現代かな遣い　　42, 53

現代漢字音　　244

現代朝鮮語　　57, 59

現代北京音 → 北京漢字音

現地音　　29-30, 139-140

現地音主義　　28-29

口音　　16, 25-26, 36

喉音　　47-48, 71, 73-74, 149, 173, 236

口蓋化　　83, 132, 137-138, 149, 165, 227, 231-232, 234-235, 239

口訣　　241, 243, 246

合口　237

合成母音字　　163, 178

喉頭化音　　15

河野六郎　　220-221

洪武正韻訳訓　　220, 241, 244

258

高麗語　　59

行列字（トルリムチャ）　　27，155

呉音　　10，32，54，63-65，72-73，77-80，86，89，120，142，147，165，167，185-187，208-211，213-214，217，220，226-227，232-233，244

語幹　　19，22，24-25，125-126

コスモス朝和辞典　　198

語層　　240

古代朝鮮語　　59

古代日本語　　48

古朝鮮語　　59

語頭の r　　136

語頭の ŋ　　137

固有漢字　　27

固有語　　9，111-113，201，203-204

固有語用言　　201，203-204

固有名詞　　181，205-207，246

済州方言　　59

崔世珍　　221

在日朝鮮人　　39

三綱行実図諺解　　220

参考文献　　18

三国時代の言語　　59

三重母音　　233-235

36字母表　　236

山東半島　　227

山東方言　　227

子音　　14，53

歯音　　47-48，56-57，71，73，79，117-118，187，228，232，235

字音　　8

四声　　237

次清　　236

四声通解　　221，241，244

字典釈要　　221

歯頭音　　48，148-154，173，227，236

259

自動詞　　197，199-203
志部昭平　　220
借用語　　136，239-240，247
上海漢字音　　8
上海語　　233-234，237，243-244
重刊老乞大諺解　　221
重唇音　　175，236
終声　　40-41，51，161，223
主母音　　53-54，229，235
――＋韻尾　　229
シュメール人　　243
シュメール文字（楔形文字）　　241
順行同化　　26
庄垣内正弘　　247
ジョージア文字　　241，243
上古音　　11，44，61，173，225
上声　　54，237
女真文字　　6，241
初声　　43，45，51，161，222-223
唇音　　37，47，71，73，79，149，173，178
シンガポールの漢語　　237
唇歯音　　149
新字体　　13-14，43　　以下各課の補足欄を参照せよ．
シンタクス　　242
清音　　20，69，71-73，226
正音法　　36
西夏文字　　6，241，243
正字　　13
正歯音　　48，148-154，173，236
西儒耳目資　　241，244
正書法　　36，52，57，137-138
声調　　53-54，220，235，239
声符　　45
声母　　44，53-54，72，220，229，231-234，236，267，272-273

260

──＋鼻音　　233

声門閉鎖音　　232

摂　　237

舌音　　47，71，73，79，149，173，232

楔形文字　　6-7，243，246　　（アッカド文字）241　　（シュメール文字）241

舌根音　　149

舌歯音　　149，236

舌上音　　236

舌尖音　　149

接頭辞　　19，23-24，125-126

接尾辞　　19-20，24，125-126，202

舌面音　　149

全韻玉篇　　221

1945年以前の表記　　57

全清　　236

全濁　　236

宣命書き　　241，246

線文字（ミノア文字）　　6，241

全羅方言　　59

曹洞宗　　227

大漢和辞典　　221

第Ⅲ語基　　57

第2字以降の注意すべき漢字　　32-36

体母音　　53

台湾語　　230，239

濁音　　20，69，71-73，222，225-227，232，235

多言語主義　　247

他動詞　　197-200，204

単音文字　　6，240，243

短母音　　54

単母音　　17，232-234

単母音化　　165-166

チベット文字　　241，243

注音字母（注音符号）　　228-229

261

中期朝鮮語　57-59，78-79

中古音 (中国中古音)　12，47，66，72-74，78-79，149，175，217，234-236，244

中国音韻学 → 音韻学

中国漢字音　11，48，54，60，73，114-116

中国の朝鮮族　31

中声　40，51-52，61，146-147，208

──＋終声　184，208

字喃 (チューノム，ヴェトナム文字)　236，241，243

中部方言　59

中文大辞典　221

チュワン (壮) 文字　241，245

朝鮮漢字音　8，20，29，40-45，47-48，51-54，56-60，63-65，69，71，73，77-80，82-86，88-92，114-118，120，129-132，142，147-154，164，167-168，174-181，185，187，191-196，205-206，213，220，227-228，230-231，239，242，244

──の変種　20-26

朝鮮語：の口蓋化と非口蓋化　136

──の時代区分　58

──の方言　58

朝鮮語学史　221

朝鮮三国時代の漢字表記　241

朝鮮資料　226

朝鮮製漢字　27

朝鮮地名　111-113

朝鮮の固有名詞：とローマ字表記　158-162

──のカタカナ表記　181-183

──の日本での読み方　28-30，32

朝鮮の人名　28-32，155-158

朝鮮の地名　28-32，111-113

長母音　13，54

直音　54，57，64，86，88，91，116，118，237

直音化　118，165，167

続け書き　124，156

262

デーヴァナーガリー文字　　241

伝来漢字音　　220

唐音　　227

同化　　26

等呼　　237

東国正韻　　60，79，220，241，244

唐代長安音　　42，79，226

藤堂明保　　221

当用漢字字体表　　13

ドゥンガン語　　238-240

トルリムチャ (行列字)　　155

内破音　　16

軟口蓋音　　37

南部方言　　59，138

２字漢字語用言　　196，202

二重母音　　17，163-167，178，232-235

入声　　16，54，227，232-233，237

日本漢字音　　8，28-29，40-42，44-45，47，52-54，56-57，59-60，63-65，69，
　　71-73，77-79，82-84，86，88-90，92，114-115，120，129，142，146-154，165，
　　168，174-177，179-181，183，185，187，191-196，221，227-228，230-231

──の変種　　18-20

日本最古の漢字表記　　241

日本製漢字　　27

日本その他の固有名詞　　205-206

日本・朝鮮地名改名　　241

日本で漢字を変えた　　13-14

濃音　　15，24，36-37，223

濃音化　　24，32-35

パクパ文字　　241，243-244

橋本萬太郎　　238

話しことば　　232-233

早口の会話での発音　　36-38

ハングル　　6，58-59，241-243

──，音声記号，カタカナ対照　　14-17

263

半歯音　236

半舌音　236

反切表　57

繁体字　14

半母音　17，53，236

鼻音　15-16，25-26，76-79，226，233，236

──＋無声音　226

非口蓋化　138-140

鼻子音だけの音節　233-234

鼻濁音　226

ヒッタイト象形文字　241

非分離動詞　200-201，203

非分離用言　200，202-204

鼻母音　42，232-233

百姓読み　12，225

表意文字　6

表音文字　6，240，243

表語文字　6，240，243

平声　54，237

平仄　219

拼音（ピンイン）　228-229

副詞　101

副助詞　197-198

不清不濁　236

普通話　41，228，248

福建漢字音　8，42，54，236-237，244

福建語　226，232-233，237，239，243-244

分離形容詞　197-198，203

分離動詞　197-199，201-203

分離用言　197，202-204

平安中期以前の日本漢字音　183

平安道方言　57-59，137-140

平音　14，45-48，69，73

平壌方言　139

北京音のハングル表記　　206-207
北京漢字音（北京音，現代北京音）　　8，41，73-74，79，116，120，130-132，
　　145-146，148-154，173-181，191-196，230-234，242，244
北京語　　228-229，237-238，243
変体漢文（和化漢文）　　245-246
母音　　17，51，53
──の長短　　12-13
方形ヘブライ文字　　241
方言　　59，237-238
北部方言　　59
本字　　13
翻訳借用（calque カルク）　　240，242
前寄りの k'　　66，129，185，234
前寄りの ŋ'　　66，185，234
マッキューン・ライシャワー方式　　158，162
マヤ文字　　241，243
満洲文字　　241，243
万葉仮名　　241，246
三根屋徹　　247
ミノア文字（線文字）　　6，241
脈訣　　241，244
無気音　　14，48，72-73，232，236
無声音　　14，72-74，226
無声無気音　　225
無声有気音　　226
蒙古字韻　　241，244
文字　　6
文字簡史　　240
木簡　　241
諸橋轍次　　221
モンゴル文字　　6，241，243
訳語　　246
大和言葉（和語）　　9，136
有気音　　15，48，72-73，232，236

265

有声音　　15，72-74，232，236

有声化　　37

有声有気音　　225

拗音　　54，57，64，86，88，116，118，149，237

拉丁（ラテン）化新字母　　228

ラテン語　　240，243

ラテン文字（ローマ字）　　6，241，243

リエーゾン　　20-21，23，156

李朝語　　59

吏読　　241，246

略号　　18

略字　　13-14，32

略体口訣　　246

流音　　16，26，79，236

琉球語（沖縄語）　　238，240

両唇音　　149

歴史的かな遣い　　11-12，40，42，53

ローマ字（ラテン文字）　　6，241

ローマ字表記　　158，162

和化漢文（変体漢文）　　245-246

分かち書き　　124-127，156

和語（大和言葉）　　9，242

calque カルク（なぞり，翻訳借用）　　240，242

d ＞ i　　172

g ＞ w　　173

朝鮮漢字音と日本漢字音の対応

[（　）内の数字は課]

Ⅰ）終声（韻尾）

朝鮮 ㄱ[ᵏ]　　ク：日本「く」(1)，「き」(7，14)

朝鮮 ㄴ[n]　　ン：日本「ん」(1)

朝鮮 ㄹ[l]　　ル：日本「つ」(1)，「ち」(14)

朝鮮 ㅁ[m]　　ム：日本「ん」(1)

朝鮮 ㅂ[ᵖ]　　プ：日本「ふ＞う」(1)，「つ」(20)

朝鮮 ㅇ[ŋ]　　ン：日本「う」(1)，「い」(7)

Ⅱ）初声（声母）

朝鮮 ㄱ[k] カ：日本「か行」(3)，「が行」(8)

朝鮮 ㄲ[ˀk] カ：日本「か行」(20)

朝鮮 ㄴ[n] ナ：日本「な行」(9)，「だ行」(9)，「た行」(20)

朝鮮 ㄷ[t] タ：日本「た行」(3)，「だ行」(8)

朝鮮 ㄹ[r] ラ：日本「ら行」(2)

朝鮮 ㅁ[m] マ：日本「ま行」(9)，「ば行」(9)，「は行」(20)

朝鮮 ㅂ[p] パ：日本「は行」(3)，「ば行」(8)

朝鮮 ㅅ[s] サ：日本「さ行」(3)，「ざ行」(8)，「しゃ行」(5)，「じゃ行」(8)

朝鮮 ㅆ[ˀs] サ：日本「さ行」(20)

朝鮮 ㅇ[ゼロ] ア：日本「あ行」(1)

朝鮮 ㅇ[ゼロ] ア〈ㆁ〉：日本「が行」(6)，「か行」(20)

朝鮮 ㅇ[ゼロ] ア《ㅿ》：日本「ざ行」(9)，「な行」(9)

朝鮮 ㅈ[ʧ] チャ：日本「さ行」(3)，「ざ行」(8)，「しゃ行」(5)，「ちゃ行」(10)，
　　　　　　　　「ぢゃ行」(11)

朝鮮 ㅈ[ʧ] チャ〈ㄷ〉：日本「た行」(11)，「だ行」(11)

朝鮮 ㅊ[ʧʰ] チャ：日本「さ行」(3)，「ざ行」(8)，「しゃ行」(5)，「ちゃ行」(10)

朝鮮 ㅊ[ʧʰ] チャ〈ㅌ〉：日本「だ行」(11)

朝鮮 ㅋ[kʰ] カ：日本「か行」(3)

朝鮮 ㅌ[tʰ] タ：日本「た行」(3)，「だ行」(8)

朝鮮 ㅍ[pʰ] パ：日本「は行」(3)，「ば行」(8)

朝鮮 ㅎ[h] ハ：日本「か行」(3)，「が行」(8)，「あ行」(20)

Ⅲ）中声＋終声（韻母）

朝鮮 ㅏ[a] ア：日本「あ」(1),「え」(19),「あい」(19)

朝鮮 ㅏ[a] ア〈ㅑ〉：日本「や」(5)

朝鮮 ㅏ[a] ア〈・〉：日本「い」(16)

朝鮮 ㄱ[aᵏ] アク：日本「あく」(1),「やく」(19),「おく」(19)

朝鮮 ㄱ[aᵏ] アク〈ㅕ〉：日本「やく」(5)

朝鮮 ㄴ[an] アン：日本「あん」(1)

朝鮮 ㄴ[an] アン〈ㄴ〉：日本「おん」(16)

朝鮮 ㄹ[al] アル：日本「あつ」(1)

朝鮮 ㄹ[al] アル〈ㅂ〉：日本「おつ」(16)

朝鮮 ㅁ[am] アム：日本「あん」(1)

朝鮮 ㅁ[am] アム〈ㅂ〉：日本「いん」(16)

朝鮮 ㅂ[aᵖ] アプ：日本「あふ ＞ おう」(1)

朝鮮 ㅂ[aᵖ] アプ〈ㅂ〉：日本「いふ ＞ ゆう」(16)

朝鮮 ㅇ[aŋ] アン：日本「あう ＞ おう」(1),「やう ＞ よう」(19)

朝鮮 ㅇ[aŋ] アン〈ㅛ〉：日本「やう ＞ よう」(5)

朝鮮 ㅇ[aŋ] アン〈ㆁ〉：日本「おう」(16)

朝鮮 ㅐ[ɛ] エ：日本「あい」(17),「あ」(19)

朝鮮 ㅐ[ɛ] エ〈.ㅣ〉：日本「あい」(17),「あ」(19),「え」(19),「うい」(19)

朝鮮 ㅐ[ɛᵏ] エク〈ㅓ〉：日本「あく」(18),「やく」(18),「えき」(18),「いき」(19), 「よく」(19)

朝鮮 ㅐ[ɛŋ] エン〈ㅔ〉：日本「あう ＞ おう」(18),「やう ＞ よう」(18),「えい」(18)

朝鮮 ㅑ[ja] ヤ：日本「や」(4)

朝鮮 ㅑ[jaᵏ] ヤク：日本「やく」(4)

朝鮮 ㅑ[jaŋ] ヤン：日本「やう ＞ よう」(4)

朝鮮 ㅓ[ɔ] オ：日本「お」(7),「よ」(7)

朝鮮 ㅓ[ɔ] オ〈ㅕ〉：日本「よ」(7),「えい」(19),「あい」(19),「うい」(19)

朝鮮 ㅓ[ɔᵏ] オク：日本「おく」(7)

朝鮮 ㅓ[ɔᵏ] オク〈ㅕ〉：日本「あく」(18)

朝鮮 ㅓ[ɔn] オン：日本「えん」(7),「あん」(19)

朝鮮 ㅓ[ɔn] オン〈ㅕ〉：日本「えん」(7)

朝鮮 ㄹ[ɔl] オル：日本「えつ」(7),「あつ」(19)

朝鮮 ㄹ[ɔl] オル〈ㅕ〉：日本「えつ」(7)

朝鮮 ㅕㅁ[ɔm] オム：日本「えん」(7),「あん」(19)

朝鮮 ㅕㅁ[mɛ] オム〈ㅕ〉：日本「えん」(7)

朝鮮 ㅕㅂ[ɔᵖ] オプ：日本「えふ ＞ よう」(7),「おふ ＞ おう」(8)

朝鮮 ㅕㅂ[ɔᵖ] オプ〈ㅕ〉：日本「えふ ＞ よう」(7)

朝鮮 ㅕ[ɔŋ] オン〈ㅕ〉：日本「やう ＞ よう」(18)

朝鮮 ㅔ[e] エ：日本「えい」(17)

朝鮮（北朝鮮）ㅖ[e] エ，（韓国）ㅖ[je] イェ：日本「あい」(17)

朝鮮 ㅔ[e] エ〈ㅖ〉：日本「えい」(17),「え」(17),「あい」(17)

朝鮮 ㅕ[jɔ] ヨ：日本「よ」(7),「えい」(19),「あい」(19),「よ」(19)

朝鮮 ㅕ[jɔᵏ] ヨク：日本「えき」(7),「あく」(18),「やく」(18),「ゐき ＞ いき」(19),「いき」(19)

朝鮮 ㅕ[jɔn] ヨン：日本「えん」(7)

朝鮮 ㅕ[jɔl] ヨル：日本「えつ」(7)

朝鮮 ㅕㅁ[mɛ] ヨム：日本「えん」(7)

朝鮮 ㅕㅂ[jɔᵖ] ヨプ：日本「えふ ＞ よう」(7)

朝鮮 ㅕ[jɔŋ] ヨン：日本「えい」(7),「やう ＞ よう」(18),「あう ＞ おう」(18)

朝鮮 ㅖ[ye] イェ：日本「えい」(17),「え」(17),「あい」(17),「よ」(19),「い」(19)

朝鮮 ㅗ[o] オ：日本「お」(12),「よ」(12),「う」(12),「ゆ」(12)
        ：日本「おう」(13)
        ：日本「あう ＞ おう」(13),「えう ＞ よう」(13)

朝鮮 ㄱ[oᵏ] オク：日本「おく」(12),「よく」(12),「うく」(12),「あく」(19)

朝鮮 ㄴ[on] オン：日本「おん」(12),「うん」(12)

朝鮮 ㄹ[ol] オル：日本「おつ」(12)

朝鮮 ㅎ[oŋ] オン：日本「おう」(12),「よう」(12),「うう」(12),「ゆう」(12),「う」(19)

朝鮮 ㅘ[wa] ワ：日本「わ ＞ あ」(4),「あ」(8),「え」(19),「お」(19)

朝鮮 ㅘ[waᵏ] ワク：日本「わく ＞ あく」(4)；「あく」(4)

朝鮮 ㅘ[wan] ワン：日本「わん ＞ あん」(4)，日本「わん」(9)

朝鮮 ㅘ[wal] ワル：日本「わつ ＞ あつ」(4)

朝鮮 ㅇ[waŋ] ワン：日本「わう ＞ おう」(4),「やう ＞ よう」(19)

朝鮮 ㅙ[wɛ] ウェ：日本「わい ＞ あい」(17),「あい」(17),「わ」(19),「あ」(19),「え」(19)

269

朝鮮 ㅚ[we] ウェ：日本「あい」(17),「わい ＞ あい」(17),「うい」(19),「あう ＞ おう」(19),「ゑ ＞ え」(19),「え」(19)

朝鮮 ᅬᆨ[we^{k}] ウェク：日本「わく ＞ あく」(18)

朝鮮 ᅬᆼ[weŋ] ウェン：日本「わう ＞ おう」(18)

朝鮮 ㅛ[jo] ヨ：日本「よ」(12),「ゆ」(12)

：日本「えう ＞ よう」(13),「あう ＞ おう」(13)

朝鮮 ᅭᆨ[jo^{k}] ヨク：日本「よく」(12)

朝鮮 ᅭᆼ[joŋ] ヨン：日本「よう」(12),「ゆう」(12)

朝鮮 ㅜ[u] ウ：日本「お」(12),「ゆ」(13),「うい」(19)

：日本「うう」(12),「いう ＞ ゆう」(13)

朝鮮 ㅜ[u] ウ〈ㅠ〉：日本「ゆ」(12),「うい」(19)

：日本「いう ＞ ゆう」(13)

朝鮮 ᅮᆨ[u^{k}] ウク：日本「おく」(12)

朝鮮 ᅮᆨ[u^{k}] ウク〈ᅲᆨ〉：日本「ゆく」(12),「いく」(18)

朝鮮 ᅮᆫ[un] ウン：日本「おん」(12)

朝鮮 ᅮᆫ[un] ウン〈ᅲᆫ〉：日本「ゆん」(12),「ゐん ＞ いん」(18),「いん」(18)

朝鮮 ᅮᆯ[ul] ウル：日本「うつ」(12),「おつ」(12)

朝鮮 ᅮᆯ[ul] ウル〈ᅲᆯ〉：日本「ゆつ」(12)

朝鮮 ᅮᆼ[uŋ] ウン：日本「おう」(12)

朝鮮 ᅮᆼ[uŋ] ウン〈ᅲᆼ〉：日本「ゆう」(12)

朝鮮 ᅯᆫ[wɔn] ウォン：日本「えん」(7),「ゑん ＞ えん」(9),「ゐん ＞ いん」(19)

朝鮮 ᅯᆯ[wɔl] ウォル：日本「えつ」(7),「ゑつ ＞ えつ」(9),「わつ ＞ あつ」(19)

朝鮮 ㅞ[we] ウェ：日本「い」(19),「わい ＞ あい」(19)

朝鮮 ㅟ[wi] ウィ：日本「ゐ ＞ い」(17)

：日本「い」(17)

：日本「うい」(17)

朝鮮 ㅟ[wi] ウィ〈ᆔ〉：日本「いう ＞ ゆう」(19)

朝鮮 ㅠ[ju] ユ：日本「ゆ」(12),「よ」(12),「うい」(19),「ゆい」(19),「えい」(19),「い」(19)

：日本「えう ＞ よう」(13)

朝鮮 ᅲᆨ[ju^{k}] ユク：日本「いく」(18)

朝鮮 ᅲᆫ[jun] ユン：日本「ゆん」(12)

朝鮮 ᅲᆯ[jul] ユル：日本「いつ」(18)

朝鮮 ㆁ[juŋ] ユン：日本「ゆう」(12)，「よう」(12)

朝鮮 ㅠ[ɯk] ウク：日本「おく」(15)，「よく」(15)，「えき」(19)

朝鮮 ㅡ[ɯn] ウン：日本「いん」(15)，「おん」(15)

朝鮮 ㅡ[ɯl] ウル：日本「いつ」(15)

朝鮮 ㅁ[ɯm] ウム：日本「いん」(15)，「おん」(15)

朝鮮 ㅂ[ɯp] ウプ：日本「いふ ＞ ゆう」(15)

朝鮮 ㆁ[ɯŋ] ウン：日本「おう」(15)，「よう」(15)

朝鮮 ㅢ[ɯi / i] ウイ / イ：日本「い」(14)，「え」(19)，「ゑ ＞ え」(19)

朝鮮 ㅣ[i] イ：日本「い」(14)，「えい」(19)，「あい」(19)，「え」(19)，「ゑ ＞ え」(19)

朝鮮 ㅣ[i] イ〈ㅢ〉：日本「い」(14)

朝鮮 ㅢ[ik] イク：日本「いき」(14)，「よく」(15)，「おく」(15)，「えき」(19)

朝鮮 ㅣ[in] イン：日本「いん」(14)

朝鮮 ㄹ[il] イル：日本「いち，いつ」(14)

朝鮮 ㅁ[im] イム：日本「いん」(14)

朝鮮 ㅂ[ip] イプ：日本「いふ ＞ ゆう」(14)，「あふ ＞ おう」(19)

朝鮮 ㆁ[iŋ] イン：日本「よう」(15)

松江歌辭（中宗 1690年）

朝鮮，日本，北京漢字音の対応

[（　）内の数字は扱われる課（[参考] 欄）を示す]
[北京の（　）内は子音のローマ字の後ろの表記]

Ⅰ）終声（韻尾）

朝鮮 ㄱ[ᵏ]　　：日本「く」，「き」：北京 -Ø

朝鮮 ㄴ[n]　　：日本「ん」：北京 -n ン（13）

朝鮮 ㄹ[l]　　：日本「つ」，「ち」：北京 -Ø

朝鮮 ㅁ[m]　　：日本「ん」：北京 -n ン（13）

朝鮮 ㅂ[ᵖ]　　：日本「ふ＞う」，「つ」：北京 -Ø

朝鮮 ㅇ[ŋ]　　：日本「う」，「い」：北京 -ng ン（13）

Ⅱ）初声（声母）

朝鮮 ㄱ[k]　　カ：日本「か行」，「が行」
　　　　　　　：北京 g- カ（13），k- カ（13），j- チ（13），q- チ（13），x- シ（17）

朝鮮 ㄴ[n]　　ナ：日本「な行」，「だ行」：北京 n- ナ（13）

朝鮮 ㄷ[t]　　タ：日本「た行」，「だ行」
　　　　　　　：北京 d- タ（13），t- タ（17），zh- チャ（17）

朝鮮 ㄹ[r]　　ラ：日本「ら行」：北京 l- ラ（13）

朝鮮 ㅁ[m]　　マ：日本「ま行」，「ば行」：北京 m- マ（13），w- ワ（17）

朝鮮 ㅂ[p]　　パ：日本「は行」，「ば行」：北京 b- パ（13），p- パ（17），f- ファ（17）

朝鮮 ㅅ[s]　　サ：日本「さ行」，「ざ行」，「しゃ行」，「じゃ行」
　　　　　　　：北京 s- サ（15），x- シ（13），j-（17），sh- シャ（16），zh- チャ（16），
　　　　　　　　ch- チャ（16）

朝鮮 ㅇ[ゼロ] ア：日本「あ行」：北京 Ø- ア（13）

朝鮮 *ㅇ[ゼロ] ア〈ㅇ〉：日本「が行」：北京 Ø- ア（13）

朝鮮 ㅇ[ゼロ] ア《ㅿ》：日本「ざ行」，「な行」：北京 r- ラ（16）

朝鮮 ㅈ[ʧ]　　チャ：日本「さ行」，「ざ行」，「しゃ行」，「ちゃ行」，「ぢゃ行」
　　　　　　　：北京 z- ツァ（15），c- ツァ（15），j- チ（13），q- チ（13），zh-
　　　　　　　　チャ（16）

朝鮮 ㅈ[ʧ]　　チャ〈ㄷ〉：日本「た行」，「だ行」：北京 d- タ（13）

朝鮮 ㅊ[ʧʰ]　チャ：日本「さ行」，「ざ行」，「しゃ行」，「ちゃ行」
　　　　　　　：北京 c- ツァ（15），j- チ（13），q- チ（16），zh- チャ（16），ch-
　　　　　　　　チャ（16）

朝鮮 ㅊ[tɕʰ] チャ〈ㅌ〉：日本「だ行」：北京 t- タ(13)

朝鮮 ㅋ[kʰ] カ：日本「か行」：北京 k- ク

朝鮮 ㅌ[tʰ] タ：日本「た行」，「だ行」：北京 d- タ 8(17)，t- タ(17)

朝鮮 ㅍ[pʰ] パ：日本「は行」，「ば行」
：北京 p- パ(13)，b- パ(17)，f- 1 ファ(17)

朝鮮 ㅎ[h] ハ：日本「か行」，「が行」：北京 h- ハ(13)，x- シ(13)

Ⅲ）中声，中声＋終声（韻母）

朝鮮 ㅏ[a] ア：日本「あ」
：北京 a ア(17)，e オ(17)，ya(-ia) ヤ(イア)(17)，wo(-uo) ウォ
（ウオ)(16，17)

朝鮮 ㅏ[a] ア〈・〉：日本「い」：北京 (-i)（ウ，イ)(16)

朝鮮 ㅏ[a] ア〈ㅑ〉：日本「や」：北京 -(ie)（イエ)(16)，(-e)（オ)(16)

朝鮮 ㅓ[aᵏ] アク：日本「あく」
：北京 e（オ)(17)，wo(-uo，-o) ウォ（ウオ，オ)(17)，a（ア）
(17)，(-üe)（ユエ)(17)

朝鮮 ㅓ[aᵏ] アク〈ㅕ〉：日本「やく」：北京 yue（ユエ)(17)

朝鮮 ㅏ[an] アン：日本「あん」
：北京 an（アン)(16)，(-ian)（イエン)(16)，(-uan)（ウワン）
(16)

朝鮮 ㄹ[al] アル：日本「あつ」
：北京 ya ヤ(17)，wo(-uo) ウォ（ウオ)(17)，(-a)（ア)(17)

朝鮮 ㅁ[am] アム：日本「あん」
：北京 an（アン)(16)，(-ian)（イエン)(16)

朝鮮 ㅂ[aᵖ] アプ：日本「あふ ＞ おう」
：北京 ya(-ia) ヤ（イア)(17)，e オ(17)，(-a)（ア)(17)

朝鮮 ㅇ[aŋ] アン：日本「あう ＞ おう」
：北京 (-ang)（アン)(16)，yang(-iang) ヤン（イアン)(16)

朝鮮 ㅇ[aŋ] アン〈ㅑ〉：日本「やう ＞ よう」
：北京 yang(-iang) ヤン（イアン)(13)，(-ang)（アン)(16)，
(-uang)（ウワン)(16)

朝鮮 ㅐ[ɛ] エ：日本「あい」：北京 ai（アイ)(17)

朝鮮 ㅐ[ɛ] エ〈・〉：日本「あい」
：北京 ai（アイ)(17)，(-ie)（イエ)(17)，(-ei)（エイ)(17)

273

朝鮮 ㅒ[ɛᵏ] エク〈ㅓ〉：日本「あく，やく」
　　　　　　　　　 ：北京 e (オ)(18)，(-uo, o) (ウオ，オ)(18)
　　　　　　　　　 ：日本「えき」：北京 ye イェ(18)
朝鮮 ㆀ[ɛŋ] エン〈ㅕ〉：日本「あう ＞ おう」：北京 (-eng) (オン)(18)
朝鮮 ㅑ[ja] ヤ：日本「や」：北京 -(ie) (イエ)(16)，(-e) (オ)(16)
朝鮮 ㅑ[jaᵏ] ヤク：日本「やく」：北京 yue (ユエ)(17)
朝鮮 ㆍ[jaŋ] ヤン：日本「やう ＞ よう」
　　　　　　　　　 ：北京 yang(-iang) ヤン (イアン)(13)，(-ang) (アン)(16)，
　　　　　　　　　 (-uang) (ウワン)(16)
朝鮮 ㅓ[ɔ] オ：日本「お」：北京 yu ユ(18)
　　　　　　　 ：日本「お」：北京 (-ü) (ユ)(18)
朝鮮 ㅓ[ɔ] オ〈ㅕ〉：日本「よ」：北京 yu(-ü) ユ(18)，(-u) (ウ)(18)
　　　　　　　　　 ：日本「えい，あい」
　　　　　　　　　 ：北京 (-i) (イ)(19)，(-ei) (エイ)(19)
朝鮮 ㅕ[ɔᵏ] オク〈ㅕ〉：日本「えき」：北京 yi(-i) イ(14)，(-uo) (ウオ)(16)
朝鮮 ㅓ[ɔn] オン：日本「えん」：北京(7)
　　　　　　　　 ：日本「あん」：北京 (-an) (アン)(17)
朝鮮 ㅕ[ɔn] オン〈ㅕ〉：日本「えん」
　　　　　　　　　 ：北京 yan(-ian) イェン (イエン)(13)，(-an)(アン)(16)，
　　　　　　　　　 (-uan) (ユエン)(16)，(-uan) (ウワン)(16)
朝鮮 ㅓ[ɔl] オル：日本「えつ」：北京 ye(-ie) イェ (イエ)(13)
　　　　　　　　 ：日本「あつ」：北京 (-a) ア(17)
朝鮮 ㅕ[ɔl] オル〈ㅕ〉：日本「えつ」
　　　　　　　　　 ：北京 ye(-ie) イェ (イエ)(13)，(-e) (オ)(16)，(-e) (オ)
　　　　　　　　　 (16)，(-üe) (ユエ)(16)，(-uo) (ウオ)(16)
朝鮮 ㅁ[ɔm] オム：日本「えん」：北京(7)
　　　　　　　　 ：日本「あん」：北京 (-an) (アン)(17)
朝鮮 ㅕ[ɔm] オム〈ㅕ〉：日本「えん」
　　　　　　　　　 ：北京 yan(-ian) イェン (イエン)(13)，(-an) (アン)(16)
朝鮮 ㅂ[ɔᵖ] オプ：日本「えふ ＞ よう」：北京 ye(-ie) イェ (イエ)(13)
　　　　　　　　 ：日本「あふ ＞ おう」：北京 (-a) (ア)(17)
朝鮮 ㅂ[ɔᵖ] オプ〈ㅕ〉：日本「えふ ＞ よう」
　　　　　　　　　 ：北京 ye(-ie) イェ (イエ)(13)，(-e) (オ)(16)

274

朝鮮 ㆁ[ɔŋ] オン〈ㆁ〉：日本「えい」
：北京 ying(-ing) イン(14), (-eng)（オン）(16)

朝鮮 ㅖ[e] エ：日本「えい」：北京 (-ie)（イエ）(17)

朝鮮 ㅖ[e] エ〈ㅖ〉：日本「あい, えい」
：北京 (-ie)（イエ）(17), (-i)（イ）(17), (-ui)（ウイ）(17)

朝鮮 ㅕ[jɔ] ヨ：日本「よ」：北京 yu(-ü) ユ(18), (-u)（ウ）(18)
：日本「えい, あい」：北京 (-i)（イ）(19), (-ei)（エイ）(19)

朝鮮 ㅕㄱ[jɔᵏ] ヨク：日本「えき」：北京 yi(-i) イ(14), (-uo)（ウオ）(16)

朝鮮 ㅕㄴ[jɔn] ヨン：日本「えん」
：北京 yan(-ian) イェン（イエン）(13), (-an)（アン）(16), (-üan)
（ユエン）(16), (-uan)（ウワン）(16)

朝鮮 ㅕㄹ[jɔl] ヨル：日本「えつ」
：北京 ye(-ie) イェ（イエ）(13), (-e)（オ）(16), (-e)（オ）(16),
(-üe)（ユエ）(16), (-uo)（ウオ）(16)

朝鮮 ㅕㅁ[jɔm] ヨム：日本「えん」
：北京 yan(-ian) イェン（イエン）(13), (-an)（アン）(16)

朝鮮 ㅕㅂ[jɔᵖ] ヨプ：日本「えふ＞よう」
：北京 ye(-ie) イェ（イエ）(13), (-e)（オ）(16)

朝鮮 ㆁ[jɔŋ] ヨン：日本「えい」
：北京 ying(-ing) イン(14), (-eng)（オン）(16)

朝鮮 ㅖ[je] イェ：日本「あい, えい」
：北京 (-ie)（イエ）(17), (-i)（イ）(17), (-ui)（ウイ）(17)

朝鮮 ㅗ[o] オ：日本「お」：北京 wu(-u) ウ(18)
：日本「あう＞おう」：北京 ao アオ(13)
：日本「お(漢) / う(呉)」：北京 wu(-u) ウ(13)

朝鮮 ㅗ[o] オ〈ㅛ〉：日本「お」：北京 (-u) ウ(18)
：日本「えう＞よう」
：北京 yao(-iao) ヤオ（イアオ）(13), (-ao)（アオ）(16)

朝鮮 ㅗㄱ[oᵏ] オク：日本「をく＞おく」：北京 wu ウ(18)
：日本「おく」：北京 (-u)（ウ）(18), yu ユ(18)

朝鮮 ㅗㄱ[oᵏ] オク〈ㅛㄱ〉：日本「おく」：北京 (-u) ウ(18), yu ユ(18)

朝鮮 ㅗㄴ[on] オン：日本「をん＞おん」：北京 wen ウェン(18)
：日本「おん」：北京 (-un)（ウン）(18), (-en)（エン）(18)

275

朝鮮 을[ol]　オル：日本「おつ」：北京 wu(-u) ウ(18)

朝鮮 옹[oŋ]　オン：日本「をう ＞ おう」：北京 weng ウォン(18)
　　　　　　　：日本「おう, うう」
　　　　　　　：北京 (-ong) オン(18), (-eng) オン(18)
　　　　　　　：日本「よう」：北京 (-ong) オン(18)

朝鮮 옹[oŋ]　オン〈ᅘ〉：日本「よう, ゆう」
　　　　　　　　　　：北京 (-ong) (オン)(18), yong イオン(18)

朝鮮 ᅢ[wɛ]　ウェ：日本「わい」：北京 wai ワイ(17), wei ウェイ(17)
　　　　　　　：日本「わい ＞ あい」：北京 (-uai) (ウワイ)(17)

朝鮮 ᅬ[we]　ウェ：日本「わい ＞ あい」：北京 (-uai) (ウワイ)(17)
　　　　　　　：日本「あい」
　　　　　　　：北京 (-ui) (ウイ)(17), (-ai) (アイ)(17), (-ei) (エイ)(17)

朝鮮 ᅭ[jo]　ヨ：日本「お」：北京 (-u) ウ(18)：日本「えう ＞ よう」
　　　　　　　：北京 yao(-iao) ヤオ(イアオ)(13), (-ao) (アオ)(16)

朝鮮 ᅭᆨ[joᵏ]　ヨク：日本「おく」：北京 (-u) ウ(18), yu ユ(18)

朝鮮 ᅭᆼ[joŋ]　ヨン：日本「よう, ゆう」
　　　　　　　：北京 (-ong) (オン)(18), yong イオン(18)

朝鮮 ㅜ[u]　ウ：日本「う, お」：北京 yu(-ü) ユ(18), wu(-u) ウ(18)
　　　　　　：日本「おう(漢) / う(呉)」：北京 ou オウ(13)
　　　　　　：日本「いう ＞ ゆう(漢) / う(呉)」：北京 ou オウ(13)

朝鮮 ᅮᆨ[uᵏ]　ウク〈ᅲᆨ〉：日本「ゆく」：北京 (-u) (ウ)(18)

朝鮮 ᅮᆫ[un]　ウン：日本「うん, ゆん」
　　　　　　　：北京 (-ün) (ユン)(18), (-en) (エン)(18)
　　　　　　　：日本「ゐん ＞ いん」：北京 yun ユン(18)

朝鮮 ᅮᆫ[un]　ウン〈ᅲᆫ〉：日本「ゆん」：北京 (-un) (ウン)(18)
　　　　　　　　　　：日本「いん」：北京 yun(-ün) ユン(18)

朝鮮 ᅮᆯ[ul]　ウル：日本「うつ」：北京 yu(-ü) ユ(18), (-u) (ウ)(18)

朝鮮 ᅮᆯ[ul]　ウル〈ᅲᆯ〉：日本「ゆつ」：北京 (-u) ウ(18)
　　　　　　　　　　：日本「いつ」：北京 -yu(-ü) ユ(18)

朝鮮 ᅮᆼ[uŋ]　ウン：日本「うう, おう」
　　　　　　　：北京 (-ong) (オン)(18), (-eng) オン(18)
　　　　　　　：日本「ゆう, よう」
　　　　　　　：北京 (-ong) (オン)(18), (-iong) (イオン)(18)

276

朝鮮 ᅮᆼ[uŋ]　ウン〈ᅲᆼ〉：日本「ゆう」
：北京 (-ong)（オン）(18)，(-iong)（イオン）(18)
朝鮮 ᅱ[wi]　ウィ：日本「ゑい ＞ えい」：北京 wei ウェイ(17)
：日本「うい」：北京 (-ui)（ウイ）(17)
：日本「い」：北京 wei(-ui) ウェイ（ウイ）(17)
朝鮮 ᅲᆨ[ju^{k}]　ユク：日本「ゆく」：北京 (-u)（ウ）(18)
朝鮮 ᅲᆫ[jun]　ユン：日本「ゆん」：北京 (-un)（ウン）(18)
：日本「いん」：北京 yun(-ün) ユン(18)
朝鮮 ᅲᆯ[jul]　ユル：日本「ゆつ」：北京 (-u) ウ(18)
：日本「いつ」：北京 -yu(-ü) ユ(18)
朝鮮 ᅲᆼ[juŋ]　ユン：日本「ゆう」
：北京 (-ong)（オン）(18)，(-iong)（イオン）(18)
朝鮮 ᅳᆨ[ɯ^{k}]　ウク：日本「よく」：北京 (-i)（イ）(15)
朝鮮 ᅳᆫ[ɯn]　ウン：日本「おん」：北京 (-en)（エン）(15)
：日本「いん」：北京 yin(-in) イン(15)
朝鮮 ᅳᆯ[ɯl]　ウル：日本「おつ」：北京 yi(-i) イ(15)
朝鮮 ᅳᆷ[ɯm] ウム：日本「いん，おん」：北京 yin(-in) イン(15)
朝鮮 ᅳᆸ[ɯ^{p}]　ウプ：日本「いう ＞ ゆう」：北京 yi(-i) イ(16)，(-i) イ(16)
朝鮮 ᅳᆼ[ɯŋ]　ウン：日本「おう」
：北京 (-eng)（オン）(15，16)，ying(-ing) イン(15)
：日本「よう」：北京 (-ing)（イン）(15)
朝鮮 ᅴ[ɯi/i] ウイ / イ：日本「い」：北京 yi(-i) イ(14)
朝鮮 ᅵ[i]　イ：日本「い」：北京 yi(-i) イ(14)，(-ei)（エイ）(17)
朝鮮 ᅵᆨ[i^{k}]　イク：日本「よく」：北京 yi(-i) イ(16)，(-i)（イ）(16)
朝鮮 ᅵᆫ[in]　イン：日本「いん」：北京 yin(-in) イン(14)，(-en)（エン）(16)
朝鮮 ᅵᆯ[il]　イル：日本「いつ / いち」：北京 yi(-i) イ(14)，(-i)（イ）(16)
朝鮮 ᅵᆷ[im]　イム：日本「いん」：北京 yin(-in) イン(14)，(-en)（エン）(16)
朝鮮 ᅵᆸ[i^{p}]　イプ：日本「いふ ＞ ゆう」：北京 yi(-i) イ(14)，(-i)（イ）(16)
朝鮮 ᅵᆼ[iŋ]　イン：日本「よう」：北京 (-eng)（オン）(16)

本書に随所にあらわれる日本漢字音の歴史的かな遣い表記はあくまでも朝鮮漢字音，日本漢字音等の学習の便宜のためであって，日本の現代かな遣いを歴史的かな遣いに変更すべきであると主張するものではありません．—著者

菅野 裕臣（かんの ひろおみ）

1969 年 9 月　東京教育大学大学院博士課程退学（単位未修得）
1969 年 11 月―1972 年 3 月　韓国ソウル大学大学院韓国語学専攻研究生課程
1975 年　九州大学文学部助手
1978 年―1998 年　東京外国語大学朝鮮語学科講師，助教授，教授
1998 年―2006 年　神田外語大学韓国語学科特任教授
2006 年―2009 年　サマルカンド外国語大学朝鮮語講師
1995 年―1996 年　ロシア科学アカデミー東洋学研究所留学
1998 年　東京外国語大学名誉教授
1993 年　ハングル発展有功者大韓民国大統領表彰
2022 年 10 月　逝去

著書等
菅野裕臣著『朝鮮語の入門』白水社，1981（改訂版，2007）
菅野裕臣他編『コスモス朝和辞典』白水社，1988
菅野裕臣監修『朝鮮語を学ぼう』三修社，1987（改訂版，2015）

朝鮮漢字音　入門と発展

2017 年 11 月 20 日　第 1 刷発行
2023 年 7 月 20 日　第 2 刷発行

著　者 ──────菅野裕臣

発行者 ──────前田俊秀
発行所 ──────株式会社三修社
　　　　　　　　〒 150-0001　東京都渋谷区神宮前 2-2-22
　　　　　　　　TEL 03-3405-4511　FAX 03-3405-4522
　　　　　　　　振替 00190-9-72758
　　　　　　　　https://www.sanshusha.co.jp
　　　　　　　　編集担当　斎藤俊樹

印刷・製本 ──────倉敷印刷株式会社

©KANNO Hiroomi 2017 Printed in Japan
ISBN978-4-384-05879-6 C3087

DTP　P.WORD
カバーデザイン　土橋公政

JCOPY〈出版者著作権管理機構 委託出版物〉
本書の無断複製は著作権法上での例外を除き禁じられています。複製される場合は、
そのつど事前に、出版者著作権管理機構（電話 03-5244-5088 FAX 03-5244-5089
e-mail: info@jcopy.or.jp）の許諾を得てください。